W0330659

Mick O'Shea wurde in Kalgoorlie, Westaustralien geboren und lebt mittlerweile in Laos. Er ist ein erfahrener Wildwasser-Kajakfahrer und Mitbegründer von *Wildside Asia,* einem Unternehmen, das sich auf Ökotourismus in Laos spezialisiert hat.

www.frederking-thaler.de

Bibliografische Information Der Deutschen Bibliothek
Die Deutsche Bibliothek verzeichnet diese Publikation in der Deutschen Nationalbibliografie; detaillierte bibliografische Daten sind im Internet über http://dnb.ddb.de abrufbar.

NATIONAL GEOGRAPHIC ADVENTURE PRESS
Reisen · Menschen · Abenteuer
Die Taschenbuch-Reihe von
National Geographic und Frederking & Thaler

1. Auflage März 2008

Titel der Originalausgabe: *In the Naga's Wake*
erschienen bei Allen & Unwin, Australien

Aus dem Englischen von Thomas Bauer, München
Text: Michael O'Shea
Innenteilfotos: Stanislas Fradelizi, Mick O'Shea, Hutch Brown,
Brian Eustis, Inthy Deuansavan, Rattaproom Youprom
Umschlagfotos: Hutch Brown
Lektorat: Gudrun Honke, Bochum
Umschlaggestaltung: Dorkenwald Grafik-Design, München
Herstellung: Büro Sieveking, München
Druck und Bindung: Clausen & Bosse, Leck
Printed in Germany

ISBN 978-3-89405-842-5
www.frederking-thaler.de

Das Papier wurde aus chlorfrei gebleichtem Zellstoff hergestellt.

MICK O'SHEA

KAJAK-ABENTEUER MEKONG

Vom tibetischen Hochland bis ins Südchinesische Meer

Aus dem Englischen
von Thomas Bauer

NATIONAL GEOGRAPHIC
FREDERKING & THALER

Für meine Großeltern Frank und Daphne Kennedy. Sie haben mich gelehrt, dass Herzenswärme das Wertvollste ist, das ein Mensch besitzen kann.

Für die mannigfaltigen Völker des Mekong. Ihre Freundlichkeit, Großzügigkeit und Hilfsbereitschaft haben mich stets inspiriert.

Inhalt

Der Flusslauf des Mekong

Die Staudämme

Vorwort

Dieses Buch schildert die schwierigste, aber auch die lohnendste Reise, die ich in meinem Leben unternommen habe: eine Fahrt entlang des gesamten Flusslaufs des Mekong, von seiner eisigen Quelle im tibetischen Hochland bis zu seiner 4909 Kilometer entfernten Mündung in das Südchinesische Meer.

Die dargestellten Ereignisse, Personen und Orte sind real, und ich habe sie so beschrieben, wie ich sie erlebt habe. Da in einigen Mekongstaaten die Redefreiheit stark eingeschränkt ist, habe ich in bestimmten Fällen die Namen geändert, um die Identität der Betroffenen zu schützen.

Die Erstbefahrung des Mekong wurde durch die Unterstützung und Großzügigkeit etlicher Menschen und Organisationen möglich, denen ich dafür ewig dankbar sein werde. Als alleiniger Verfasser dieses Buches sei mir der Hinweis erlaubt, dass die darin zu Papier gebrachten Gedanken, Ansichten, Erfahrungen und Erkenntnisse ausschließlich meine eigenen sind und nicht die der Unterstützer dieses Projekts oder Dritter, die daran beteiligt waren.

Meine Expedition führte mich durch eine beträchtliche Anzahl Sprachräume; ich habe nicht den Versuch unternommen, mich an irgendein striktes Transliterationssystem zu halten. Die Transkriptionen im Text spiegeln einfach wider, wie ich die betreffende Sprache höre oder spreche.

Die Befahrung des Mekong war mit extremen Herausforderungen verbunden – sowohl auf dem Wasser als auch zu Lande –, und manchmal geriet die Situation unerwartet so außer Kontrolle, dass nicht nur mein Vorhaben in Gefahr geriet, sondern auch mein Leben. Beim Schreiben dieses Buches war ich versucht, das eine oder andere der weniger angenehmen Ereignisse auszulassen, da ich größeres Augenmerk auf die nach meinem Empfinden konstruktiven Erlebnisse auf meiner Reise richten wollte. Nach reiflicher Überlegung entschied ich mich jedoch dafür, die gesamte Expedition so wiederzugeben, wie sie abgelaufen ist, und nicht eine Version zu präsentieren, die wichtige Ereignisse der Einfachheit halber beschönigt.

Kajak-Abenteuer Mekong ist mein wahrheitsgetreuer Bericht über die Erstbefahrung des Mekong: über die Unannehmlichkeiten, Schwierigkeiten, Herausforderungen und Überraschungen der ersten Reise von der Quelle des Flusses bis zu seiner Mündung.

Mick O'Shea
September 2006

1

Der Mekong – Quelle der Inspiration

Ich stemmte die Hacken in den Boden und mobilisierte meine letzten Kräfte, um meinen schwer beladenen Kajak auf die Felsen zu zerren. Dann ließ ich mich erschöpft fallen, den Rücken gegen die Wand der Schlucht, hustete und schnappte nach Luft. Der letzte Flussabschnitt hatte seinen Tribut gefordert, und ich fühlte mich gedemütigt und schwach. Meine Lunge brannte, ich hustete Wasser und zitterte vor Kälte. Ich nahm meine »Pogies« (Paddelfäustlinge aus Neopren) *vom Paddel und zog sie mir über meine bebenden Hände, dann schob ich die Finger unter die Achseln, um sie aufzuwärmen. Die Stromschnelle unter mir gurgelte grollend, als wäre sie erzürnt darüber, dass ich ihr entkommen war. Während ich mich erholte, musste ich immer wieder daran denken, dass ich um Haaresbreite in Fischfutter verwandelt worden wäre. Dann versuchte ich, mir auszurechnen, wie tief ich in Schwierigkeiten steckte.*

Von der winzigen Insel aus Fels und Geröll, auf der ich Zuflucht gefunden hatte, dem Überbleibsel eines Erdrutsches, war zu erkennen, dass mich der Fluss gefangen hielt und ich sprichwörtlich mit dem Rücken zur Wand stand. Es gab keinen sicheren Weg aus der Schlucht, in der es von gewaltigen »Walzen« wimmelte (die sich in der Regel dort bilden, wo das Wasser von einem Felsen oder einem anderen Hindernis unter der Oberfläche abgebremst wird, was dazu führt, dass an der Oberfläche eine Gegenströmung entsteht und einen heftigen Waschmaschineneffekt verursacht, in dem man sich als Kajakfahrer fatal verfangen kann). *Ich hielt nach einer Route Ausschau, um diesen gefährlichen Flussabschnitt zu umtragen, doch die steilen Wände der Schlucht schlossen mich ein. Die starke Strömung versperrte den Rückweg flussaufwärts. Nach dem schlimmsten Teil des tosenden Wildwassers begann eine lange Serie mächtiger Wirbel und Strudel, die bis zur nächsten Biegung reichte.*

Die Strudel waren so gewaltig, dass ich aller Wahrscheinlichkeit nach ertrunken wäre, wenn mich eine der Walzen aus dem Kajak geworfen hätte. Noch mehr Angst hatte ich vor dem, was hinter der nächsten Kurve lauern mochte. Ein neun Meter hoher Wasserfall, vor dem es keinen Platz zum Anhalten gab? Bei dem stetig zunehmenden Gefälle des Flusses war das wahrscheinlich. Da jedoch noch niemand vor mir diesen Flussabschnitt befahren hatte, blieb mir nichts anderes übrig, als blind um die Ecke zu paddeln und auf das Beste zu hoffen.

Ich packte mein Satellitentelefon aus, meine einzige Verbindung zur Außenwelt, hatte jedoch keinen Empfang. Da das nächste Mitglied meines Unterstützungsteams über 2000 Kilometer Luftlinie entfernt war und mich auf dem Landweg nicht hätte erreichen können, wäre ohnehin keine Hilfe gekommen, doch die Tatsache, dass mein Satellitentelefon nicht funktionierte, verstärkte mein Gefühl der Isolation.

Ich nahm die laminierten Karten aus der Brusttasche meines Trockenanzugs, um herauszufinden, wie lange der Fluss noch so weiterlaufen mochte und ob es vielleicht eine Möglichkeit zum Umtragen gab. Nichts. Weit und breit war kein Ausweg aus der Schlucht zu erkennen, und die Höhenlinien auf der Karte, an denen das extreme Gefälle des Geländes zu erkennen war, veränderten sich auf den nächsten 130 Kilometern kaum. Da der Pegel täglich um zehn bis fünfzehn Zentimeter anstieg, würden die Felsen, auf denen ich stand, in ein paar Tagen in der reißenden Strömung versinken. Seit ich mich in die engen, extrem steilen Schluchten gewagt hatte, geisterte mir zudem die allgegenwärtige Gefahr einer Sturzflut im Kopf herum. Ich fror und war müde, die sich rapide verschlechternden Bedingungen setzten mir zu, die Dunkelheit rückte bedrohlich näher, und ich wusste nicht, wo ich schlafen sollte.

»Verdammte Sch...e!«, stieß ich frustriert aus. »Das ist einfach zu viel! Wenn ich doch wenigstens irgendeine Alternative hätte, Herrgott noch mal!« Ich verfügte über ein knappes Jahrzehnt Expeditionserfahrung in Asien und hatte immer geglaubt, ich könnte mich aus jeder Situation retten. Das hier war eine völlig neue Erfahrung. Ich steckte in Schwierigkeiten, und zwar bis über beide Ohren, und um die nächste Biegung weiterzufahren, wäre nicht nur leichtsinnig gewesen, sondern möglicherweise auch tödlich.

Obwohl die Bedingungen stündlich heimtückischer wurden, hatte ich keine andere Wahl, als meine Fahrt auf dem längsten unerkundeten und zugleich gefährlichsten Abschnitt des gesamten Mekong allein fortzusetzen.

Mich überkam ein ungewohnter Anflug von Verzweiflung bei dem Gedanken, dass ich bei der nächsten Biegung und wahrscheinlich noch bei vielen weiteren Kurven russisches Roulette spielen müsste, um mir überhaupt eine Chance zu eröffnen, mit dem Leben davonzukommen. Ein größerer Wasserfall in einer der steilen Schluchten genügte, um mein Wagnis endgültig zu beenden. Meine Recherchen zu früheren Flusserkundungen in der Region hatten mir deutlich vor Augen geführt, dass jeder der nahegelegenen Ströme Jangtsekiang, Tsangpo und Huang He, die mit ähnlichem Gefälle wie der Mekong aus dem tibetischen Hochland hinabfließen, in den entlegensten Regionen über seine eigenen »superextremen« Abschnitte verfügt. Diese gefährlichen Passagen hatten in den vergangenen zwei Jahrzehnten das Leben so mancher Flusspioniere gefordert, und die geografischen Indikatoren deuteten darauf hin, dass ich im Begriff war, in den »superextremen« Abschnitt des Mekong einzufahren, aus dem es keinen Ausweg gab außer auf dem Fluss selbst.

Ich setzte mich auf meiner Felsinsel ein paar Minuten lang hin und strengte mich an, meine Selbstbeherrschung wiederzugewinnen. Für einen langen Augenblick fühlte ich mich fürchterlich einsam und ver-

spürte ein starkes Verlangen zu leben. Ich erinnerte mich an das Gespräch, das ich am Abend zuvor am Satellitentelefon mit Yuta geführt hatte, meiner Verlobten, und betete von ganzem Herzen zu Naga, dem verehrten Beschützer und Zerstörer allen Lebens auf dem Mekong, dass er mir zumindest die Chance geben möge, sie wiederzusehen. Dann gewann ich langsam die Fassung zurück.

Ich richtete den Blick abermals flussabwärts und suchte einen Weg durch das tosende Chaos. Dabei rechnete ich mir ich aus, wie mein Kajak den gefährlichsten Passagen des nächsten Flussabschnitts entgehen könnte, und stellte mir im Detail die lebensrettenden Manöver vor, die nötig sein würden, um die wilden Stromschnellen zu überwinden. Ich gab mir alle Mühe, mein Unterbewusstsein zu ignorieren, das mir sagte, bei der sich ständig verändernden Dynamik der Stromschnelle ständen meine Chancen, die Wasserwalzen zu umgehen, bestenfalls fifty-fifty. Ich atmete dreimal tief durch, um mein Blut mit Sauerstoff anzureichern, überwand mit einer ruckartigen Hüftbewegung die Reibung zwischen dem Plastikrumpf des Kajaks und dem Fels und glitt in die wogenden Wassermassen, um mein Schicksal herauszufordern.

Tagebucheintrag vom 6. Juni 2004

Die tibetischen Schluchten, in denen ich im Juni 2004 ums Überleben kämpfte, sind nur ein kleiner Abschnitt im Lauf eines der größten Flüsse der Welt, der im Westen unter dem Namen Mekong bekannt ist.

Vor etwa 55 Millionen Jahren fand eines der imposantesten Ereignisse in der Erdgeschichte statt, als die tektonische Platte Indiens mit Asien kollidierte und der Meeresboden sich Tausende von Metern über den Meeresspiegel hob. Dadurch entstand der Himalaja, die größte Gebirgskette unseres Planeten. Im Zuge dieser Aufwölbung bildete sich auch das tibetische Hochland, das eine durchschnittliche Höhe von über 4000 Metern hat und oft als das »Dach der Welt« bezeichnet wird. Hier, in einer Höhe von 5227 Metern, entspringt der Mekong aus einer Gletscherquelle.

Ungeachtet menschengemachter politischer Grenzen und Ideologien zieht sich das Mekongbecken wie ein riesiges Band quer durch Asien und ernährt 70 Millionen Menschen, die über 100 verschiedenen Ethnien angehören. Auf einer Strecke von 4909 Kilometern fließt der Mekong überwiegend entlang einer Nord-Süd-Achse von den kargen Steppen und Gletschern des tibetischen Hochlands hin zum feuchten, tropischen Delta in Vietnam. Dank dieser einzigartigen longitudinalen Spanne durchströmt der Mekong mehr Klimazonen als jeder andere Fluss. Die natürlichen Lebensräume, die er dabei durchquert, sind Heimat einer Artenvielfalt, die nur von wenigen Regionen der Erde übertroffen wird.

Die Bezeichnung »Mekong« ist eigentlich die englische Abkürzung für »Mae Nam Kong«, den thailändischen Namen des Flusses, der frei übersetzt so viel bedeutet wie »Kong, Mutter des Wassers«. Dieser Name, der den Respekt und die Ehrfurcht vor einer ernährenden Mutter ausdrückt, symbolisiert am besten die sowohl praktische als auch spirituelle Verbindung der meisten im Becken ansässigen Menschen mit ihrem Fluss. Seit mehr als 6000 Jahren richten zahllose Völker ihre gesamte Existenz nach dem Zyklus der Flussökologie aus – wobei die Verfügbarkeit von Wasser und Schlick sowie der Fischreichtum, den das Flusssystem zur Verfügung stellt, zentrale Rollen spielen.

Die Beziehung der Anwohner zum Mekong geht über die Bedeutung hinaus, die Menschen aus Industrienationen den Flüssen ihres Landes beimessen – als Ort der Erholung, zur Stromerzeugung und zum materiellen Überleben –, und manifestiert sich in der spirituellen und kulturellen Ausprägung der vielen gesellschaftlichen Gruppierungen, die an den Ufern des Mekong zu Hause sind. Die zahlreichen Feste, Rituale, Legenden, Gedichte, Sprichworte, Lieder, Kunstwerke und Tänze, die überall im Mekongbecken anzutreffen sind, verdeutlichen die unglaublich wichtige Rolle, die der Fluss im Leben der dort Ansässigen spielt.

Wenngleich die Globalisierung unnachgiebig Tribut von den traditionellen Regionen Asiens fordert, beeinflusst der Mekong auch heute noch jeden Aspekt der Existenz seiner Abermillionen Anwohner und ist nach wie vor die Kraft, die das »Rad des Lebens« antreibt.

Der erste Hinweis auf den Mekong, der die westliche Welt erreichte, stammt von Marco Polo, der 1283 eine Hängebrücke über einen reißenden Abschnitt des Flusses in Yunnan überquerte. Pater Gaspar da Cruz aus Portugal reiste 1555 als Erster eine bedeutende Strecke des Mekong flussaufwärts. Sein »Aufstieg« ist schriftlich belegt. Im Lauf der folgenden viereinhalb Jahrhunderte wurden entlang des Flusses Dutzende wagemutiger Reisen unternommen, deren mannigfaltige Beweggründe vom Wunsch nach der Bekehrung von Seelen über den Traum von Kolonialherrschaft bis hin zur Befriedigung wissenschaftlicher Neugier reichten.

Diese westlichen Abenteuer, bei denen es um Eroberung, Anstrengungen und Träume ging, formten das politische Schicksal großer Teile des südostasiatischen Festlands, endeten jedoch meist in Scheitern und Tragödie. Erstaunlicherweise waren 2004, mehr als 720 Jahre nachdem der erste europäische Reisende am Ufer des Mekong gestanden hatte, beträchtliche Abschnitte des Flusses noch immer nicht befahren oder vor Ort erkundet worden, und zwar weder von Einheimischen noch von Fremden.

Meine erste Begegnung mit dem Mekong hatte ich, als ich 20 war und von Australien aus zu meinem ersten Überseetrip aufbrach. 1995, auf dem Weg nach Europa unterwegs durch Asien, stieß ich im Nordosten Thailands auf den schimmernden roten Fluss. Ich näherte mich der »Mutter des Wassers« zu Fuß durch ein verschlafenes Dorf aus rustikalen Teakholz-Pfahlhäusern und stand schließlich vor einer riesigen, von wogenden Kokospalmen gesäumten Wasserfläche. Als ich über die von der Flut aufgeworfene Uferböschung trat, war ich tief beeindruckt von der Größe und der ruhigen Schönheit der größten Wasserstraße, die ich jemals gesehen hatte.

Damals wusste ich nichts über den Fluss außer ein paar grundsätzliche Fakten, wie zum Beispiel, dass sich das Mekongdelta über Südvietnam erstreckt, in den 1960er- und 70er-Jahren Schauplatz eines zermürbenden Krieges war und dass der Fluss außerdem durch Laos, Thailand und Kambodscha fließt. Ich wusste, dass es sich um einen großen Fluss handelt, aber nicht, dass er als achtlängster Fluss der Welt gilt. (Mittlerweile habe ich herausgefunden, dass der Mekong früher als zwölftlängster Fluss der Welt galt, neuere wissenschaftliche Untersuchungen unter Berücksichtigung der korrekten Lage der Quelle, die 1994 von einem chinesisch-japanischen Team gefunden und 1999 von der Chinesischen Akademie der Wissenschaften bestätigt worden ist, jedoch ergeben haben, dass die Gesamtlänge bislang noch umstrittene 4909 Kilometer beträgt, was ihn zum achtlängsten Fluss der Welt macht.) Außerdem führt der Mekong die zehntgrößte Wassermenge aller Flüsse dieser Erde. Ich wusste, dass er über eine beeindruckende Artenvielfalt verfügt, war mir aber nicht darüber im Klaren, dass er zu den bedrohtesten Naturräumen unseres Planeten zählt und in Hinblick auf natürliche Vielfalt nur vom Amazonasbecken und vom Nilbecken übertroffen wird.

Ich verbrachte zehn Tage damit, mich am Flussufer zu entspannen, kleine Ortschaften und Dörfer zu besuchen, wo Kinder nackt im seichten Wasser spielten und Fischer unterhalb von Tempeln, an denen goldene Tribute an die thailändische Version von *Naga* schimmerten, ihre Netze auswarfen. Dieser drachenähnlichen Kreatur aus der hinduistischen und buddhistischen Mythologie wird die Macht über Leben und Tod aller Lebewesen oberhalb und unterhalb der Wasseroberfläche zugeschrieben. Uralten, in Tempel-Wandgemälden im Nordosten Thailands abgebildeten Legenden zufolge erschuf *Naga* mit seinem riesigen Körper den Fluss, als er sich nach Süden bewegte und dabei einen mit lebensspendendem Wasser gefüllten Kanal hinter sich zurückließ. *Naga* schien von den Balustraden jedes Dorftempels über den Fluss zu wachen und dabei das Verstreichen der Zeit sowie den wundersamen Tanz des Lichts auf der Wasseroberfläche zu beobachten. Der Rhythmus des ländlichen Lebens in der ruhigen thailändischen Isaan-Region spiegelte das zeitlose Fließen des Mekong wider.

Nach diesem eindrucksvollen ersten Mal sorgten von 1997 bis 1999 mehrere beeindruckende Rafting- und Trekkingexpeditionen zu den abgelegenen Nebenflüssen des Mekong und in den Norden von Laos dafür, dass ich mich nach mehr sehnte. 2000 zog ich nach Malaysia, um als Stationsleiter für einen Veranstalter von Wildwasserrafting zu arbeiten, und verbrachte schließlich sieben Monate auf Hochlandflüssen mit den malaysischen Ureinwohnern, den Orang Asli, die mir viel über ihre Wälder und ihre Lebensweise beibrachten.

Carl Traeholt und Rubin Ghan, meine Arbeitgeber und Mentoren bei der Erkundung asiatischer Flüsse, machten mich mit den Erkundungsmöglichkeiten bekannt, die in der Region noch bestanden, indem sie mich ermutigten, an den Erstbefahrungen von Flüssen auf der malaysischen Halbinsel sowie auf Borneo und Sumatra teilzunehmen. Ende 2000 gründete ich ein Beratungsunternehmen für Abenteuerreisen in entlegene Regionen von Laos. Während meiner ersten beiden Jahre in Laos verbrachte ich etwa die Hälfte meiner Zeit in den Provinzen, wo ich Wasserwege, Höhlen und Bergwege erkundete und Einheimische darin ausbildete, ihren Lebensunterhalt mit der Führung von Touristen durch ihr Heimatland zu verdienen. Im Handumdrehen waren fünf Jahre vergangen, und meine Tätigkeit dehnte sich von Laos nach Thailand, Kambodscha, Vietnam und in einen Großteil des unteren Mekongbeckens aus.

Im Grunde genommen ist der Mekong eine dünne, sich schlängelnde Linie, die von seiner Geburtsstätte am Fuß des Lasagongma-Gletschers auf dem tibetischen Qinghai-Plateau bis zu seiner 4909 Kilometer entfernten Mündung ins Südchinesische Meer verläuft, und gleichzeitig die Hauptschlagader eines riesigen Netzwerks aus Wasserwegen, zu dem sämtliche Bäche, Teiche, Seen, Grundwasservorkommen und Reservoire gehören, die durch die Schwerkraft mit dem Flusslauf des Mekong verbunden sind. Dieses überaus komplexe, sich ständig weiterentwickelnde Netzwerk des Lebens, das Mekongbecken genannt, umfasst eine Gesamtfläche von 795 000 Quadratkilometern und nimmt jeweils 85 Prozent der Fläche von Laos und Kambodscha, 37 Prozent der Fläche von Thailand, 20 Prozent der Fläche von Vietnam, knapp vier Prozent der Fläche von Birma sowie etwas weniger als zwei Prozent der Fläche von China ein.

Bei meinen Reisen hatte ich seit jeher eine Vorliebe für Natur- und Kulturregionen abseits der herkömmlichen Touristenrouten, und ich habe immer dort, wohin nur wenige andere vordringen, die wertvollsten Erfahrungen gesammelt.

Um in den Gegenden arbeiten zu können, die mich inspirierten, plante ich natur- und kulturorientierte Multisport-Reiseprogramme im Mekongbecken und seiner Umgebung. Mein Ziel war es, interessierten Reisenden Zugang zu den Gebieten zu verschaffen, die mich inspirierten, und gleichzeitig die Einheimischen und ihre Lebensräume, von denen die Anziehungskraft ausging, aktiv zu unterstützen. Durch die Kombination von Kajakfahren, Rafting, Fahrradfahren, Trekking und Aufenthalten in Dörfern machte ich natur- und kulturinteressierten Menschen selten bereiste Gegenden zugänglich. Im Lauf der Zeit fand ich den richtigen Modus für die Abenteuerreisen, die ich veranstaltete, indem ich mich von dem Straßen- und Wegenetz fernhielt, das in Flussnähe dichter wird, und ich verspürte ein immer stärkeres Bedürfnis, sowohl im Rahmen meiner Arbeit als auch in meiner Freizeit mehr von den Wasserwegen des Mekongbeckens zu erkunden.

Die üppige ökologische Vielfalt des Mekongbeckens zeigt sich entlang seiner Flussläufe, Seen, Bäche und Feuchtgebiete, und gerade die Nebenflüsse bieten die Möglichkeit, mit dem Kajak, Schlauchboot oder Kanu die abgelegenen Gebiete zu erreichen. Mit dem Kajak oder Schlauchboot kann man an einem Tag dieselbe Strecke zurücklegen, für die man in dem bergigen und dicht bewaldeten Terrain zu Fuß zwei bis fünf Tage braucht. Zudem kann man mehr Proviant mitnehmen und deshalb länger in der Wildnis bleiben.

Wer sich lautlos auf natürlichen Wasserwegen durch alte Wälder fortbewegt, bekommt zahlreiche wild lebende Tiere zu Gesicht. Auf Flüssen reisend, lernte ich Gegenden Südostasiens kennen, die sich seit Jahrhunderten nicht wesentlich verändert haben, und ich bekam einen Einblick in kaum bekannte Kulturen und Lebensräume.

Die Erkundung unbekannter Flussabschnitte wurde für mich zur Leidenschaft. Jeder Fluss ist anders, und jede Expedition fördert etwas Neues zutage. Als ich durch steile Schluchten fuhr, durch bis zu acht Kilometer lange Höhlen paddelte und Dörfer halb nomadischer Stämme entdeckte, deren Existenz nicht einmal der zuständigen Regierung bekannt war, hatte ich meine Berufung gefunden. Das war die Art von Leben, für das ich geboren wurde.

Im Lauf der Jahre lernte ich viele der im unteren Mekongbecken beheimateten Völker kennen, und ich bin nach wie vor von der engen Beziehung fasziniert, die sie mit ihrer Umwelt haben. Meinen eigenen Lebensrhythmus habe ich inzwischen ebenfalls an den Zyklus des Flusssystems und an seine Menschen angepasst. Von

1997 bis 2004 habe ich dort mindestens 60 Dörfer besucht, in denen die Ältesten behaupteten, dass noch nie zuvor ein Fremder in ihrem Dorf gewesen sei. Die Bewohner dieser Dörfer in Laos, Kambodscha, Vietnam und Birma gehörten 22 verschiedenen Ethnien an und hatten dennoch mindestens zwei Dinge gemein: Ihr Leben war eng mit dem Zyklus des Mekong-Flusssystems verknüpft, und sie beeindruckten mich alle mit ihrer aufrichtigen Gastfreundschaft.

Nachdem ich drei Jahre lang Abenteuerreisen im Mekongbecken veranstaltet hatte, schwand meine Inspiration, obwohl ich es überaus befriedigend fand, dass ich ein Abenteuerreiseunternehmen aufgebaut hatte, das umweltfreundlich war und gut lief. Die Anforderungen, die die Leitung des Tagesgeschäfts und die Betreuung der Angestellten der Firma mit sich brachten, hatten zur Folge, dass ich die Erkundung und Planung oft hintanstellen musste. In meinem Leben kehrte langsam der Alltagstrott ein, was ich immer hatte vermeiden wollen. Es war an der Zeit, dass ich meine Abenteuerleidenschaft aufs Neue entfachte. Ich musste nur herausfinden, wie mir das am besten gelingen würde.

In den Jahren 2001/02 wohnte ich in Laos in einem Haus, das einen Panoramablick über den Mekong nach Thailand bot. Morgens nach dem Aufstehen setzte ich mich oft auf den Balkon, trank einen kräftigen Lao-Kaffee und beobachtete, wie der Fluss und seine Menschen zum Leben erwachten. Während Frauen sich um ihre Gemüsegärten am Ufer kümmerten und Kinder auf rötlichen unbefestigten Straßen hüpfend zur Schule gingen, fragte ich mich, wie der Ursprung des hellbraunen Flusses im tibetischen Hochland in mehreren tausend Kilometern Entfernung wohl aussehen mochte, und begann zu recherchieren.

Zu meiner Überraschung stellte ich fest, dass der Mekong in einem Zeitalter, in dem die höchsten Berge Hunderte Male bestiegen, alle Kontinente bereist und die Ozeane mit allen möglichen Booten überquert worden sind, nie vollständig befahren oder auf dem Landweg erkundet worden war. Das war genau die Art von Herausforderung, die ich brauchte. Aufgrund meiner Erfahrung bei der Erkundung asiatischer Flüsse und meinen Kontakten im gesamten Becken hatte ich gute Chancen, diese Herausforderung zu meistern. Und sie konnte nicht nur meinem Leben durch ein echtes Abenteuer, nach dem ich mich so sehr sehnte, neuen Schwung verleihen, sondern bot außerdem die Möglichkeit, ein Problem anzupacken, das seit Jahren an meinem Unterbewusstsein genagt hatte.

Dem Flusssystem, das mich seit Jahren mit seiner grenzenlosen Schönheit und seinem Facettenreichtum fasziniert, steht eine der größten ökologischen Krisen seiner 50 Millionen Jahre langen Geschichte bevor, und die Welt hat das bislang nicht zur Kenntnis genommen. Aus irgendeinem Grund hat die Weltgemeinschaft die enormen Probleme übersehen, die auf das Mekongbecken zukommen, und mit Erschütterung und Frust hatte ich Ereignisse zur Kenntnis nehmen müssen, die ich für äußerst ungerecht halte. Das größte Bauprojekt in der Geschichte der Menschheit war nicht weit vom Mekong in China in Angriff genommen worden: der berüchtigte Drei-Schluchten-Staudamm am Jangtsekiang. Nachdem dieses Großprojekt in aller Welt Bestürzung hervorgerufen hatte, war bekannt geworden, dass die Energiepolitik Pekings erneut das Leben von Millionen Chinesen sowie unermessliche Naturschätze zerstören wird. Wie vielen Experten, Wissenschaftlern, Forschern und informierten Beobachtern war auch mir bewusst, dass das Projekt, acht Staudämme am chinesischen Mekong zu bauen, den Drei-Schluchten-Damm, was die ökologischen und soziokulturellen Folgen angeht, in den Schatten stellt, und ich verspürte ein zunehmendes Bedürfnis, die Welt wissen zu lassen, warum.

Der Keim für das Unternehmen »Erstbefahrung des Mekong« war gelegt. Die Erkundung des Flusses würde mir, so hoffte ich, die

Möglichkeit eröffnen, einen Dokumentarfilm zu drehen und mit Artikeln in den Printmedien die Aufmerksamkeit der Weltöffentlichkeit zu erregen. Im Lauf des Jahres 2002 strukturierte ich meine Firma so um, dass ich mehr Zeit zur Verfügung hatte, und ab Anfang 2003 arbeitete ich fast ausschließlich an der Planung der Mekong-Erstbefahrung.

2
Die Herausforderung

Ich machte mich daran, Gigabytes von Internetinformationen, Landkarten, Bücher und mein Adressbuch mit Kontakten in der Mekongregion aus acht Jahren zu durchforsten, denn schnell stellte sich heraus, dass die Erstbefahrung dieses Flusses einen enormen Rechercheaufwand erforderte. Bei einer Reise durch eine der einsamsten und abgelegensten Regionen der Welt und durch ein komplexes Geflecht unterschiedlicher geografischer, kultureller, politischer und historischer Gegebenheiten konnte sich jede wie immer auch geartete Information als nützlich erweisen und sicherstellen, dass die Erkundung des Mekong tatsächlich machbar war.

Mein oberstes Ziel bestand darin, die größten Hürden zu identifizieren, die sich mir unterwegs in den Weg stellen würden, und Möglichkeiten zu finden, wie ich sie überwinden könnte. Das war eine zeitaufwendige und oft frustrierende Angelegenheit, da niemand zuvor versucht hatte, den Mekong von der Quelle bis zur Mündung zu befahren. Und es bedeutete auch, dass Informationen nur in begrenztem Umfang existierten. Die Liste mit Hindernissen wurde von Tag zu Tag länger, und ich hatte zunehmend Mühe, Lösungen auszuarbeiten. Einige der Aufgaben, die auf meiner Liste standen, waren geradezu entmutigend:

- Herausfinden, ob die steileren Flussabschnitte in Tibet und Yunnan überhaupt befahrbar sind; Landkarten, Satellitenbilder und konkrete Landvermessungsdaten prüfen.
- Versuchen, geheime militärische Karten für Sperrgebiete einzusehen oder zu erwerben.

- Die Erlaubnis einholen, Grenzen an für Touristen unüblichen Stellen zu überqueren.
- Die ungefähre Länge des Flussabschnitts berechnen, der im April/Mai voraussichtlich zugefroren ist.
- Orte zur Wiederausrüstung mit Proviant in Regionen bestimmen, in denen es keine beschilderten Straßen gibt.
- Drehgenehmigungen in politisch problematischen Ländern einholen.
- Polizeiliches oder militärisches Geleit durch Regionen beantragen, die von burmesischen Rebellen oder bewaffneten Anhängern der Roten Khmer kontrolliert werden.
- Nach Sponsoren für die 132 Positionen auf der Liste mit »lebenswichtigen Ausrüstungsgegenständen« suchen.
- Unter Berücksichtigung der nur begrenzt verfügbaren Geländeinformationen Evakuierungspläne entwerfen.
- Ausarbeitung eines realisierbaren Finanzierungsplans zur Bereitstellung von 315000 US-Dollar, die voraussichtlich mindestens erforderlich sein würden, um mit einem Team aus vier Personen sowie einer Unterstützungs-/Filmcrew mit drei Personen den Mekong zu befahren und den geplanten Dokumentarfilm zu drehen.

Abgesehen davon standen noch ungefähr 70 weitere Punkte auf der Liste.

Vier Monate, nachdem ich mit der intensiven Recherche für das Projekt begonnen hatte, erörterte ich mein Vorhaben mit meinem Freund Alan Boatman, dem Gründer von Geo Systems International, der als Umweltgutachter in Vientiane arbeitete. Er zeigte Interesse, als Leiter des Unterstützungsteams teilzunehmen, um seine logistischen Fähigkeiten unter Beweis zu stellen und gleichzeitig wissenschaftliche Daten über das Flusssystem zu sammeln, von dem er fasziniert war. Alans umfangreiches Wissen über die Geografie und die Umweltprobleme des Mekongbeckens war von unschätzbarem Wert und half mir dabei, mein Hauptziel, auf die Gefährdung aufmerksam zu machen, genauer zu definieren.

Da nach monatelangen Recherchen noch immer etliche Fragen unbeantwortet waren, beschlossen wir, die Dinge zu beschleunigen, und fuhren im Juli 2003 für zwei Wochen in die chinesische Provinz Yunnan, um uns die steilsten Strecken des Flusses vor Ort anzusehen. Im August 2003 öffnete das Unternehmen »Erstbefahrung des Mekong«, das in Alans Büro nur 150 Meter vom Fluss entfernt untergebracht war, seine Türen.

Der letzte Versuch, den gesamten Flusslauf des Mekong zu erkunden, war die französische Mekongexpedition von 1866/68 unter der Leitung von Ernest Doudart de Lagrée und Francis Garnier gewesen, die von Saigon nach Yunnan vorgestoßen war und mit dem Tod von Lagrée geendet hatte. Wie der Zufall es wollte, planten 2004 und 2005 neben meinem Team noch drei weitere Expeditionen die Befahrung des Mekong von der Quelle bis zur Mündung.

Das japanische Team stand unter der Leitung von Masayuki Kimatura von der landwirtschaftlichen Universität Tokio. Masayuki hatte bereits die Expedition geleitet, die 1994 entdeckte, dass sich die Quelle des Mekong am Fuß des Lasagongma-Gletschers in Osttibet befindet. Außerdem hatte Masayuki 1994 und 2002 Raftingteams geleitet, denen die erfolgreiche Erstbefahrung von zwei Abschnitten des Mekong mit insgesamt über 800 Kilometer Länge gelungen war. Die Japaner gedachten ihr Ziel, den gesamten Mekong zu erkunden, durch weitere Expeditionen in den Jahren 2004 und 2005 zu erreichen, bei denen sie die restlichen 4100 Kilometer Flussstrecke befahren wollten. Würde ihnen das gelingen, hätten sie die Befahrung des Mekong in vier Etappen vollendet.

Wie wir außerdem erfuhren, wollte 2005 ein chinesisches Team, das angeblich von Song Yipin, einem erfahrenen Veteranen der Erstbefahrung des Jangtsekiang, geleitet werden sollte und die Unterstützung der chinesischen Regierung genoss, die Befahrung des Flusses in Angriff nehmen. Ebenso wie ich planten die Chinesen, den Fluss in einem Stück von der Quelle bis zum Meer zu befahren, um den Titel für sich beanspruchen zu können. Allerdings hatten sie vor, zur Vorbereitung zunächst einige kürzere Abschnitte des Flusses zu befahren, bevor sie von ganz oben starteten und aufs Ganze gingen.

Die dritte Mannschaft stammte aus Neuseeland und wurde von der Sir-Edmund-Hillary-Stiftung gesponsert sowie von der neuseeländischen Regierung unterstützt. Ihr Ziel war es, die Erstbefahrung des gesamten Mekongtals in einem Stück aus eigener Kraft zu schaffen, und zwar in einer Kombination aus Trekking, Mountainbiking und Kajakfahren. Obwohl sich die Mitglieder der neuseeländischen Expedition nicht den extremsten Abschnitten des Mekong stellen mussten (da sie die gefährlichsten Stromschnellen, Schluchten und natürlichen Hindernisse auf von Menschenhand geschaffenen Straßen umfahren wollten), konnten sie im Fall ihres Erfolgs zumindest theoretisch die erste Gesamtbefahrung des gesamten Mekongtals aus eigener Kraft für sich in Anspruch nehmen, wenn nicht sogar die Erstbefahrung des gesamten Mekong. Die mit unseren jeweiligen Befahrungen verbundenen Herausforderungen waren zwar sehr unterschiedlich, da sich die Öffentlichkeit wahrscheinlich aber nicht die Mühe machen würde, zwischen ihnen zu differenzieren, setzte ich es mir zum Ziel, nach Möglichkeit als Erster am Südchinesischen Meer anzukommen.

Später erfuhren wir, dass das japanische und das chinesische Team gemeinsame Sache mit einem anderen Wildwasserteam machten, das von dem Amerikaner Pete Winn geleitet wurde, einem Experten für die Erkundung großer tibetischer Flüsse. Sie wollten die steilste und abgelegenste Teilstrecke des gesamten Mekong, die wir als die tibetischen Mekongschluchten bezeichnen, befahren und erkunden. In der südlichen Hälfte von Osttibet fließt der Mekong durch steile, unzugängliche und offenbar unbewohnte Schluchten, die große Wassermengen führen und ein extrem steiles Gefälle von bis zu fünfeinhalb Metern pro Kilometer auf dem steilsten 100-Meilen-Flussabschnitt aufweisen. Im Vergleich dazu fällt der Grand Canyon, der als eine der wildesten Schluchten Nordamerikas bekannt ist, auf dem steilsten 100-Meilen-Abschnitt nur um etwa 1,3 Meter pro Kilometer ab. Durch die tibetischen Mekongschluchten fließt eine ähnlich große Wassermenge wie durch den Grand Canyon, bei einem allerdings viermal so steilen Gefälle – ein überaus schwierig zu befahrender Flussabschnitt, ganz egal, welche Maßstäbe man anlegt. Sobald das japanische und das chinesische Team die Mekongschluchten in Tibet bewältigt hätten, wäre eines der größten Hindernisse des Flusses überwunden und der Weg zum Ziel geebnet.

Ende 2003 wurde offensichtlich, dass wir Probleme hatten, die finanziellen Mittel für unsere Expedition zusammenzubekommen. Alan und ich nahmen daher über Pete Winn zu dem internationalen Team Kontakt auf und erkundigten uns, ob Interesse bestand, 2004 gemeinsam den Versuch zu unternehmen, den gesamten Fluss zu befahren, und somit die Kosten für alle Beteiligten zu verringern. Die Antwort war eindeutig: Die Chinesen sagten, sie wollten die Gesamtbefahrung nur mit einem rein chinesischen Team in Angriff nehmen, Pete hatte überhaupt kein Interesse, und von den Japanern bekamen wir keine Antwort. Da wir uns niemandem anschließen konnten, blieb uns nichts anderes übrig, als ihnen allen zuvorzukommen, und wir fuhren mit unserer ursprünglichen Planung fort.

Ich legte den Abreisetermin für März 2004 fest und nahm in Kauf, dass ich die tibetischen Schluchten wahrscheinlich zur selben Zeit befahren würde wie die internationale Gemeinschaftsexpedition und die übrigen Flussabschnitte gleichzeitig mit den Neuseeländern, und zwar mit der Aussicht, dass ich mir mit Letzteren eventuell einen Rennen bis zur Ziellinie liefern musste.

Der Abreisetag rückte näher, und noch immer reichten die Sponsorengelder nicht annähernd aus, was uns zu größeren Änderungen am Konzept unserer Expedition zwang, wenn sie überhaupt stattfinden sollte. Alan und ich konnten weder das Filmteam noch die Profi-Kajakfahrer bezahlen, die wir bei der Befahrung mitnehmen wollten.

Berufliche Verpflichtungen, die Schwierigkeiten bei der Finanzierung unseres Projekts und die Unsicherheit, ob wir in die Autonome Region Tibet würden einreisen dürfen, um den tibetischen Abschnitt des Mekong zu befahren, veranlassten Alan, aus dem Projekt auszusteigen. Nun lag es an mir, das Vorhaben umzusetzen und den Zeitplan einzuhalten, was bedeutete, dass ich mich beträchtlich verschulden musste. Ein Scheitern hätte ich nicht nur psychisch schwer verkraftet, sondern es hätte mir auch finanziell das Genick gebrochen. Doch den Luxus, noch ein Jahr zu warten, um weitere Sponsorengelder zu beschaffen, konnte ich mir einfach nicht leisten. Es ging mir dabei nicht nur um die Trophäe für die erste Mekongbefahrung. Ich konnte meine Beratungsfirma nicht mehr länger auf dem Wartegleis abstellen, da meine Angestellten vermutlich ihren Job verloren hätten, wenn ich noch ein Jahr damit zubrachte, die Logistik und die Finanzierung der Expedition auszuarbeiten. Das wäre ein Preis gewesen, den ich nicht zu zahlen bereit war.

Nach Alans Ausstieg verstrichen ein paar lange Tage, an denen ich von Zweifeln geplagt wurde. Lohnte es sich wirklich, meine Firma, mein Leben und meinen gesamten Besitz aufs Spiel zu setzen, um einem Traum nachzujagen, der höchstwahrscheinlich zum Scheitern verurteilt war?

Eine Passage aus dem Buch *Wanderer* von Sterling Hayden, einem Hollywoodschauspieler, der alles aufgegeben hatte, um seinen Traum wahr zu machen und nach Tahiti zu segeln, half mir dabei, diese Frage zu beantworten, da sie mich an das erinnerte, was mich ursprünglich dazu bewogen hatte, ein Abenteurerleben in Asien zu führen:

Was braucht ein Mann wirklich? Ein paar Mahlzeiten am Tag, Wärme, ein Dach über dem Kopf, das ihm zwei Meter Platz zum Schlafen bietet, und irgendeine Art der Beschäftigung, die ihm das Gefühl vermittelt, etwas erreicht zu haben. Das ist alles – in materieller Hinsicht –, und das wissen wir auch. Doch unser Wirtschaftssystem unterzieht uns einer Gehirnwäsche, bis wir in einem Grab unter einer Pyramide aus Zahlungsfristen, Hypotheken und absurden technischen Spielzeugen enden, die uns von der schieren Idiotie dieser Farce ablenken.

Die Jahre rasen dahin. Die Träume unserer Jugend verblassen, während sie in den Regalen der Geduld verstauben. Ehe es uns bewusst wird, ist das Grab verschlossen.

Wo liegt sie also, die Antwort?

In der Wahl!

Was soll es sein: der Bankrott im Portemonnaie oder der Bankrott im Leben?

Ich beschloss, alles auf eine Karte zu setzen und das Projekt mit den Mitteln, die mir zur Verfügung standen, sowie mit denen, die voraussichtlich im Lauf der Befahrung eintreffen würden, Wirklichkeit werden zu lassen. Das begrenzte Budget machte es erforderlich, die Kosten drastisch zu senken, und das tat ich, indem ich beschloss, die Befahrung im Alleingang zu unternehmen, nur in Begleitung eines Film- und Fototeams, bestehend aus drei Personen, die die Befahrung – wo immer es möglich war – von der Straße, von Wegen am Flussufer oder vom Wasser aus im Bild festhalten sollten.

Diese Änderung im Plan eröffnete eine faszinierende Perspektive: 2004 hatten vollständige Befahrungen einiger der größten Flüsse der Welt stattgefunden, doch alle diese Erstbefahrungen waren von Teams aus einer Anzahl erfahrener Kajakfahrer durchgeführt worden, die ihre Fähigkeiten und Mittel in einen Topf geworfen hatten. Im Falle meines Erfolgs wäre der Mekong der Einzige der zehn größten Flüsse der Welt, der von einem Soloabenteurer vollständig befahren und erkundet worden war. Mir gefiel die Vorstellung, Neuland zu erschließen.

3
Vorbereitung, Abreise und Rezept für ein Desaster

Alans Ausstieg bewirkte, dass sich meine Arbeitslast in den letzten Monaten vor dem Start der Expedition drastisch erhöhte. Glücklicherweise hatte ich Menschen um mich, die bereit waren, mir einen Teil dieser Arbeit abzunehmen. Meine thailändische Verlobte Yuta, die in einem Haus in Nongkhai mit Blick auf den Mekong zur Welt gekommen ist, unterstützte mich in jeder freien Minute, obwohl sie voll berufstätig war. Hoopy, eine Freundin von Yuta und mir, bot ihre Dienste an, und meine stets hilfsbereite Mutter in Australien kam ebenfalls mit an Bord und kümmerte sich um die Öffentlichkeitsarbeit und die Sponsorensuche. Mit vereinten Kräften und der Unterstützung von Mitarbeitern meiner Firma erschien es nun doch möglich, das Projekt auf die Beine zu stellen.

Ich wollte während der vier- bis fünfmonatigen Reise auf dem Fluss die Grundlagen für einen Dokumentarfilm sowie einen Fotoband über das Mekongbecken erstellen. Ursprünglich hatte ich geplant, mich mit zwei Dokumentarfilmern zusammenzutun, mit denen ich bereits zuvor gearbeitet hatte. Da es wichtig war, Leute dabeizuhaben, die ich kannte und denen ich vertraute, erkundigte ich mich gleich am Anfang bei dafür prädestinierten Freunden, ob sie Interesse hatten.

Zu diesem Zeitpunkt war aber überhaupt noch nicht abzusehen, ob wir genügend Sponsorengelder auftreiben würden. Als ich mich schließlich auf einen Starttermin für die Expedition festlegte, war das anfänglich eingeplante Budget dramatisch geschrumpft, und drei Monate vor Abreise waren meine ursprünglichen Favoriten schon andere Verpflichtungen eingegangen. Aufgrund der Zeitknappheit musste ich auf Leute zurückgreifen, mit denen ich noch nicht zusammengearbeitet hatte.

Auf Empfehlung eines Freundes in Vientiane nahm ich Kontakt mit Nicolas Suaret auf, einem zierlichen, stillen 24-jährigen Franzosen. Nico hatte kürzlich seinen Abschluss an der Pariser Filmhochschule gemacht und drehte Kurzfilme für unabhängige und staatliche Hilfsorganisationen.

Der Laote Abe hatte ein paar Jahre für das staatliche Fernsehen in Laos gearbeitet. Er willigte ein, als Kameraassistent und Helfer tätig zu werden. Abe war durchtrainiert, unkompliziert und hoch motiviert. Seine Englischkenntnisse waren begrenzt, doch da sowohl Nico als auch ich gut genug Laotisch sprachen, konnten wir mit ihm kommunizieren.

Der freiberufliche Fotograf Stanislas Fradelizi, ein weiterer Franzose, war ein Freund von Alan. Stan, der seit mehreren Jahren in Asien lebte und arbeitete, erwies sich bei den Expeditionsvorbereitungen als große Hilfe, insbesondere in den letzten Wochen, als ich jede Unterstützung brauchte, die ich bekommen konnte. Er war mit einem 250er-Geländemotorrad durch die unteren Mekongregionen getourt und hatte ländliche Gegenden und deren Bewohner fotografiert. Gerade von einer zweimonatigen Reise auf dem Ho-Chi-Minh-Pfad zurückgekehrt, bekundete er großes Interesse, seine Karriere als Abenteuerfotograf voranzutreiben.

Drei Wochen vor unserer Abreise landete die australische Fotojournalistin Lara Jones in Vientiane. Sie sollte sich um die PR-Arbeit kümmern und die Kontakte zu den Medien herstellen. Ich hatte Lara Monate zuvor zufällig kennengelernt, als sie in mein Büro gekommen war, um Reiseauskünfte einzuholen. Lara hatte viel in Tibet fotografiert und wollte gern als Fotojournalistin an der Expedition teilnehmen. Da wir aber bereits Stan als Fotografen engagiert hatten, übernahm sie die PR-Arbeit.

Alan hatte aufgrund einer früheren Zusammenarbeit mit Lara Bedenken, aber ich wollte die Expedition unbedingt in die Tat umsetzen und war für Lara eingenommen, weil sie andere Aufträge zurückstellte, um für die kommenden fünf Monate verfügbar zu sein. Ich beschloss deshalb, ihr eine Chance zu geben. In den letzten Wochen vor unserer Abreise arbeitete Lara hart, um das Interesse der Medien zu wecken und die Finanzierung der Expedition durch die Vermarktung von Fotos und Artikeln voranzutreiben.

Die letzten Tage vor dem Start waren extrem hektisch, und Lara, Yuta, Stan, die Angestellten meiner Firma und ich arbeiteten auf Hochtouren, um alles rechtzeitig zu erledigen. Bis zum letzten Moment vor der Abreise des Teams gab es logistische Probleme, wie zum Beispiel den Papierkrieg mit der Regierung, der die Freigabe von Fördergeldern der thailändischen Tourismusbehörde verzögerte, sowie Schwierigkeiten bei der Beschaffung der Filmausrüstung. Das Geld war extrem knapp, und wir taten alles, um das vorhandene Expeditionsbudget nicht zu überschreiten.

Angesichts der nahenden Deadline waren die Nerven aller Beteiligten bis zum Zerreißen gespannt. In dem Moment ging Lara völlig aus heiterem Himmel verbal auf mich los, weil ich nicht sofort den kleinen Betrag bar zur Hand hatte, der nötig gewesen wäre, um ihre Hotelrechnung zu bezahlen. Yuta und ich gestanden uns zwar ein, dass Lara mit dem Stress nicht zurechtkam. Da vor der Abreise aber noch so viele Dinge erledigt werden mussten, machten wir uns über diese Konfrontation jedoch keine langen Gedanken und gaben dem Stress, dem wir alle ausgesetzt waren, die Schuld dafür. Da Lara noch weitere Male völlig unangemessen reagierte, brachte ich die Angelegenheit am Morgen der Abreise mit Yuta zur Sprache. Unser Gefühl sagte uns beiden, dass es das Beste wäre, uns von Lara zu trennen, bevor größerer Schaden entstünde. Wir waren davon überzeugt, dass weitere Probleme auftauchen würden, wenn sie uns begleitete. Gleichzeitig waren wir aber darauf angewiesen, dass die Medien von der Expedition berichteten und dass durch die Vermarktung von Fotos und Reportagen die dringend benötigten finanziellen Mittel beschafft wurden, sonst hätten wir die Erstbefahrung des Mekong nicht durchführen können. So unmittelbar vor dem Start war einfach keine Zeit, um nach einer Alternative zu suchen.

Stan, Nico, Abe, Lara und ich nahmen einen gesponserten Lao-Airlines-Flug nach Kunming, der Hauptstadt der Provinz Yunnan im Nordosten Vietnams, die als Tor zur südlichen Abzweigung der Seidenstraße gilt. Dort wurden wir von James Shenton empfangen, der in Kunming eine Reiseagentur betreibt. James war damit betraut, die Erlaubnis einzuholen, in der Autonomen Region Tibet zu paddeln und zu filmen.

Nach drei Tagen Verzögerung in Kunming traten wir schließlich mit einem Beijing-Jeep, dem chinesischen Äquivalent zum Landrover, die lange Fahrt Richtung Norden nach Zhongdian an, einer Kleinstadt, die von der Tourismusagentur Yunnans optimistisch als das Shangri-La aus James Hiltons Romanklassiker *Der verlorene Horizont* beworben wird. Das in der südöstlichen Steppe des tibetischen Hochlands gelegene Zhongdian erfährt wie so viele westchinesische Kleinstädte eine vollständige Runderneuerung in Pekingmanier mit geklonten Reihen fantasieloser Ladenfassaden, die mit einer oberflächlichen Bemalung im regionalen Stil verziert sind, der in diesem Fall zufälligerweise tibetisch ist. Zhongdian stellte den offiziellen Ausgangspunkt für unsere Suche nach der Mekongquelle dar.

In Anbetracht der Tatsache, dass wir unmittelbar vor einer großen Expedition standen, war die Kameradschaft überraschend schlecht. Ich versuchte, die Teammitglieder bei einem gemeinsamen Essen mit ein paar Bieren zusammenzubringen, aber in der Gruppe herrschte eine Gereiztheit, deren Ursache ich nicht ausmachen konnte. Der unterschwellige Konflikt zwischen Lara und mir trug sicherlich nicht zur Verbesserung der Lage bei. Mein Bauchgefühl ließ die Alarmglocken läuten.

Meine schlimmsten Befürchtungen bewahrheiteten sich nur allzu bald. Seit mehr als einer Woche in China, standen wir unmittelbar davor, aus Zhongdian aufzubrechen, als James eine Besprechung des Expeditionsteams einberief, das aus Nico, Stan, Abe und mir bestand, um ein paar wichtige Dinge zu klären. James war der Meinung, dass die Stimmung schlecht wäre und die Gruppe am besten durch eine höhere Gewinnbeteiligung aller Mitglieder zusammengeschweißt werden könnte. Ich hatte mich so sehr für die Expedition eingesetzt, dass ich angenommen hatte, die anderen teilten meine Begeisterung für das, was wir erreichen wollten. Ich war entsetzt, als James und Nico versuchten, eine Erhöhung ihrer Gewinnbeteiligung durchzusetzen, und mir klar wurde, dass die beiden absichtlich damit gewartet hatten, ihr Honorar neu auszuhandeln, bis wir eine Woche in China waren, wussten sie doch, dass ich dann nicht mehr umplanen konnte, falls ich mit ihren neuen Bedingungen nicht einverstanden wäre. Bei dem knapp bemessenen Budget gefährdeten ihre Forderungen das gesamte Projekt.

Die spannungsgeladenen Verhandlungen dauerten die ganze Nacht. Angesichts der indirekten Drohung, das gesamte Team würde in Streik treten, was die Aufhebung unserer Einreiseerlaubnis nach Tibet und den Verlust des Regisseurs für den Dokumentarfilm zur Folge gehabt hätte, arbeiteten wir neue Bedingungen aus. Jetzt musste ich den Preis dafür zahlen, dass ich Fremde angeheuert hatte, deren Beweggründe und Taktik ich nicht vorhersehen konnte.

Was die Sache noch verschlimmerte, war die Tatsache, dass wir uns mit einer unerwarteten Geldknappheit konfrontiert sahen – wenn auch nur vorübergehend –, da Sponsorengelder nicht rechtzeitig eintrafen. Trotz dieses Rückschlags beschloss ich weiterzumachen, weil ich hoffte, das Taktieren der anderen, das meiner Ansicht nach an Erpressung grenzte, wäre ein für alle Mal vom Tisch, nachdem wir neue Vereinbarungen getroffen hatten.

Am 9. April 2004 brachen Nico, Stan, Lara, Abe, Nongboo – unser halb tibetischer, halb chinesischer Fahrer – und ich von Zhongdian Richtung Norden zur Mekongquelle auf. Als wir aus den grünen Tälern und der Karstlandschaft um Zhongdian zu den erodierten, von Moränen übersäten Hängen des Jangtsekiangtals fuhren, bot sich uns eine großartige Szenerie. Auf dem Weg zum tibetischen Qinghai-Plateau kletterten wir auf Serpentinenstraßen über die schneebedeckten Berge von Sichuan. Unser Beijing-Jeep holperte elegant über steile, furchteinflößende Bergstraßen, die sich zwischen klassisch tibetischen Häusern mit Lehmwänden hindurchschlängelten.

Einer uralten tibetischen Überlieferung zufolge, die fast überall in Sichuan bekannt ist, bringt es Unglück, Gebäude mit rechtwinkeligen Formen zu errichten. Deshalb achten die Tibeter beim Bau ihrer Häuser darauf, dass diese nicht über exakte rechte Winkel verfügen. Wände, Tür- und Fensteröffnungen sowie Dachflächen sind allesamt oben etwas schmaler als unten, was sie leicht perspektivisch verzerrt wirken lässt und den unvergleichlichen tibetischen Stil ausmacht. Die reich verzierten mehrgeschossigen Gebäude sind in der Regel in leuchtenden Farben gestrichen und mit detaillierten geometrischen Mustern um die Fenster, um die Türen und unter den Dachvorsprüngen versehen. Einige der Häuser, an denen wir vorbeikamen, waren so aufwendig verziert, dass ich sie ohne Vorwissen vermutlich nicht für bescheidene Behausungen einfacher Bauern, sondern für Kultstätten gehalten hätte. Durch Täler mit üppigen Kieferwäldern flossen klare, sprudelnde Bäche, die über Wasserfälle in Stufen Hunderte von Metern in die Tiefe stürzten, wo sie sich mit anderen Bächen vereinten, um ihre unermüdliche Suche nach dem Meer fortzusetzen. Wir bekamen jeden Tag so viele Postkartenmotive zu Gesicht, dass ich schlichtweg den Überblick über all die Orte verlor, die ich mir im Geist vormerkte, um sie irgendwann wieder zu besuchen. Ich fühlte mich lebendig und konnte es kaum erwarten, an den Startpunkt der Expedition zu kommen und endlich loszulegen.

Die Blicke der mit Schaffelljacken oder Jakledermänteln bekleideten Tibeter ließen erkennen, wie selten Fremde diese Gegend bereisten. Ich war überrascht von der geringen Bevölkerungsdichte in diesem pittoresken Teil des am dichtesten besiedelten Landes der Welt.

Hin und wieder lösten beengte, trist wirkende Gebäude mit Fassaden aus weißen Fliesen und blauem Glas, die in krassem Kontrast zur herrlichen Landschaft standen, die geräumigen tibetischen Bauernhäuser ab, die vollkommen mit der Umgebung zu verschmelzen schienen. Dann wusste ich, dass wir in einer der kleinen Bezirkshauptstädte angekommen waren, die zunehmend von han-chinesischen Umsiedlern aus dem Flachland besiedelt werden. Die Neuankömmlinge, die überwiegend aus den dicht besiedelten Gebieten im Osten Chinas stammen, werden von der Regierung ermutigt, sich in den einst von Tibet kontrollierten Regionen niederzulassen.

Stan, Nico und Abe machten oft Halt, um die neue Ausrüstung auszuprobieren und sich über die Mechanismen zur Koordination der Filmaufnahmen mit Hilfe von Sprechfunkgeräten zu verständigen. Lara machte mit der professionellen Ausrüstung immer mehr eigene Fotos. Das beunruhigte Stan, der das Gefühl hatte, sie übernähme seine Rolle als Teamfotograf, und mich deshalb bat einzuschreiten.

Wir machten in einem Tal Halt, dessen steile Hänge mit alten Fichten bewachsen waren. Angesichts der spektakulären Landschaft stiegen wir aus, um das warme Nachmittagslicht auszunutzen. Als

Lara ihre Fotoausrüstung aus der dick gepolsterten Transporttasche holte, ergriff ich die Gelegenheit und versuchte ihr vorsichtig zu erklären, dass Stan das Gefühl habe, sie überschritte eine berufliche Grenze. Unsere Diskussion erhitzte sich, um es milde auszudrücken, und ich beschloss, die Unterhaltung erst dann fortzusetzen, sobald die Lage sich wieder beruhigt hatte.

Nachdem sich die Wogen ein wenig geglättet hatten, fuhren wir weiter in die nächste Stadt, wo Stan und ich das Fotoproblem mit Lara in einem Restaurant zu lösen versuchten. Lara zeigte sich völlig uneinsichtig, Stan verlor die Geduld, stand abrupt auf und verließ das Restaurant. Am Nachmittag fragte ich Nico und Stan nach ihrer Meinung, und die beiden waren sich einig darin, dass Lara den Fußmarsch zur Quelle besser nicht mit uns antrat. Ich gab ihr etwas Geld, damit sie nach Zhongdian zurückfahren konnte, wo sie auf unsere Berichte warten sollte.

Auch wenn Lara vorübergehend nicht mit von der Partie war, hatte die Forderung nach stärkerer Gewinnbeteiligung meine Hoffnungen auf das Vertrauen und die Kameradschaft, die für den Erfolg eines Expeditionsteams so wichtig sind, vollkommen zerstört, und dabei hatten wir den Fußmarsch noch nicht einmal begonnen.

Ich bemühte mich, die Ereignisse zu verdrängen, und versuchte, den Zusammenhalt des Teams zu fördern, indem ich für Spaß sorgte und unbeschwerte Unterhaltungen anzettelte. Als wir uns dem Ausgangspunkt des Fußmarsches näherten, hatte ich jedoch nicht das Gefühl, mit einem konzentrierten, motivierten und geschlossenen Team unterwegs zu sein. Vielmehr verspürte ich zunehmend Besorgnis, Misstrauen und Unsicherheit. Die Expedition schien auf äußerst schwankendem Boden zu beginnen.

4
Ein Fluss wird geboren

Es sind die Bilder von atemberaubender Natur und geschichtsträchtigen Orten, die meine Erinnerungen an die fünftägige Fahrt im Geländewagen durch China und Tibet zum Ausgangspunkt unseres Fußmarschs bestimmen. Wir fuhren ewig lange über unbefestigte, holprige und geröllübersäte Gebirgsstraßen, auf denen fast kein motorisierter Verkehr herrschte. Manchmal vergingen Stunden zwischen den Bauernhäusern, und als ich auf unserer einen Quadratmeter großen Landkarte Millimeter für Millimeter nachverfolgte, wie wir vorankamen, wurde mir die unglaubliche Größe des Plateaus bewusst, dem wir uns näherten.

Wir kamen durch die Ortschaft Litang im Osten von Sichuan, die über 4000 Meter über dem Meeresspiegel liegt und damit eine der höchstgelegenen ständig bewohnten Siedlungen der Welt ist. Dann kämpften wir uns weitere 14 holperige Stunden bis nach Serxu, einem winzigen Punkt auf der Karte und dem letzten Ort vor der Grenze zwischen den chinesischen Provinzen Sichuan und Qinghai. Letztere umfasst zum größten Teil ehemals von Tibet regiertes Gebiet. Die südliche Hälfte der Provinz ist in ethnischer Hinsicht fast ausschließlich tibetisch, abgesehen von einer Handvoll Han und Hui (chinesische Muslime), die überwiegend in den größeren Städten der Region wohnen. In der Nähe von Serxu erklommen wir endlich das tibetische Hochland, nachdem wir tagelang bergauf gefahren waren, um dann wieder in die tiefen Flusstäler abzutauchen, die charakteristisch für den Rand des Plateaus sind.

Die Umgebung veränderte sich drastisch, als wir die deutlich sichtbare Baumgrenze hinter uns ließen. Binnen weniger Meter verschwanden die Kiefern, die über lange Strecken das dominierende Merkmal gewesen waren, und wurden von hügeligem Grasland, zerklüfteten Felsnasen und Schnee abgelöst. Nach so vielen Stunden im Auto stellten wir mit Erleichterung fest, dass wir uns endlich unserem Ziel näherten. Man merkte deutlich, dass wir uns nun in einem anderen Kulturkreis befanden und die Region von halbnomadischen Hirten bestimmt wurde.

Auf den kargen, sanft geschwungenen Ebenen des Plateaus, zwischen 3000 und 5000 Metern über dem Meeresspiegel, wo außer winterharten Gräsern, Moosen, Flechten und Blumen kaum eine Pflanze existieren kann, leben die halbnomadischen Hirten heute noch so wie vor Jahrhunderten. Während der kältesten Wintermonate, wenn die Temperatur manchmal auf unter 40 Grad minus sinkt, suchen sie Unterschlupf in schlichten Lehmhäusern mit langen Wällen aus Jakdung, der im Winter zum Heizen und Kochen von größter Wichtigkeit ist. Sobald der im Winter dauerhaft gefrorene Boden im April auftaut und frisches Grün das welke Gras vom letzten Jahr ersetzt, tauschen die Hirten ihre festen Behausungen gegen transportable, aus Jakhaar gewebte Zelte. Diese verschaffen ihnen die erforderliche Mobilität, um nach dem besten Weideland zu suchen, das sie dringend benötigen, damit sie ihr geschwächtes Vieh rechtzeitig vor dem nächsten langen, kalten Winter mästen können.

Bei unserer Ankunft waren viele Hirten gerade damit beschäftigt, ihre Zelte aufzustellen. Sie trugen Bekleidung aus Tierfellen, die ihre Familien seit Generationen wärmten, und ihre schroffe, aber dennoch herzliche Art vermittelte mir den Eindruck, dass es sich bei ihnen um überaus stolze Menschen handelt. In vergangenen Tagen füllten die furchtlosen tibetischen Reiter die Reihen von Dschingis Khans Armeen und lehrten die han-chinesischen Herrscher im fernen Peking und Schanghai das Fürchten. Selbst die Herrscher Persiens, weit im Westen, mussten den Armeen aus den wilden Gegenden des tibetischen Hochlands weichen. Bis zum heutigen Tag sind die osttibetischen Reiter mit kleinen, als *grai* bezeichneten Säbeln bewaffnet, die sie stets an der Hüfte tragen, um für jede Situation gewappnet zu sein. Als eine wilde Horde nomadischer Hirten, deren Gesichter der harte Winter lederartig hatte werden lassen, im Galopp auf mich zugeritten kam, bedurfte es nicht viel Fantasie, um zu verstehen, warum die Chinesen aus Furcht und in der vergeblichen Hoffnung, die »barbarischen« Krieger so in Schach halten zu können, die Chinesische Mauer errichteten.

China verfolgt zwar die Politik, die Tibeter in ihrem eigenen Land durch die Umsiedlung von Han-Chinesen nach Tibet zu einer Minderheit zu machen, doch die Siedler ziehen fast ausschließlich in die Bezirkshauptstädte und in größere Ortschaften und überlassen die ländlichen Gegenden den Tibetern. Man kann nur hoffen, dass die Tibeter für immer Herrscher über ihre Hochebenen bleiben.

Über 70 Prozent der Frischwasservorräte der Erde verteilen sich auf drei riesige Wasserreservoire, wobei der Großteil der überlebenswichtigen Flüssigkeit in Gletschern gespeichert ist. Bei den drei größten Reservoirs handelt es sich um die Antarktis, die Eisdecke Grönlands und das tibetische Hochland. Die globale Erwärmung lässt alle drei in rasantem Tempo schmelzen, und wenn die Temperaturen im Lauf dieses Jahrhunderts weiter zunehmen, könnte dies viel früher eine globale Katastrophe auslösen, als vielen Menschen bewusst ist.

Das tibetische Hochland umfasst beinahe die gesamte über 4000 Meter hoch gelegene Fläche, die es auf der Erde gibt. Zu seinem südlichen Rand, dem Himalaja-Karakorum-Komplex, gehören nicht nur der Mount Everest und alle anderen 13 Achttausender, sondern auch Hunderte von Siebentausendern. Es kam mir seltsam vor, durch eine verhältnismäßig flache, nur sanft hügelige Landschaft zu fahren, obwohl ich wusste, dass wir uns die meiste Zeit auf einer Höhe von über 4000 Metern über dem Meeresspiegel bewegten.

Zato liegt ungefähr zwölf Fahrtstunden westlich von Serxu, und als wir über die weiten offenen Flächen des Plateaus holperten und zahlreiche kristallklare Bäche überquerten, dachte ich darüber nach, dass das sechstgrößte Flusssystem der Welt seinen Ursprung auf dieser Hochebene hat. Über die Hälfte der Erdbevölkerung und ein ähnlicher Prozentsatz der Artenvielfalt unseres Planeten finden sich in den Stromgebieten des Mekong, Indus, Jangtsekiang, Huang He, Salween und Brahmaputra, was für die reiche Fülle der Natur in diesen Flussbecken spricht.

Bald gerieten wir in einen kräftigen Schneesturm, der uns die Risiken vor Augen führte, denen wir uns aussetzen würden. Die Flocken fielen so dicht und schnell, dass wir aufgrund der schlechten Sicht anhalten mussten. Der Schneesturm hörte jedoch ebenso plötzlich wieder auf, wie begonnen hatte, und ließ nichts außer einem weißen Überzug zurück. Was mich am meisten überraschte, als wir Tag für Tag auf vorwiegend unbefestigten Straßen fuhren, war die Abgeschiedenheit und Verlassenheit der Gegend. Oft fuhren wir stundenlang, ohne irgendeine Siedlung oder ein anderes Anzeichen für die Gegenwart von Menschen zu Gesicht zu bekommen. Und das, obwohl wir offiziell in China unterwegs waren, wo man nicht unbedingt an menschenleere Gebiete denkt.

Wir fuhren weiter und durchquerten eindrucksvolle Schluchten, die Nebenflüsse gegraben hatten, ehe der Mekong selbst in Sicht kam, den die Einheimischen in seinem jugendlichen Stadium Zaqu nennen. Er schlängelte sich behände durch steile Schluchten aus oxidiertem Fels (Gestein, das sich unter dem Einfluss der Elemente chemisch verändert). Bereits hier hatte der Mekong seine charakteristische, leicht rötliche Färbung, die auf den Lehm und die Ablagerungen im Wasser zurückzuführen ist. In Ufernähe trieben große

Eisschollen, die unsere Vermutung bestätigten, dass das Frühlingstauwetter noch auf sich warten ließ. Die Wassertemperatur lag vermutlich nur knapp über null Grad, und mir lief ein Schauer über den Rücken, als ich mir vorstellte, wie mir Wasser ins Gesicht spritzte und vom frischen Wind, der durch die Schluchten wehte, noch weiter abgekühlt wurde.

Gelegentlich hielten wir in kleinen Orten und Siedlungen an und aßen in einfachen tibetischen oder han-chinesischen Restaurants, die in der Regel von mitten im Raum stehenden Eisenöfen mit Jakdung beheizt wurden. Um die Öfen herum saßen mürrisch dreinblickende Einheimische, die ihre Überraschung kaum verbergen konnten, dass sie Fremde zu Gesicht bekamen. Beim Betreten der Restaurants mussten wir uns immer den Weg durch dicke Decken bahnen, die in den Türöffnungen hingen, um einen Teil der kostbaren Wärme im Inneren zu halten. Nachdem wir mehrere Tage lang in Öl schwimmende Speisen zu uns genommen hatten, wünschten wir uns alle eine Mahlzeit, die weniger als 20 Prozent tierisches Fett enthielt. In manchen der Restaurants, die wir besuchten, nahm Abe die Küche in Beschlag und zauberte in Minutenschnelle schmackhafte laotische Pfannengerichte. Während Abe sein Talent als Koch unter Beweis stellte, indem er den Inhalt der Bratpfanne in die Luft warf und gleichzeitig nach verschiedenen Soßen griff, säuberte Nico immer und immer wieder mit äußerster Sorgfalt seine Kamera. Stan fotografierte alles und jeden, das oder der sich auf annähernd interessante Art und Weise bewegte.

Nach fünf Tagen Fahrt kamen wir am 15. April 2004 zur Freude unserer Hinterteile in der belebten Grenzstadt Zato an, die sich dort befindet, wo auf den meisten Karten von Qinghai die Straße endet. Wir hatten seit Zhongdian ungefähr 1000 Kilometer zurückgelegt, was einer Durchschnittsgeschwindigkeit von nur 25 Kilometern in der Stunde entsprach.

Zato war der Ausgangspunkt für unsere Suche nach der Mekongquelle. Bewohnt wird die Stadt von khampa-tibetischen, halbnomadischen Hirten, tibetischen Händlern und vereinzelten hanchinesischen Kaufmannsfamilien. Die Khampa-Tibeter sind als Nachfahren eines unerbittlichen Kriegerklans aus den östlichen Regionen Tibets bekannt und haben sich im Lauf der Geschichte standhaft ihre Unabhängigkeit bewahrt, wodurch sie häufig mit der Landesführung in Lhasa in Konflikt gerieten. Als Chinas Kommunisten Ende 1950 in Tibet einmarschierten, leisteten die Khampa den hartnäckigsten Widerstand, der jedoch von der übermächtigen chinesischen Volksbefreiungsarmee zerschlagen wurde. Zato erinnerte mich mehr als alle anderen Orte, die wir besuchten, an den Wilden Westen. Durch die nur teilweise asphaltierten Straßen wirbelte Staub, während die Bewohner und nomadische Besucher ihren alltäglichen Geschäften nachgingen. Nordöstlich von Zato, wo sich die Mekongquelle befindet, erstreckt sich das tibetische Hochland über Tausende von Quadratkilometern ohne irgendwelche Siedlungen von nennenswerter Größe. Diese Gegend zählt zu den wenigen Regionen Asiens, in denen man tagelang unterwegs sein kann, ohne auf eine einzige Ortschaft zu stoßen, die einen Eintrag auf der Landkarte verdient hätte.

Die schroffen Männer des Hochlands versuchen nicht, wie Cowboys zu wirken, wenn sie in geschneiderten Anzügen und mit breitkrempigen Hüten auf stämmigen Ponys nach Zato reiten, wo sie regen Handel mit geschlachteten Jaks betreiben – sie sind welche. Die stolzen wind- und wettergegerbten Hochlandbewohner sind deutlich größer als ihre chinesischen Nachbarn und haben eine ruppige, aber dennoch höfliche Art, die stark von ihren buddhistischen Überzeugungen geprägt ist. Ihren Glauben zeigen sie durch das Tragen aufwendig gearbeiteten religiösen Silber- oder Specksteinschmucks in Form von Gebetsketten, Halsketten oder Ringen.

Der klischeehafte sechsschüssige Revolver, den ihre westlichen Pendants früher trugen, wird durch den kunstvoll verzierten tibetischen *grai* mit 15 bis 45 Zentimeter langer Klinge ersetzt. Die »Jakboys« aus dem Osten Tibets sind tatsächlich authentisch, und wenn Hollywoodregisseure es irgendwann einmal satthaben sollten, die Geschichtsbücher nach Wildwestabenteuern zu durchforsten, die sie wiederaufleben lassen können, kann ich nur sagen, dass im Hinterland von Qinghai kein Mangel an echten Cowboys herrscht.

Es verwundert nicht, dass die CIA Khampa-Reiter rekrutierte und in ihren geheimen Stützpunkten im Pazifikraum ausbildete, als die USA beschlossen, dem Aufstand in den vom kommunistischen China in den 1950er- und 60er-Jahren annektierten Gebieten Tibets nachzuhelfen. Unglücklicherweise waren die einst gefürchteten, aber zahlenmäßig hoffnungslos unterlegenen Khampa-Krieger machtlos gegen die modernen Waffen und Bomber der chinesischen Volksbefreiungsarmee. Im Zuge des so fanatischen wie erfolglosen Versuchs der Kommunistischen Partei, die utopischen Träume ihres Vorsitzenden Mao umzusetzen, wurden Millionen von Hirten jahrzehntelang zu einer ihnen fremden Existenz der Kollektivierung gezwungen. Dann erhob die Kulturrevolution ihr hässliches Haupt und zerstörte systematisch ungefähr 95 Prozent von Tibets religiösen Bauten, gefolgt von einer langen Periode religiöser und kultureller Verfolgung. Den Mut, den die Tibeter unter Beweis stellten, indem sie die Unterdrückung ertrugen und dabei stolz ihre kulturelle Identität bewahrten, ist ein erstaunliches Zeugnis für die Kraft ihrer Kultur und ihrer alten Traditionen. Der derzeitigen chinesischen Regierung muss man zugutehalten, dass sie es den Tibetern endlich gestattet, ihre Klöster wieder aufzubauen. Man kann nur hoffen, dass auf diesen positiven Anfang noch viele weitere Fortschritte folgen werden, die dazu beitragen, die tibetische Selbstbestimmung zu fördern.

Als wir in Zato ankamen, scharten sich nicht weniger als 40 neugierige Gestalten um unser Auto, um die »Rundaugen« durch die Fenster anzustarren. Jede unserer Bewegungen sorgte für großes öffentliches Interesse und für Gesprächsstoff. In Zato trafen wir Jimmy, einen Khampa-Tibeter mit hellem Teint und schulterlangem Haar. Er sollte für den nächsten Abschnitt der Reise als unser Übersetzer tätig sein. Kurze Zeit darauf gesellte sich Doujie zu ihm, ein kleiner, stattlicher Mann, der in einen makellosen schwarzen Anzug gekleidet war. Doujie hatte in den vorangegangenen Jahren wissenschaftliche Expeditionen zur Mekongquelle geleitet. Wir studierten die Karten, loteten die verschiedenen Möglichkeiten aus, kalkulierten die Kosten und legten uns eine Strategie zurecht. Nach einem Tag Aufenthalt, damit Doujie seine Angelegenheiten regeln konnte, brachen wir am 16. April 2004 um neun Uhr morgens auf. Aufgrund meiner langen Reisen auf unbefestigten Himalajastraßen in Indien, Pakistan, Nepal und Yunnan war ich es gewöhnt, in einem Fahrzeug zu sitzen, das gefährlich nah am Abgrund fährt. Doch die Straße nördlich von Zato machte mir wirklich Angst. Wiederholt saß ich mit der Hand am Türgriff da, damit ich die Wagentür aufstoßen und mich mit einem Sprung retten konnte, falls sich meine schlimmste Befürchtung bewahrheiten und das Fahrzeug über den Straßenrand ins Verderben stürzen sollte.

Weniger als eine Stunde nachdem wir die Stadt verlassen hatten, fuhren wir mit dem Geländewagen auf einem Weg, der kaum als Pfad für Bergziegen durchgegangen wäre. Dabei verloren wir eine Radnabensicherung und mussten zur Reparatur nach Zato zurückkriechen. Dank eines Trinkgelds und der Übernahme der Benzinkosten gelang es Doujie, einen anderen Geländewagen zu beschaffen, sodass wir erneut losfahren konnten.

Nach einer abenteuerlichen dreistündigen Fahrt erreichten wir die Ortschaft Zarching, die zwischen schneebedeckten Gipfeln auf einer Ebene liegt. Doujie lud uns in ein einfaches Lehmhaus ein, damit wir uns bei einer Tasse heißem Jakbuttertee aufwärmen konnten. Die Bewohner baten uns, auf einer Holzbank Platz zu nehmen, die mit Hilfe von Schafsfellen und Decken zu einer Art tibetischem Sofa umfunktioniert worden war. Davor stand ein niedriger Beistelltisch, der bald unter der Last einer 20 Kilo schweren Scheibe rohen Jakfleisches ächzte, welche die Dame des Hauses freundlicherweise schwungvoll darauf abgelegt hatte. Aus dem frisch geschürten Jakdung-Ofen quoll Rauch, der den Raum füllte, und in dem rohen Jakfleisch steckten zwei *grai*. Wir wurden aufgefordert, uns zu bedienen. Nico, Stan, Abe und ich sahen einander an, und jeder wartete darauf, dass einer den Anfang machte, als Doujie beiläufig ein Stück von dem angefrorenen Fleisch abschnitt und darauf zu kauen begann. Ich bediente mich als Nächster und stellte fest, dass das Fleisch wesentlich besser schmeckte, als ich erwartet hatte. Kurze Zeit später ertappte ich mich dabei, wie ich ein zweites und ein drittes Mal nachfasste.

Wir nutzten die Gelegenheit, um uns mit den Hirten zu unterhalten, die der kargen, unwirtlichen Hochebene ihre Lebensgrundlage abgewinnen. Dabei erfuhren wir, dass in der vergangenen Nacht Wölfe sieben Schafe gerissen hatten und dass regelmäßig Bären nach ihrem Winterschlaf aus den Bergen herunterkamen, die Menschen in Angst und Schrecken versetzten und deren Tiere auffraßen. Glücklicherweise stellt der Monat April das Ende des tibetischen Winters dar, und so ließ meine Angst nach, dass ich mich für die einsamen Nächte in der Wildnis mit einer 35 Zentimeter langen Machete bewaffnen müsste.

In Zarching, drei Autostunden nördlich von Zato gelegen, kam ich mit Buong ins Gespräch, einem 34-jährigen Tibeter mit lockigem Haar, der uns von den mächtigen Geistern eines nahegelegenen Berges namens Black Horseman Mountain erzählte. Buong sagte, jeder in der Umgebung wüsste, dass der Berg von einem mächtigen *xida* beschützt würde (*xida* sind Geister, von denen die Tibeter glauben, sie würden an bestimmten Orten in der Natur hausen, wie zum Beispiel auf Bergen, in Seen, in Flüssen oder auf alten Bäumen) und dass alle den Geistern großen Respekt zollen müssten, um sie nicht zu verärgern. In vergangenen Zeiten hätten Ungläubige versucht, in der Gegend um den Black Horseman Mountain zu jagen, ohne die *xida* vorher um Erlaubnis zu bitten, und alle wären mit einen frühen Tod gestraft worden. Buong und seine Freunde glaubten, die *xida* würden gegenüber denjenigen, die in der Umgebung des Berges wilderten, nur dann Milde walten lassen, wenn sie und ihre Familien vom Verhungern bedroht wären.

Die Offenheit und Ernsthaftigkeit von Buong und seinen Freunden beeindruckten mich. Sie erzählten die Geschichten ihrer Eltern und Großeltern nicht nur, um die Neugier von Fremden zu stillen. Vielmehr verfügten die jungen Männer über ein fundiertes Wissen und glaubten fest an die alte Überlieferung, und ich nahm es als einen Vertrauensbeweis, dass sie so offen mit uns sprachen.

Ich freute mich darauf, mich mit den Einheimischen zu unterhalten, die näher an der Mekongquelle wohnten, einige Täler weiter nordwestlich, weil ich wissen wollte, inwiefern ihre Kultur und ihr Alltag mit dem Fluss verknüpft sind. Nachdem wir den Hirten für ihre Gastlichkeit und die üppigen Mengen leicht ranzigen Jakbuttertees gedankt hatten, machten wir uns wieder auf den Weg. Genau in dem Moment, als die Sonne hinter den Bergen verschwand, kamen wir bei einer Hirten-Wintersiedlung auf einer riesigen schneebedeckten Ebene an.

Wie in allen Siedlungen, die wir besuchten, wurden wir auch hier von bissigen Mastiffs (Tibetdoggen) empfangen, die zu unserem Glück angekettet waren. Aus ihren dampfenden Mäulern tropfte Speichel, als sie sich mit dem ganzen Gewicht ihrer muskulösen

Körper in unsere Richtung warfen, bis sie von den Ketten mit ähnlich beängstigender Wucht zurückgerissen wurden. Ich war froh, dass es sich um dicke Ketten handelte. Die Hirten waren damit beschäftigt, Jakhaar zu langen Rollen groben Stoffs zu verweben. Diese werden anschließend zusammengenäht und zu den dunklen Sommerzelten der Hirten verarbeitet. Ohne zu zögern, boten sie uns eine leere Hütte zum Übernachten an und schürten den Jakdung-Ofen ein, damit wir nicht frieren mussten.

In der Nacht sank die Temperatur auf minus 14 Grad. Als wir in aller Frühe aufstanden, war die Heizung in unserem Geländewagen eingefroren. Selbst sechs Kannen kochendes Wasser genügten nicht, um sie wieder aufzutauen. Unser chinesisch-tibetischer Fahrer Nongboo hatte eine ganz spezielle Lösung parat: Er klemmte die Heizung ab, baute sie aus dem Wagen aus und übergoss sie mit Kerosin, das er anschließend anzündete. Sein Improvisationstalent als Mechaniker rettete unseren Tag, denn nach ein paar weiteren Heizungsfeuern tuckerten wir wieder über das Plateau, hin zum Ausgangspunkt des Fußmarschs.

Auf einer Höhe von mehr als 4000 Metern über dem Meeresspiegel kämpften wir uns durch gefrorene Bäche, Schneestürme und zerklüftetes Terrain voran. In der Gegend wimmelte es von Murmeltieren; im Vorbeifahren sahen wir, wie ihre kleinen pelzigen Hinterteile in Bauten verschwanden. Über uns kreisten Adler, die gelegentlich herabstießen und sich ihr Frühstück oder Mittagessen schnappten. Wildkatzen und Schneefüchse ließen sich nicht von uns stören, bis wir anhielten, um Fotos zu machen; dann stellten sie ihre erstaunliche Fähigkeit unter Beweis, blitzschnell zu verschwinden.

Gegen drei Uhr nachmittags erreichten wir das Ende der Straße, nämlich die neun Fahrtstunden von Zato entfernte Siedlung Huze, wo wir abermals mit Jakbuttertee und einem Stück Fleisch empfangen wurden. Offensichtlich handelte es sich dabei um das tibetische

Äquivalent zu Kaffee und Kuchen. Am Eingang des schwach beleuchteten Lehmhauses fiel mir der Kadaver eines jungen Jaks auf, der ausgebreitet auf dem Treppenabsatz lag. Als ich mich danach erkundigte, erfuhr ich, dass das arme Tier in der vorangegangenen Nacht von wilden Hunden gerissen worden war. Inzwischen bestand für mich kein Zweifel mehr daran, dass meine Machete ein lebenswichtiger Bestandteil meiner Campingausrüstung war. Wir verbrachten den Nachmittag in Huze, während Bussr benachrichtigt wurde, ein alter Hirte und Reiter, von dem es hieß, er kenne das Gebiet der Quellflüsse des Mekong wie seine Westentasche.

Um zehn Uhr am nächsten Morgen traf Bussr mit elf Pferden in Huze ein und mit seinem lebhaften Mastiff, den Doujie »Mekong« taufte, weil er angeblich der einzige Hund war, der bereits an der Quelle des Flusses gewesen war. Als erfahrenster Reiter unter den Neuankömmlingen bekam ich das temperamentvollste Pferd, das ich wegen seines kräftig rotbraunen Fells »Red« taufte. Die kleinen, stämmigen tibetischen Pferde besitzen ein größeres Lungenvolumen als normale Pferde und kommen deshalb mit den großen Höhen und der dünnen Luft des Hochlands zurecht. Red war kräftig, schnell und recht gehorsam. Ich hatte das Gefühl, dass wir gut miteinander auskommen würden.

Am 18. April, volle zwei Wochen nach unserer Ankunft in China, waren wir endlich am Ausgangspunkt unserer Expedition angelangt. Wir beluden die Pferde und brachen um die Mittagszeit auf. Da wir in immer höhere Regionen vorstießen, hielt ich bei den anderen nach Anzeichen für Höhenkrankheit Ausschau. Nico und Stan klagten bereits über Kopfschmerzen, während es Abe recht gut zu gehen schien. Ich selbst fühlte mich körperlich topfit und sprudelte vor Energie, aus purer Begeisterung, dass ich endlich ohne motorisierte Hilfsmittel auf dem Weg zur Mekongquelle war.

Mit der Zeit fiel mir auf, dass Nico zunehmend lethargisch wirkte und trotz meiner subtilen Aufforderungen, die spektakuläre Landschaft und das gute Licht zum Filmen auszunutzen, immer seltener seine Kamera hervorholte. Nach vielen Stopps, bei denen wir Korrekturen an der Beladung der Pferde vornahmen, setzten wir unseren Weg bis in die Abendstunden fort und kamen um halb neun bei einem großen Hirtenzelt an, das auf einer windgepeitschten Anhöhe in 4200 Metern Höhe thronte. Wir waren alle ziemlich erschöpft von der Reise, und ich machte mich daran, Schinkennudeln zum Abendessen zuzubereiten.

Ich hatte gerade die dampfende Mahlzeit von der Kochflamme genommen, als die Nachricht eintraf, dass in einem benachbarten Hirtencamp ein Mann von einem Jak im Gesicht aufgespießt worden sei. Nico, der früher in Frankreich als Sanitäter bei der Feuerwehr gearbeitet hatte, Jimmy und ich beschlossen nachzusehen, ob wir helfen konnten. Wir schnappten uns unsere umfangreiche Erste-Hilfe-Ausrüstung, die in zwei luftdichten Zehn-Liter-Behältern untergebracht war, und stapften bei bitterer Kälte eine halbe Stunde lang über das Weideland zu einer Ansammlung Jakhaarzelte auf einer anderen Anhöhe.

Als wir das Zelt betraten, nahmen wir sofort den Geruch von Blut wahr und sahen, wie ernst die Situation war. Offenbar hatte das Jak mit seinem Horn die linke Wange des Mannes durchbohrt und war etwa 15 Zentimeter weit in Richtung Gehirn eingedrungen. Der Mann, ein Hirte in den Dreißigern namens Doozeh, hatte mehrere Liter Blut verloren, war kaum noch bei Bewusstsein und lag mit blutverklebtem Gesicht auf dem Rücken. Seine Augen waren zugeschwollen; aus seinem Mund und seiner Nase lief Blut, und er atmete schwer. Die Verletzung war ungefähr elf Stunden alt.

Aus der großen klaffenden Wunde an seiner linken Wange ragte ein kleines Stück Lumpen heraus. Als wir mit Jimmys Unterstützung auf Tibetisch und mit viel Gestikulieren fragten, wie groß der Lumpen sei, hieß es, er habe die Größe einer Faust. Das bedeutete, dass ungefähr 95 Prozent des Lumpens im Schädel des Mannes steckten. Nico und ich kontrollierten Doozehs Atmung und seinen Puls. Letzterer war schwach, und Doozeh selbst war nur noch bedingt in der Lage, zusammenhängend zu sprechen. Wir entfernten einen Teil der Blutgerinnsel an seinem Mund und an seiner Nase, um seine Atemwege zu öffnen, und hängten ihn an einen Tropf mit Kochsalzlösung.

Es war zu befürchten, dass Doozeh einen Abtransport nicht überleben würde, bei dem er mindestens zwei bis drei strapaziöse Tage auf einer Bahre zwischen zwei Pferden und weitere drei Tage im Geländewagen hätte durchhalten müssen, um zum nächsten größeren Krankenhaus zu gelangen. Mit dem Satellitentelefon riefen wir den medizinischen Berater unserer Expedition an, Dr. Ben Burford von der Emergency Clinic der Australischen Botschaft in Vientiane, und fragten ihn um Rat. Er sagte uns, wir müssten damit rechnen, dass der Mann vermutlich sterben würde, falls wir den Lumpen entfernen und die Wunde säubern wollten, um die unvermeidliche Infektion zu bekämpfen, die bereits erfolgt war. Außerdem warnte er uns, dass schon etliche Ausländer vorübergehend im Gefängnis gesessen hatten, weil sie bei medizinischen Notfällen in irgendeiner Weise am Tod eines Einheimischen beteiligt gewesen waren. Das war eine ernüchternde Vorstellung in der ohnehin schon bedenklichen Situation.

Wir hielten Rücksprache mit Doozehs Verwandten und fragten, ob sie ihn abtransportieren könnten, worauf sie erklärten, dass das nicht möglich sei. Sie beabsichtigten, ihn in der Hoffnung, dass er wieder genesen würde, an Ort und Stelle zu lassen. Ohne jeden Zweifel stellten Nico und ich seine einzige Chance dar, behandelt zu werden. Wir erklärten seinen Verwandten, dass der Lumpen entfernt und die Wunde gründlich gereinigt werden müsse, wenn er eine gewisse Überlebenschance haben sollte, aber trotzdem die Gefahr bestand, ihr Ehemann, Vater und Freund könnte sterben.

Bevor wir uns an die Arbeit machten, mussten wir sicherstellen, dass man uns nicht die Schuld geben würde, falls Doozeh starb. Nach einer kurzen Unterredung willigten seine Verwandten ein, dass wir die Wunde reinigten. Als wir sie um sauberes Wasser baten, brachten sie uns Tee. Wir versuchten es erneut, und diesmal kamen sie mit zwei großen, schmutzigen Schneebrocken zurück. Wir schickten zwei Laufburschen los, die frischen Schnee beschaffen sollten, aber das Ergebnis war nicht viel besser. Wir befanden uns auf der Kuppe eines Hügels, kilometerweit vom nächsten Bach entfernt, und der Wind hatte Staub auf den Schnee geweht. Der Familie stand nichts anderes zur Verfügung.

Das Jakhaarzelt war verraucht und schmutzig, doch bei einer Außentemperatur von etwa minus 14 Grad hatten wir keine andere Wahl, als im Zelt zu bleiben. Wir kochten den saubersten Schnee ab, den wir finden konnten, und sterilisierten ihn mit Jod. Mithilfe eines großen Stücks Verbandsmull, einer Pinzette und heißen Wassers begannen wir, die dicken Schichten Schorf und geronnenes Blut um Doozehs Nase und Mund zu erwärmen, aufzuweichen und zu entfernen, damit er wieder richtig atmen konnte. Wir schickten Laufburschen los, die Lampen und andere Utensilien holen sollten. Stan brachte noch mehr Ausrüstung aus dem anderen Camp, fand das Szenario allerdings zu blutig und machte sich bald wieder auf den Rückweg.

Wir setzten unsere grausige Arbeit fort, und ich beseitigte mit Nicos Hilfe die Gerinnsel. Während ich ein besonders großes Blutgerinnsel von Doozehs Oberlippe entfernte, sah ich, wie Nicos Augen sich weiteten und er taumelte, als würde er jeden Moment ohnmächtig werden. Sobald die Atemwege frei waren, widmeten wir unsere Aufmerksamkeit dem Lumpen. Jetzt gab es kein Zurück mehr.

Nach 40 Minuten Säubern fingen wir an, an dem Lumpen zu ziehen, und stellten schnell fest, dass er nicht annähernd so groß war, wie es zunächst geheißen hatte. Das Horn des Jaks hatte zwar Doozehs Wangenknochen durchbohrt und ihm die Nase gebrochen, war aber nicht in seinen Schädel eingedrungen. Somit hatte Doozeh gute Überlebenschancen.

Um halb vier Uhr morgens waren wir wieder auf dem Rückweg zu unserem Camp, nachdem wir Antibiotika mit genauen Instruktionen zur Einnahme sowie sauberes Verbandsmaterial dagelassen hatten. Da es so aussah, als würde Doozeh durchkommen, überkam mich ein seltsames Gefühl der Euphorie. Nach unserer Ankunft im Camp aßen wir und fielen dann erschöpft in einen tiefen Schlaf.

Nach vier Stunden Schlaf wurde es Zeit, die Gedanken neu zu ordnen, und gegen acht Uhr morgens beluden wir die Pferde und waren bereit zum Aufbruch. Wir begannen den langen Ritt, der uns an diesem Tag bevorstand, und stiegen stetig über gefrorene Bäche, steile Grate und weite Täler auf, in denen spektakuläre jurassische Felspfeiler in den Himmel ragten.

Ich bin mir nicht sicher, was passiert war, und kann nur den Geruch menschlichen Blutes dafür verantwortlich machen, den ich an mir gehabt haben muss, doch Reds einziges Trachten war plötzlich darauf ausgerichtet, mich abzuwerfen. Sobald ich einen Fuß in den Steigbügel stellte und den anderen anhob, um mich auf ihn zu setzen, ging er durch. Mit nur einem Fuß im Steigbügel war es schwierig, das Gleichgewicht zu halten, während das Pferd herumsprang wie ein bockender Mustang. Bis zum Abend landete ich dreimal auf dem Boden. Kein Reden, Streicheln oder Korrigieren seines Geschirrs konnte Red umstimmen. Er ging auf gefährlichem Terrain plötzlich durch, und es bedurfte meiner ganzen Kraft, ihn zu zügeln.

Irgendwann ging er wieder durch und animierte damit eines von den Packpferden, es ihm gleichzutun. Als das Packpferd in vollem Tempo nur zehn Meter vor uns hergaloppierte, fiel eine große Tasche von seinem Rücken, die Red die Beine wegriss. Wir gingen beide hart zu Boden. Glücklicherweise wurde keiner von uns ernsthaft verletzt. Ich fragte Bussr, ob wir die Pferde tauschen könnten, doch der grinste nur und warf mir einen Blick zu, der zu sagen schien: »Denkst du wirklich, ich wollte heute auf ihm reiten? Bist du verrückt?«

Der Tag war lang und kalt. Wir überquerten zugefrorene Bäche und Flüsse und erklommen steile Gletschergeröllmoränen, um Bergkämme zu passieren. Wir sahen eine reiche Tierwelt – im Lauf des Tages zwei Wölfe, zwei Tschiru-Herden (eine vom Aussterben bedrohte tibetische Antilopenart), eine Horde Wildpferde und Vögel verschiedenster Arten, darunter auch etliche Adler, Geier, Gänse und Enten. In einem Bach auf ungefähr 4600 Metern Höhe sah ich sogar kleine Fische schwimmen. Das Wetter wurde immer unberechenbarer, und aus heiterem Himmel zogen binnen 20 Minuten Staubstürme, Schnee oder Graupelschauer auf.

Durch den eisigen Wind und die starke Sonneneinstrahlung bildeten sich auf unseren Nasen Blasen, und die Haut begann sich zu schälen. Allerdings konnten wir von Glück reden, dass wir nicht in richtig schlechtes Wetter gerieten und tagelang eingeschneit wurden. Nico und Stan hatten mit den Bedingungen zu kämpfen. Das Drama der vergangenen Nacht hatte uns alle wachgerüttelt und an die Risiken unserer Unternehmung erinnert. Die Spannung schien zu wachsen. Beim Überqueren eines zugefrorenen Bachs brach Stan mit einem Fuß durch die Eisdecke ins seichte Wasser ein, was ihn zwang, ein Stück weit auf einem Bein über das Eis zu hüpfen, bis er wieder trockenen Boden unter den Füßen hatte. Alle lachten. Da ich ihm am nächsten war und wahrscheinlich auch deshalb, weil ich schon früher am Tag gelacht hatte, als Stan versehentlich aus einer Flasche mit Kerosin trank, das er für Wasser hielt, ging er auf mich los.

»Fuck you! Du amüsierst dich ständig auf Kosten anderer. Ich hätte mir meinen verdammten Knöchel brechen können, Mann«, schrie er mich verärgert an.

»Stan, reg dich nicht auf. Das hat lustig ausgesehen, und du hast dir dabei nicht wehgetan. Alle fanden es lustig!«, erwiderte ich. Die anderen zogen es vor zu schweigen. Stan schimpfte weiter vor sich hin, woran ich merkte, wie gestresst und angespannt er war. Ich muss zugeben, dass es mir schwerfiel, mich in ihn hineinzuversetzen, da wir, wie ich fand, einigermaßen gutes Wetter hatten und die Route zwar anstrengend, aber nicht übermäßig schwierig war. Außerdem hatten wir kompetente Führer. Ich nahm mir vor, in Zukunft nicht mehr über lustige Situationen zu lachen, an denen Stan beteiligt war.

Eigentlich hatten wir gedacht, die Quelle zu erreichen und ein kleines Stück unterhalb zu campieren, doch wir kamen nur langsam voran. Als die Dämmerung hereinbrach, waren wir gezwungen, unser Lager bereits ein Tal vor der Quelle aufzuschlagen, in einem abgelegenen Sacktal in fast 5000 Metern Höhe. Bei Temperaturen von bis zu minus 16 Grad war die Nacht kalt und lang.

Am nächsten Morgen spürten wir alle die Auswirkungen der Höhe. Ich bekam Kopfschmerzen, und Abe erging es genauso. Stan und Nico waren offenbar stärker angeschlagen und aßen kaum etwas zum Frühstück. Nico war in einem erbärmlichen Zustand und hatte offensichtlich kaum noch Kraft. Da Stan und Nico sich häufig ausruhen mussten, kamen wir weiterhin nur langsam voran.

Als wir einen Bergkamm überquerten, sahen wir zum ersten Mal den Flusslauf des Mekong. Der Anblick war überwältigend: Zwischen kahlen und schwarzen, von Gletschern bedeckten Bergen erstreckte sich ein langer weißer Streifen Eis etwa zehn Kilometer weit nach Süden. Da Nico und Stan inzwischen wirklich zu kämpfen hatten, schlug ich vor, dass sie ins gut 300 Meter tiefer gelegene Tal absteigen sollten, wo sie mit Bussr warten konnten, bis die Übrigen von uns in ein paar Stunden zurückkamen. Doch sie wollten beide keinesfalls aufgeben.

Als wir durch das letzte Tal hochstiegen, blieb Doujie stehen, holte sein Fernglas hervor und nahm die Berge auf der anderen Seite des Tals ins Visier. Er behauptete, einen Bären zu sehen, doch ich entdeckte nur eine Tschiru-Herde, die mit unglaublicher Geschwindigkeit und Behändigkeit auf dem Geröllhang nach oben huschte. Ich war beeindruckt, dass in dieser Höhe eine so vielfältige Tierwelt existierte.

Trotz meiner leichten Kopfschmerzen fühlte ich mich fantastisch und freute mich darauf, den Lasagongma-Gletscher zu Gesicht zu bekommen, aus dem der Mekong entspringt. Wir banden die Pferde in etwa 4900 Metern Höhe fest, ließen Bussr bei ihnen zurück und gingen 40 Minuten zu Fuß weiter. Sobald man die 5000-Meter-Marke überschreitet, wird deutlich, wie sehr große Höhen an den Kräften zehren. Während des Aufstiegs mussten wir ungefähr alle 15 Meter stehen bleiben und nach Luft schnappen, ehe wir wieder zu Atem kamen und weitergehen konnten. Auf dem letzten Stück trug ich Stans Fotoausrüstung, weil er keine Kraft mehr hatte. Selbst Abe musste sich jetzt der Höhe beugen, und die Anstrengung stand ihm ins Gesicht geschrieben.

Schließlich standen wir unmittelbar vor dem Lasagongma-Gletscher. Ich ging zum Fuß des Gletschers, wo Doujie und Jimmy sich vor einem großen dunklen Felsblock zu Boden fallen ließen und ein dünner Wasserfaden aus dem Eis tröpfelte. Genau hier befindet sich der Ursprung des Mekong, den die Tibeter Lasagongma-Strom nennen. Abe deutete auf das Rinnsal und rief: »*Mae Khoy!*«, Laotisch für

»Meine Mutter«. Abe war der erste Laote, der jemals die Quelle zu Gesicht bekommen hatte. Ich war der erste Australier, und Nico und Stan waren die ersten Franzosen.

Wir blieben eine Weile am Fuß des Gletschers, machten Fotos, tranken von dem Quellwasser und ruhten uns aus. Als ich schließlich einen Blick auf mein GPS-Gerät warf, stellte ich fest, dass wir uns an der Stelle befanden, wo im April Wasser austritt, die geografisch bestimmte Quelle jedoch noch ein gutes Stück über uns zu verorten war, etwa 40 Meter weiter oben auf einer großen Schneewechte. Ich teilte den anderen mit, dass wir noch nicht ganz an der Quelle angelangt waren, aber sie waren völlig erschöpft und hatten keine Kraft mehr weiterzugehen. Sogar dem hoch motivierten Abe war das letzte Stück zu viel, und er entschied sich zu warten, während ich allein weiterkletterte. An der Mattigkeit in den Gesichtern von Stan und Nico konnte ich ablesen, dass die beiden so schnell wie möglich absteigen mussten. Ich beeilte mich.

Der letzte Abschnitt führte neben dem schneebedeckten Bach durch knietiefen Pulverschnee gerade nach oben. Der Aufstieg war anstrengend. Da ich ungefähr alle zehn Schritte nach Luft schnappen musste, machte ich nur langsam Boden gut. Nach 20 Minuten und sechsmaliger Überprüfung meines GPS-Geräts stand ich an der offiziell bestimmten Mekongquelle, bei 94° 41' 44'' östlicher Länge und 33° 42' 31'' nördlicher Breite, 5224 Meter über dem Meeresspiegel.

Ich drehte mich einmal um die eigene Achse, um das atemberaubende Panorama des Mekongtals zu betrachten. Es war von vergletscherten Gipfeln und zerklüftetem Kalkstein eingerahmt. Ein Gefühl von Freude und Erwartung strömte durch meine Adern. Meine lebenslange Abenteuerlust und fast zwei Jahre engagierter Arbeit an dem Projekt hatten mich hierhergebracht. Zwischen mir und dem Südchinesischen Meer lagen ungefähr 120 Kilometer zu Pferd und dann 4780 Kilometer Paddelstrecke – dies war erst der Anfang. Das Rinnsal am Fuß des Gletschers, auf dem ich stand, war der Ursprung einer Lebensader für mehr als 70 Millionen Menschen, die über hundert verschiedenen Völkern angehören. Das Wasser des Flusssystems beherbergt eine ebenso große aquatische Vielfalt wie der Amazonas und die Umgebung einen beträchtlichen Anteil der Artenvielfalt dieser Welt.

Ich sagte mir, dass es eine große Ehre sein würde, als erster Mensch den gesamten Flusslauf zu Gesicht zu bekommen, wenn ich mein Ziel erreichte. Mit diesem Gedanken im Kopf machte ich den ersten Schritt zur Bezwingung des Mekong und kehrte halb laufend, halb rutschend durch den Pulverschnee, der den Gletscher bedeckte, zu der Stelle zurück, an der die anderen warteten. Ich glaube nicht, dass ich mich jemals lebendiger gefühlt habe.

5
Euphorie auf dem Dach der Welt

Das winzige Rinnsal Eiswasser, das aus dem Lasagongma-Gletscher austritt, ist nur eines von Millionen ähnlichen Rinnsalen, die überall in dem 795 000 Quadratkilometer großen Flussbecken entspringen. Alle fließen letztendlich in den Mekong, und doch kann keiner dieser Bäche in Sachen Entfernung von der Mekongmündung in Vietnam mit dem Bach konkurrieren, der am Lasagongma-Gletscher entspringt. Aus diesem Grund wurde dem Lasagongma-Bach in den letzten Jahren erstaunlich viel Aufmerksamkeit zuteil.

1994 kam der französische Entdecker Michel Piessel anhand veralteter russischer Landkarten zu dem Schluss, dass der Zanaqu, ein anderer kleiner Bach im Nachbartal des Lasagongma-Gletschers, der am weitesten von der Flussmündung entfernte Zufluss wäre. Er folgte dem Zanaqu zu dessen Quelle und verkündete, er habe die Mekongquelle gefunden. Überraschenderweise erkannte die Royal Geographic Society Piessels Behauptung an, ohne detaillierte Satellitenbilder und Landkarten zurate zu ziehen, die zeigen, dass der Lasagongma-Bach länger ist als der Zanaqu, und so war die Lage der Quelle fast ein Jahrzehnt lang offiziell falsch vermerkt.

Während Piessel die Entdeckung der Mekongquelle vermeldete, fand davon unabhängig zur selben Zeit eine japanische Expedition zum Lasagongma-Bach statt. Keines der beiden Forschungsteams wusste von der Existenz des anderen. Die japanische Expedition unter der Leitung von Masayuki Kitamura kam zu der richtigen Erkenntnis, dass sich die Mekongquelle am Ursprung des Lasagongma-Bachs befindet. Da die Japaner jedoch keine Kontakte zu westlichen Geografie-Institutionen pflegten, wurde ihre Entdeckung zunächst nicht in englischer Sprache veröffentlicht, was vermutlich dazu führte, dass sie nicht gegen Piessels Behauptung abgewogen und erst viele Jahre später als zutreffend anerkannt wurde. Was für zusätzliche Verwirrung sorgte, nachdem sowohl Piessel als auch die Japaner die Quelle 1994 geortet hatten, war die Tatsache, dass zwei verschiedene Abteilungen der Chinesischen Akademie der Wissenschaften zwei weitere Quellen ins Gespräch brachten, von denen sich eine angeblich ein Stück oberhalb der von den Japanern entdeckten Quelle des Lasagongma-Bachs befinden sollte, die andere bei einem Bach namens Ganasongduo ganz in der Nähe.

Der Versuch, vor Beginn der Expedition herauszufinden, bei welcher Quelle es sich um die richtige handelt, bereitete mir einiges Kopfzerbrechen, und eine Zeit lang sah es so aus, als müssten wir mehrere der umstrittenen Quellen aufsuchen, um ganz sicherzugehen. Erst als ich wenige Wochen vor der Abreise auf einen von Pete Winn verfassten Artikel stieß, entschied ich, welche Quelle wir ansteuern würden. Laut Winn waren die beiden Abteilungen der Chinesischen Akademie der Wissenschaften 1999 anhand von Satellitenbildern und zusätzlicher Recherche vor Ort zu der Übereinstimmung gekommen, dass es sich bei der Quelle am Fuß des Lasagongma-Gletschers tatsächlich um den Ursprung des längsten Mekongzuflusses handelt. Das hatten bereits die Japaner herausgefunden, da der Gletscher jedoch in den folgenden Jahren schrumpfte, bestimmten die Chinesen die Lage der Quelle ein paar Meter weiter bergwärts. Weil damit zu rechnen ist, dass sich der Gletscher auch in Zukunft zurückbilden wird, wird die Quelle auch in nächster Zeit weiter Richtung Gipfel wandern.

Nachdem der Bach aus dem Gletscher austritt, verläuft er zunächst als dünner Streifen Eis in nordwestlicher Richtung, ehe er nach links abknickt und Kurs nach Westen durch ein spektakuläres, vor langer Zeit von Gletschern ausgehöhltes Tal nimmt. Wir gingen ein paar Kilometer flussabwärts bis zu der Stelle, wo Bussr mit den Packpferden wartete. Wir rechneten damit, dass wir noch rund 120 Kilometer stromabwärts reiten mussten, bis der Bach so aufgetaut war, dass wir mit dem Paddeln beginnen konnten.

Wir folgten der langen Eisspur, die immer wieder von Rinnsalen unterbrochen wurde, durch ein breites, von bitterkalten Schneestürmen gepeitschtes Tal, das auf beiden Seiten von über 5500 Meter hohen Gipfeln gesäumt war. Obwohl sie sich unmittelbar nebeneinander befanden, unterschieden sie sich merklich; einige waren fast schwarz und von Gletschern überzogen, andere braun und mit Gletschergeröll bedeckt.

Während wir uns langsam den Weg stromabwärts durch das Tal bahnten, frischte der Wind zunehmend auf, und wir fingen alle an zu frieren. Mir fiel auf, dass Stan und Nico immer kraftloser wirkten. Die beiden hatten seit Tagen nicht mehr richtig gegessen. Sie sagten, es liege daran, dass unsere Verpflegung – die in erster Linie aus Schinken, Fisch und Gemüse in Konserven, Reis, Nudeln, getrockneten Früchten und Nüssen bestand – »beschissen« sei. Sie war sicherlich nichts für Feinschmecker, aber durchaus nahrhaft. Ich hatte keinen Zweifel daran, dass das Hauptproblem Höhenkrankheit war, zu deren Symptomen in der Regel Mattigkeit, Appetitlosigkeit und Übelkeit zählen. Da Stans und Nicos Gesundheitszustand sich rapide verschlechterte, wäre der Rückweg nach Zato auf dem Fluss (der in Anbetracht ihrer verlangsamten Bewegungen vermutlich bis zu zwei Wochen gedauert hätte) zu riskant gewesen. Deshalb zog ich andere Möglichkeiten in Erwägung, wie sie schneller dorthin gelangen konnten. Abe ging es offenbar etwas besser, doch sein Durchhaltevermögen und seine Motivation schienen stündlich zu schwinden.

Ich selbst hatte noch immer leichte Kopfschmerzen, fühlte mich aber insgesamt recht gut. Im Lauf des Tages musste ich mich regelmäßig daran erinnern, nicht zu weit vorauszueilen, da die anderen offenkundig nicht mit Doujie, Bussr, Jimmy und mir mithalten konnten. Wir campierten in dieser Nacht am Fuß an einer kleinen Felswand, die etwas Schutz vor dem Wind bot, der uns am Nachmittag zugesetzt hatte. Am nächsten Morgen hatte sich Stans Zustand augenscheinlich stabilisiert, wenngleich er noch immer alles andere als gesund war, während Nicos Befinden sich eindeutig verschlechtert hatte. Abes Kräfte ließen ebenfalls kontinuierlich nach, und keiner von ihnen hatte am Vorabend oder am Morgen ordentlich gegessen, was für mich ein deutliches Anzeichen war, dass sie die körperlichen Anstrengungen nicht mehr lange aushalten würden.

Ich fühlte mich überraschend gut und hatte einen gesunden Appetit. Ich konnte mich glücklich schätzen, dass ich kaum unter Höhenkrankheit litt, denn die anderen sahen schrecklich aus. Daher beschloss ich, dass das Team eine Abkürzung zurück nach Huze nehmen sollte, wo die Fahrzeuge für den Notfall bereitstanden. Wir schätzten, dass man bis dorthin zwei oder drei Tage brauchen würde. In der Zwischenzeit würde ich mit einem Nomaden und ein paar Pferden den Weg stromabwärts am Fluss entlang weitere fünf bis sieben Tage fortsetzen. Ohne die anderen würde ich wesentlich schneller vorankommen, und mich überkam ein Gefühl der Erleichterung, dass ich nicht von Leuten begleitet wurde, deren Gesundheitszustand sich jederzeit dramatisch verschlechtern konnte, wenn ich in ein zunehmend abgelegenes Gebiet vordrang.

Nachdem wir einen weiteren langen Tag geritten waren, stießen wir auf eine der ersten Behausungen am Mekong, auf ein kleines weißes Zelt, in dem eine über unser Eintreffen verblüffte fünfköpfige Familie wohnte. Das Familienoberhaupt, ein alter Mann namens Rasha, lud uns zu Jakbuttertee und rohem Jakfleisch ein, was eine willkommene Abwechslung von der Kälte war. Rashas dicke Dreadlocks, die er nach oben binden musste, damit sie beim Gehen nicht am Boden schleiften, hätten Bob Marley alle Ehre gemacht, und er selbst schien völlig zugedröhnt zu sein.

Während Stan sich offenbar ein wenig erholt hatte, verschlechterte sich Nicos Zustand, und Abe wirkte ebenfalls völlig ausgelaugt. Es war höchste Zeit, dass sie sich auf den Rückweg zu den Fahrzeugen machten, nach Zato hinunterfuhren und dort auf mich warteten. Wir vereinbarten, dass Rashas ältester Sohn Changa mich mit drei Pferden – jeweils eines für Changa und mich und eines für die Ausrüstung – flussabwärts begleitete, während der Rest des Teams in die Annehmlichkeiten der Zivilisation zurückkehrte. Wir verabschiedeten uns, und als die anderen aufbrachen, begann es kräftig zu schneien. Ich machte mir Sorgen um ihr Wohlergehen, war jedoch zuversichtlich, dass Doujie und Bussr sie in Sicherheit bringen würden. Allerdings muss ich zugeben, dass ich froh war, der schleichenden Depression zu entkommen, die Nico und Stan zusammen mit der Höhenkrankheit übermannt zu haben schien. Unsere Energielevels befanden sich an entgegengesetzten Enden des Spektrums, und ihre Gegenwart zehrte an meinen Kräften.

Bei nomadischen Jakhirten des Hochlands zu wohnen gehört zu den faszinierendsten Erlebnissen auf einer Reise durch Tibet. Diese schroffen, aber dennoch gastfreundlichen Menschen zögern nur selten, völlig Fremde mit aufrichtiger Liebenswürdigkeit bei sich aufzunehmen. Die Jaks von Rashas Familie hatten vor kurzem Kälber zur Welt gebracht, und vor Einbruch der Dämmerung half ich Changa und seiner Frau eine Stunde lang dabei, ihnen allen vorsichtig kleine handgewebte Mäntel aus Jakhaar anzuziehen. Dabei behielt ich instinktiv die Hörner ihrer Mutter im Auge, denn mir gingen die schrecklichen Bilder vom Gesicht des Hirten nicht aus dem Kopf, dessen Wunde wir gereinigt hatten.

Da im Zelt der Familie wenig Platz war, machte ich Anstalten, mein eigenes aufzustellen, womit meine Gastgeber allerdings überhaupt nicht einverstanden waren. Am Abend wurde mir ein Festessen mit Jakeintopf und Gerstenbrot aufgetischt. Als ich mich hinlegte, quetschte ich mich so nah wie möglich an den Rand des Zelts, damit alle genug Platz hatten. Ich schlief unter einer dicken Decke aus Jakwolle zu Rashas rhythmischem Skandieren tantrischer Meditationsverse ein. Irgendwann in der Nacht schreckte ich auf, weil meine Decke sich bewegte, stellte aber schnell fest, dass mich jemand zudeckte, damit ich mich nicht erkältete.

Früh am nächsten Morgen weckten mich dieselben Laute von Rasha, der eine Stunde lang im Bett liegend meditierte, ehe er aufstand. Ich ging nach draußen und stellte mit Bestürzung fest, dass Changa und seine Frau unter einer großen Jakhaardecke im Schnee schliefen. Sie hatten sich ins Freie gelegt, um im Zelt Platz für mich zu machen. Beim Frühstück verwöhnte ich die Familie mit meinem wertvollsten kulinarischen Besitz, yunnanesischem Tee aus sechs Kräutern und vier Früchten, um meine Dankbarkeit zu zeigen und mein schlechtes Gewissen zu beruhigen. Mit dem Tee hatte uns unser Fahrer Nongboo bekannt gemacht. Er enthielt ein bisschen von allem, unter anderem verschiedene Sorten Trockenobst, die ich nie identifizieren konnte, Blüten, Samen und vor allem einen großen Brocken Rohzucker, der das Getränk extrem süß machte und einem einen Energieschub gab, wenn man ihn dringend benötigte.

Eine Stunde nachdem Changa und ich von Rashas Behausung losgeritten waren, stießen wir weiter unten im Tal auf die anderen, die nach unserer Trennung im Lehmhaus eines Hirten die Nacht verbracht hatten. Ich unterhielt mich kurz mit ihnen und erfuhr, dass Nico sich im Lauf der Nacht mehrmals übergeben hatte und in schlechter Verfassung war. Die Höhe machte ihm schwer zu schaffen, und er hatte sich bei seinen Gastgebern verärgert beschwert, er könnte im Haus wegen des Rauches nicht schlafen. Es war traurig, mit ansehen zu müssen, dass er sich nur mühsam voranschleppte, während wir durch einen so herrlichen Teil der Erde reisten. Hoffentlich würde er bald bei den Fahrzeugen ankommen und dann schnell in tiefere Regionen gebracht werden.

Changa und ich trennten uns um halb zehn Uhr vormittags ein zweites Mal von den anderen. Unser Ziel war klar definiert: Von unserem momentanen Standpunkt, ungefähr 35 Kilometer unterhalb der Quelle, wollten wir dem Fluss weiter stromabwärts folgen, bis seine Wassermenge ausreichte, um die Fahrt mit dem Kajak zu beginnen (wir gingen davon aus, dass wir bis dahin noch 80 bis 100 Kilometer zu Pferd zurücklegen mussten). Von dort aus wollte ich mich auf dem schnellsten Weg (vermutlich, indem ich aus dem Flusstal zu einer Gebirgsstraße hochkletterte und dort versuchte, eine Mitfahrgelegenheit zu ergattern) zu einem vereinbarten Treffpunkt am Fluss in der Nähe von Zato begeben, wo ich nach einer ein- oder zweitägigen Erholungspause in Zato auf das Team stoßen würde.

Bei unserem langen, schwierigen Ritt an diesem Tag kämpften Changa und ich uns durch feinen Schneeregen und Schneegestöber. Mehrmals überquerten wir den zugefrorenen Mekong. Changas Mastiffs Bong und Zhah begleiteten uns. Die beiden waren begeisterte Jagdhunde und spielten sich mächtig auf, wenn wir zu einem Hirtencamp kamen, welches das Revier eines anderen Hunderudels war. Die großen, selbstbewussten Mastiffs erspähten Rotwild- oder Tschiru-Herden bereits aus großer Entfernung und sorgten für Unterhaltung, wenn sie versuchten, sie steilste Berghänge hinaufzujagen.

Man würde meinen, die Jagd auf wild lebende Tiere hätte in dieser Region geringere Priorität als in anderen Teilen Chinas, da sie nur von Hirten bevölkert ist, die Unmengen Jakfleisch zur Verfügung haben. Fast in ganz China dezimieren professionelle Jäger rücksichtslos den Bestand seltener Tierarten, um den immensen Hunger der Chinesen nach exotischen Pelzen und exotischem

Fleisch zu stillen. Im Quellgebiet des Mekong schien die Tierwelt von den Jägern jedoch noch kaum in Mitleidenschaft gezogen worden zu sein.

Am Horizont braute sich ein Schneesturm zusammen, der gegen drei Uhr nachmittags über uns hereinbrach. Unverdrossen ritten wir weiter, doch binnen 40 Minuten war uns beiden so bitterkalt, dass wir gezwungen waren, das Zelt aufzubauen, obwohl wir eigentlich noch fünf Stunden Tageslicht gehabt hätten. Der Nachmittag zog sich lange hin, während unser stabiles Zelt von dem heftigen Schneesturm gepeitscht wurde. Manchmal hatte es den Anschein, als würden wir fortgeweht werden.

Als wir am nächsten Morgen aufwachten, lagen acht Zentimeter Schnee. Das Tal wurde breiter, war aber immer noch von Bergen flankiert, die über 5000 Meter hoch emporragten. Eine kleine Menge Wasser floss talabwärts, als der junge Mekong langsam aus seinem eisigen Schlaf zum Leben erwachte. Seltsamerweise war das Wasser, das an der Quelle lehmfarben ausgesehen hatte, 40 Kilometer stromabwärts kristallklar.

Im Lauf des Tages kamen wir an vier Hirtencamps vorbei. Jede Begegnung begann zwangsläufig mit einem Hundekampf, da unsere Mastiffs immer bestrebt waren, ihre Vorrangstellung zu behaupten. Wir unterhielten uns kurz mit den Hirten und nahmen hin und wieder die Einladung auf eine Tasse Jakbuttertee an. Beim vierten Lager, in dem wir übernachten wollten, wurden wir von dem größten und furchterregendsten tibetischen Mastiff empfangen, den ich je gesehen hatte.

Große, kräftig gebaute Hunde sind in Tibet sehr geschätzt, weil sie als einzige Tiere Wolfsrudel in Schach halten können. Dieser Hund erinnerte mich an Cujo aus dem gleichnamigen zweitklassigen Horrorfilm aus den 1980er-Jahren. Selbst Bong und Zhah hielten sicherheitshalber Abstand zu ihm. Da Cujo an einem robust wirkenden Pfosten angekettet war, ging ich ohne allzu große Bedenken an ihm vorbei, obwohl er wie wild bellte und an seiner Kette riss.

Wie üblich waren die Leute gastfreundlich und neugierig und durchstöberten meine Taschen nach allem, was sich zum Spielen eignete. Ich erhielt des Öfteren Angebote, meine chinesische Machete, aus Massenproduktion, gegen einen kompliziert gearbeiteten tibetischen *Grai*-Säbel zu tauschen. Eigentlich wäre das ein absolutes Schnäppchen gewesen, doch angesichts der Unmengen umherstreifender Wölfe und der Anzahl an Nächten, in denen ich voraussichtlich allein in der Wildnis campieren würde, fühlte ich mich mit einer Waffe, mit der ich vertraut war, etwas sicherer.

Nachdem ich mich gründlich ausgeschlafen hatte, schlich ich mich aus dem Zelt der Familie, um dem Ruf der Natur zu folgen. Da es keine Stelle gab, die sich außer Sichtweite befand, entschied ich mich für einen kleinen Hügel in der Nähe. Ich war noch nicht ganz fertig mit meinem Geschäft, als ich ein schreckliches Knurren und Bellen hörte. Ich blickte den Hügel hinunter und sah Cujo auf mich zurasen. Offenbar hatte ihn nachts jemand losgebunden, damit er nach den Jaks sehen konnte. Bei jedem Bellen drang Dampf aus seinem Maul. Er sah wütend aus und kam schnell näher. Da die Zeit knapp war, musste ich mich entscheiden, ob ich meine Hose hochziehen oder lieber nach einem Stein greifen wollte. Ich wählte die zweite Möglichkeit, stand auf und schleuderte einen faustgroßen Stein in Cujos Richtung, um ihn auf Distanz zu halten. Das schreckte ihn jedoch nicht ab, sondern animierte ihn eher, noch entschlossener anzugreifen.

Die Hose um die Knöchel, griff ich schnell nach einem weiteren Stein. Sekunden, bevor Cujo sich auf mich gestürzt hätte, warf ich damit nach ihm und traf ihn hart an der linken Schulter. Er stieß eine Mischung aus Bellen und Jaulen aus und zögerte einen Moment, ehe er sich mir auf weniger als zwei Meter näherte. Ich schrie ihn an, so laut ich konnte, und tat so, als würfe ich einen weiteren Stein. Als er nach mir schnappte, tropfte Speichel auf meine Hand. Zwei bis drei Sekunden, die mir wie eine Ewigkeit vorkamen, standen wir uns Auge in Auge gegenüber, wobei ich ihm drohte und er nach mir schnappte. Dann hörte ich bei den Zelten jemanden schreien.

Während das Familienoberhaupt den Hügel hinauf auf mich zugelaufen kam, tauchten mehrere Gestalten aus den Zelteingängen auf, um zu sehen, was los war. Cujo blickte sichtlich betreten drein und wich ein paar Schritte zurück. Ein paar Sekunden später prasselte ein Steinhagel neben Cujo und mir nieder, als mir die ganze Familie zu Hilfe eilte. Cujo nahm Reißaus. Da ich ihn nicht mehr unmittelbar vor mir hatte, bückte ich mich, um sicherheitshalber noch ein paar Steine aufzuheben, und merkte erst jetzt, dass ich meine Hose noch immer um die Knöchel hatte. Mein Schamgefühl war stärker als meine Rachegelüste gegenüber Cujo, denn die ganze Familie betrachtete mich besorgt. Schleunigst zog ich meine Hose hoch, und alle brachen in schallendes Gelächter aus. Ich wäre am liebsten im Erdboden versunken.

Beim Frühstück war ich heilfroh, dass ich die Bemerkungen nicht verstand, die alle Anwesenden immer wieder lauthals lachen ließen. Als ich mich verabschiedete, verriet mir das Funkeln in Changas Augen, dass ich die Cujo-Geschichte noch öfter zu hören bekommen würde.

Wir setzten unseren Weg noch zwei Tage lang zu Pferd fort, während der Mekong zunehmend auftaute. Da sich über dem fließenden Wasser jedoch stellenweise noch immer eine Eisschicht befand, war es unmöglich, den Fluss mit dem Kajak zu befahren. Das breite Tal verengte sich zu einer Schlucht, und mehrere Male hatte es den Anschein, als würden wir nicht einmal zu Pferd weiterkommen. Glücklicherweise hatten die Einheimischen an den schwierigsten Streckenabschnitten einen schmalen Pfad in den Fels geschlagen.

Irgendwann kamen wir um eine Kurve, hinter der ein riesiger Berg *Mani*-Steine unter mehreren buddhistischen Stupas aufgeschichtet war. *Om mani padme hum* ist das am weitesten verbreitete Mantra im tibetischen Buddhismus. Sowohl gläubige Laien als auch Mönche verbringen auf ihrem Weg zur Erleuchtung zahllose Stunden damit, diese Worte zu wiederholen, und es ist Tradition, sie in Steine zu meißeln und diese an Orte von spiritueller Bedeutung zu legen. Im tibetischen Hochland findet man Millionen dieser wunderschön gearbeiteten Steine. Zu meiner Überraschung, denn es ist auf keiner Karte eingezeichnet, stießen wir hinter einer weiteren Kurve auf das Drahiliapough-Kloster, das erste buddhistische Kloster am Mekong.

Die alte Klosteranlage besteht aus ungefähr 40 kunstvoll verzierten Gebäuden aus festgestampfter Erde und Kiefernholz und ist ein historisches Juwel, das aufgrund seiner abgeschiedenen Lage der Verwüstung durch die Kulturrevolution entgangen ist, bei der rund 95 Prozent aller tibetischen Klöster zerstört wurden. Am frühen Abend besichtigte ich in Begleitung von Mönchen die Klosteranlage und inspizierte kunstvoll geschnitzte Holzvertäfelungen in den Tempeln, farbenprächtige Gemälde, die die Reinkarnationen Buddhas zeigten, und viele Steine, in die Schriftpassagen eingemeißelt waren. Ich schätzte mich glücklich, dass ich als einer der ersten Fremden auf diese kulturelle Schatztruhe gestoßen war. Nur zwei Dinge bedauerte ich: dass ich Jimmy nicht als Übersetzer bei mir hatte, um Fragen zu stellen und mehr über diesen faszinierenden Ort zu erfahren, und dass die anderen sämtliche Kameras mitgenommen hatten und ich das Gesehene nicht fotografisch festhalten konnte.

Wir verbrachten die Nacht in Gesellschaft der Mönche, die mein Erlebnis mit Cujo, vom dem Changa ihnen schadenfroh erzählte, überaus amüsant fanden. Ich spielte die Angelegenheit natürlich herunter und deutete an, dass ich in Wirklichkeit Herr der Lage gewesen wäre. Es gelang mir sogar, die Mönche von der offenbar lustigsten Geschichte abzulenken, die jemals im Kloster erzählt worden war, indem ich mit einem kleinen, banjoähnlichen Instrument aus einem der Tempel ein kurzes Konzert gab. Nach den dramatischen Erlebnissen mit dem Team, seit wir Vientiane verlassen hatten, war es ein gutes Gefühl, nicht den Stimmungsschwankungen von Leuten ausgesetzt zu sein, die unsere Unternehmung anscheinend nicht so sehr genossen wie ich.

Am nächsten Morgen wachte ich zum tantrischen Sprechgesang der Mönche auf, der durch die Gebäude hallte. Anschließend wanderte ich nochmals zwei Stunden in der Anlage umher, sah mir die komplizierten Schnitzereien an und entdeckte einen weiteren riesigen Steinhügel, der aus ungefähr 3000 *Mani*-Steinen bestand. Das Behauen jedes Einzelnen musste zwölf bis sechzehn Stunden in Anspruch genommen haben. Das Kloster war so alt und verwittert, dass es mir vorkam, als befände ich mich in einer unheimlichen verlassenen Geisterstadt, obwohl ich wusste, dass ungefähr 40 Mönche dort lebten.

Changa und ich verließen das Kloster am folgenden Tag. Fünf Kilometer flussaufwärts von der Stelle, an der in meiner Karte eine Straße über den Mekong eingezeichnet war, stießen wir auf eine schmale Schlucht, die ein Erdrutsch blockiert hatte. Für die Pferde gab es kein Vorwärtskommen mehr. Der Mekong floss inzwischen ungehindert dahin, nachdem das verhältnismäßig warme Wetter das Eis und den Schnee hatte schmelzen lassen. Changa begleitete mich zurück zum Kloster und weiter auf einem Reitpfad, der zu einer Straße führte. Ich zahlte ihm das vereinbarte Honorar, gab ihm ein zusätzliches Trinkgeld und sagte meinem Reisebegleiter der vergangenen sechs Tage Lebewohl.

Ich fühlte mich euphorisch, dass ich endlich den Abschnitt des Mekong hinter mich gebracht hatte, der an Land zurückgelegt werden musste. Die Schönheit des tibetischen Hochlands hatte meine Erwartungen übertroffen, und die Tibeter, denen ich begegnet war, hatten mich mit ihrer Liebenswürdigkeit und ihrer reichen Kultur verzaubert. Ich verspürte beinahe Bedauern darüber, dass ich mich zur Straße begeben hatte und per Anhalter nach Zato fuhr, um mich dort mit den Personen zu treffen, die – von Abe abgesehen – unser Abenteuer offenbar unerträglich fanden.

6
Die Funken fliegen

Als ich in Zato ankam, fiel mir sofort auf, wie entmutigt Stan und Nico waren, und ich hatte Schwierigkeiten, mich auf die extreme Diskrepanz zwischen ihrer und meiner Motivation einzustellen. Während ich von dem spektakulären Trip, den ich hinter mir hatte, noch immer wie berauscht war und es vor Freude kaum erwarten konnte, die nächste Etappe anzugehen, wirkten die beiden Franzosen vollkommen demotiviert. Sie hatten regelmäßig mit James und Lara kommuniziert und erfahren, dass das Geld, das inzwischen hätte eintreffen sollen, noch immer nicht da war.

Davon abgesehen bahnte sich eine weitere Tragödie an. Yuta, die Liebe meines Lebens und das Rückgrat meines Unterstützungsteams, war wegen eines kleinen, eventuell bösartigen Knotens in der Brust zur Operation ins Krankenhaus eingewiesen worden. Vor den anderen bemühte ich mich, gefasst zu wirken, doch mein Inneres war in Aufruhr. Ich schlug Yuta vor, zurückzufliegen, um bei ihr zu sein, doch sie bestand hartnäckig darauf, dass ich die Expedition fortsetzte. Sie wusste, dass es mit ziemlicher Sicherheit das Ende des Projekts bedeutet hätte, wenn ich zurückgeflogen wäre. Außerdem hätte ich etliche Tage gebraucht, um von Zato aus zu ihr zu kommen. Das hieß, dass sich das Zeitfenster für gutes Expeditionswetter vermutlich geschlossen hätte, bis ich wieder in Zato ankam, um die Expedition dort wieder aufzunehmen, wo ich sie abgebrochen hatte. Ich hätte diese Entscheidung getroffen, doch Yuta flehte mich an, nicht aufzugeben, und erklärte mir, dass wir zwar räumlich getrennt, in Gedanken aber vereint seien. Sie sagte immer wieder: »Gemeinsam können wir alles überwinden.«

Es war eine äußerst schwierige Zeit für mich, und ich kann nur ahnen, wie hart sie für Yuta gewesen sein muss. Ich bewunderte ihren Mut und ihren unbeirrbaren Glauben an das, was ich erreichen wollte, und kämpfte widerwillig gegen meine Gefühle an, um einmal mehr mein Augenmerk auf das Ziel zu richten, das ich mir gesetzt hatte.

Der Expedition stand eine große Hürde bevor, da die Logistikkosten der nächsten Etappe durch die Autonome Region Tibet im Voraus bezahlt werden mussten. Ich hatte bereits mein gesamtes verfügbares Geld in das Projekt gesteckt, und mir standen nur noch Raten zur Verfügung, von denen die nächste noch zwei Wochen auf sich warten lassen würde. Um so kurzfristig an mehr Geld zu kommen, musste ich mir etwas von Freunden oder Verwandten leihen, was mir mein Stolz verbot und was ich bislang strikt verweigert hatte. Wenn ich jedoch über meinen Schatten springen musste, um meinen Anteil an den Expeditionskosten zu entrichten, war das die Sache meiner Ansicht nach wert.

Nach den Verhandlungen, die wir in Zhongdian geführt hatten, waren Nico, James und Stan jetzt Teilhaber mit einem Gesamtanteil von 50 Prozent an dem Projekt, während Yuta und ich die anderen 50 Prozent der Anteile hielten. Meiner Ansicht nach handelte es sich dabei um eine einfache Partnerschaftsregelung, bei der sich alle Beteiligten zunächst das Risiko und später den Gewinn teilten. Ich wäre nie auf den Gedanken gekommen, dass eine Partnerschaft auf irgendeine andere Weise funktionieren könnte, als ich einwilligte, dass sie Teilhaber wurden.

Als es jedoch zu unserem finanziellen Engpass kam, vertraten Nico, James und Stan die Ansicht, dass alle Beteiligten aus der Partnerschaft vollen finanziellen Nutzen ziehen sollten, wenn die Dinge gut liefen; liefen sie jedoch nicht so gut und waren weitere Investitionen nötig, dann sollten Yuta und ich für alle Projektkosten aufkommen, bis wieder alles nach Plan lief und sie ihre volle Erfolgsbeteiligung bekämen. Mit anderen Worten: Yuta und ich hätten das finanzielle Risiko und alle Unkosten tragen sollen, während Nico, Stan und James zur Hälfte an meinem finanziellen Gewinn beteiligt werden wollten. Diese Auffassung von Partnerschaft war für sie offenbar völlig logisch, während Yuta und ich überhaupt kein Verständnis dafür aufbrachten.

Da das Unternehmen meiner Ansicht nach jedem von uns beachtliche Chancen bot, hatte ich große Schwierigkeiten, die Selbstgefälligkeit zu begreifen, die Stan, Nico und James an den Tag legten. Abe schien sich hingegen damit zufriedenzugeben, einer Expedition anzugehören, die Neuland erschließen und ihm neben Erfahrung und Zusatzqualifikationen für seinen weiteren Werdegang auch ein bescheidenes Honorar einbringen würde, dem er vor seiner Ankunft in China zugestimmt hatte.

Bis dahin hatte ich vor allem Laras Nörgeleien sowie den Leuten, die unsere finanziellen Vereinbarungen nicht einhielten, die Schuld an der sinkenden Moral im Team gegeben. Diese Faktoren spielten eine Rolle, aber ich musste mir auch eingestehen, dass es mein Fehler gewesen war, nicht meinem Bauchgefühl zu folgen und Reisebegleiter zu rekrutieren, die ich kaum kannte. Es war frustrierend, doch mir blieb nichts anderes übrig, als die Konsequenzen aus meinen Fehlern zu tragen und zu akzeptieren, dass andere meine Vision und meine Motivation nicht teilten.

Nach zwei Nächten in Zato fuhren wir zu der Stelle, an der ich mit Changa vom Fluss abgebogen war, ungefähr 110 Kilometer von der Quelle entfernt und 35 Kilometer flussaufwärts von Zato. Der Schnee entlang unserer Route war schnell geschmolzen, und auch die Landschaft zeigte sich im Frühlingskleid. Etwa 30 Kilometer von Zato entfernt bekamen wir aus nächster Nähe einen Wolf zu Gesicht – einen von seinem Rudel getrennten Einzelgänger, der nur

15 Meter vor uns stand. Anstatt Reißaus zu nehmen, trottete er vorsichtig auf die steile Uferböschung aus Felsblöcken und Gletschergeröll rechts vor uns zu und beobachtete dabei argwöhnisch, wie wir reagierten. Mit nachtwandlerischer Leichtigkeit sprang er mit ein paar Sätzen zur Oberkante der gut 20 Meter hohen Böschung hinauf, wo er stehen blieb und uns einen letzten Blick zuwarf. Obwohl er nach dem langen Winter abgemagert und ausgezehrt wirkte, war sein Fell in gutem Zustand. Seine Gelassenheit nötigte uns allen Achtung ab. Stan holte seinen Fotoapparat hervor und schaffte es, ein paar Aufnahmen zu machen, ehe der Wolf den Grat erklomm und in den Weiten des Plateaus verschwand.

Ich musste noch viele Male an dieses Erlebnis denken. Vielleicht lag es an der Einsamkeit, die ich empfand, als sich das Team um mich aufzulösen begann, vielleicht aber auch an der Gelassenheit des Wolfs trotz der drohenden Gefahr – auf jeden Fall zog ich Parallelen zwischen seiner Situation und meiner. Der Wolf war allein und zuerst angesichts der vermeintlichen Gefahr erschrocken, doch dann hatte er rasch die Fassung wiedergewonnen und sich nicht von seinem Weg abbringen lassen. Ich beschloss, mir ein Beispiel an seiner klugen instinktiven Reaktion zu nehmen und mich trotz der unerwarteten Schachzüge meiner Umgebung voll und ganz auf die Verwirklichung der Expedition zu konzentrieren. Am Abend, zurück in Zato, überlegte ich, wer als Ersatz für die Franzosen in Frage kam, und kontaktierte alle, die mir einfielen, per E-Mail.

Nach mehr als einjähriger Planung und Vorbereitung stand meine Befahrung des Mekong unmittelbar bevor. Wir fuhren von Zato aus flussaufwärts bis zum Ende der Straße. Anschließend ging ich noch vier Stunden zu Fuß weiter und stieg auf einen 4750 Meter hohen Berg, um in Sichtweite der Stelle zu gelangen, bis zu der ich mit Changa geritten war. Nico und Stan waren zu niedergeschlagen und müde, um zu warten, bis ich wieder von meinem Fußmarsch zurück war, und die ersten Paddelschläge der Befahrung zu filmen. Genauso wie ich an der tatsächlichen Mekongquelle den ersten Schritt flussabwärts allein getan hatte, machte ich auch die ersten von ein paar Millionen Paddelschlägen allein – nur von kahlen Bergen, hügeligen, von erfrorenem Gras bedeckten Weiten und vereinzelten Jaks umgeben. Für mich war es ein großartiger Moment.

Am ersten Tag der Befahrung herrschte eine unglaubliche Kälte. Ich paddelte in knapp dreieinhalb Stunden 35 Kilometer durch Schnee und Graupelschauer und kam abends gegen halb neun Uhr in Zato an. Die Temperatur war auf minus fünf Grad gesunken. Aufgrund des starken Windes und des eiskalten Wassers, das mir ständig entgegenspritzte, kam es mir allerdings vor, als herrschten minus 30 Grad.

Nach längerer Diskussion mit Nico und Stan kamen wir an diesem Abend zu der Übereinkunft, dass es das Beste war, wenn die beiden sich ein paar Tage lang dem Schneiden ihres Filmmaterials widmeten und darüber nachdachten, ob sie überhaupt noch weitermachen wollten, während ich mein Kajak in Richtung Süden lenkte. Da sie unter den Bedingungen in Zato nicht arbeiten konnten, wie sie meinten, wollten sie über die Grenze nach Sichuan in die größere, 16 Fahrtstunden entfernte Stadt Garze fahren, wo sie Zugang zu einer schnelleren Internetverbindung hatten und bei der Arbeit den Komfort eines richtigen Hotels mit eigenem Badezimmer genießen konnten. In meinen Augen war das eine unnötige zusätzliche Ausgabe, da wir ohnehin knapp bei Kasse waren, aber Stan und Nico ließen sich nicht von ihrem Plan abbringen. Ich sah über diesen Luxus in Anbetracht der Tatsache hinweg, dass sie nach fünf Tagen zurückkommen wollten. Als sie nach Garze aufbrachen, tat mir vor allem Abe leid, der sich nichts mehr wünschte, als aktiv an der Expedition mitzuarbeiten. Da Nico und Stan jedoch den

Geländewagen brauchten, um nach Garze zu kommen, konnte Abe mich nicht begleiten, um den nächsten Abschnitt der Befahrung zu filmen, der durch gebirgige Strecken führte, wo die Straße am Fluss entlang verlief. Um nicht allein in Zato herumsitzen zu müssen, entschloss er sich dazu, mit Nico und Stan zu fahren.

Kurz vor seiner Abreise bat ich Stan, der das Geld für unsere täglichen Kosten verwaltete, sämtliche Ausgaben auf ein absolutes Minimum zu beschränken, da wir gerade noch genug Geld hatten, um nach Chamdo zu kommen, wo ein neuer Führer mit zusätzlichen Sponsorengeldern zu uns stoßen sollte. Stan sagte mir, dass ich mir keine Sorgen zu machen brauchte und dass sie in ein paar Tagen zurückkämen. Ich bekam Stan und die Expeditionsfotos, die er gemacht hatte, sechs Monate lang nicht zu Gesicht.

Drei Tage nach ihrer Ankunft in Garze warfen Stan und Nico das Handtuch. Von dort aus traten beide den direkten Rückweg nach Zhongdian an, begleitet von Abe, der sie dort absetzte, weil das Auto nach Zato zurückgebracht werden musste, damit die Expedition weitergehen konnte. Da sie mit dem Auto gefahren waren, hatten sie versehentlich auch den Großteil meiner Essensvorräte und meiner Expeditionsausrüstung mitgenommen, die ich im Wagen gelassen hatte, weil ich glaubte, dass sie wie versprochen nach vier Tagen zurückkommen würden. Am selben Tag, als ich von Stans und Nicos Ausstieg erfuhr, bekam ich von meinem Freund Brian Eustis die Zusage, dass er für die beiden Franzosen einspringen würde.

Zu meiner Erleichterung kam es nur zu einer kurzen Verzögerung, weil Brian noch ein paar Angelegenheiten in den Vereinigten Staaten regeln musste. Brian und Abe konnten die Expedition auch zu zweit filmen, und unterwegs konnte ich die meisten Fotos selbst machen. Ich hatte 2003 mit Brian zusammengearbeitet, als wir wild lebenden Tigern entlang eines Wildwasserflusses im Norden von Laos gefolgt waren, und er hatte sich dabei als kompetenter, positiv eingestellter Profi erwiesen, der bei Abenteuern regelrecht aufblühte. Da Brian außerdem ein hervorragender Kajakfahrer war, der mit Wildwasser der Kategorie V zurechtkam, konnte er mich auch bei der Befahrung der zahlreichen abgelegenen Wildwasserabschnitte begleiten.

Stans und Nicos Rückkehr nach Vientiane sorgte in der kleinen Ausländergemeinde für alle möglichen Gerüchte und Behauptungen. Als Freunde mich per E-Mail über einige besonders perfide Anschuldigungen informierten, die sich im Umlauf befanden, war ich zunächst versucht, die Sache per E-Mail und Telefon klarzustellen. Dann dachte ich aber, dass mir die Klatschmäuler völlig egal sein konnten und ich die Kritiker am besten zum Schweigen bringen würde, indem ich meine Ziele erreichte. Also richtete ich meine ganze Energie auf die bevorstehenden Aufgaben.

Leider konnten die Gerüchteköche einen gewissen Erfolg verbuchen. Einige potenzielle Sponsoren, mit denen Yuta verhandelt hatte, teilten ihr mit, dass ihnen »zu Ohren gekommen« sei, die Expedition stünde unmittelbar vor dem Aus, und dass sie deshalb Bedenken hätten, uns finanziell zu unterstützen. Das spornte Yuta und mich noch mehr an, das Unwahrscheinliche wahr werden zu lassen und die Expedition zum Erfolg zu führen.

Ich hatte Yuta regelmäßig angerufen und mehrmals am Telefon mit ihr zusammen geweint, als sie vor ihrer Tumoroperation unter Schmerzen, der Ungewissheit und Einsamkeit litt und anschließend das quälende Warten durchstehen musste, ob die Operation erfolgreich verlaufen war. Mehr als alles andere wünschte ich mir, bei ihr zu sein. Yuta und ich halfen uns gegenseitig durch ein Gefühlschaos, in dem Momente der Einsamkeit, des Zweifels, der Enttäuschung und des Schmerzes einander abwechselten. Wir beruhigten, bestärkten und motivierten uns gegenseitig und versicherten uns unsere Liebe, eine tiefe, bedingungslose Liebe, die Licht in unsere dunkelsten Momente brachte. Rückblickend bin ich überzeugt, dass die Expedition in dieser Zeit sprichwörtlich am seidenen Faden hing und dass der Faden in erster Linie aus unserer Überzeugung gesponnen wurde, gemeinsam alles schaffen zu können, solange wir an uns selbst und an den anderen glaubten.

Von Zato aus paddelte ich zum nächsten Etappenziel, der 200 Flusskilometer weiter südlich gelegenen Ortschaft Nangqen an der Grenze zwischen Qinghai und der Autonomen Region Tibet. Ein Stück südlich von Zato durchquerte ich mehrere steile Schluchten, die stellenweise nur zwölf Meter breit, aber über 200 Meter tief waren. Das Sedimentgestein, durch das der Fluss sich seinen Weg gebahnt hatte, war trocken und leblos; als ich mich aber zum Heck des Kajaks zurücklehnte, in den hellblauen Himmel blickte und mich von den Wirbeln des Flusses in Bögen treiben ließ, wurde ich der außerordentlichen Schönheit der Wolken gewahr, die über den Rand der Schlucht zogen. Das gesamte Universum kam mir wie ein riesiges Lebewesen vor. Trotz des ständigen Auf und Ab meiner Gefühle erlebte ich bei der Befahrung immer wieder wunderbare, motivierende Augenblicke.

Drei Tage später erreichte ich die Stadt Nangqen, die ähnlich groß ist wie Zato, aber etwas weiter entwickelt. Bei meiner Ankunft erwartete mich ein weiteres Problem mit Lara und James. Offenbar mussten wir die Filmgenehmigung in der Autonomen Region Tibet, für die wir James bereits 5000 US-Dollar gegeben hatten, erneut beantragen, weil die beiden Franzosen abgereist waren, ihre Namen aber auf dem Visum standen. Zu meiner Bestürzung gaben mir Lara und James außerdem zu verstehen, dass sie an unserem Projekt nur dann weiter mitarbeiten wollten, wenn wir noch einmal wegen einer deutlich höheren Gewinnbeteiligung verhandelten. Die Erfahrung in Zhongdian noch frisch im Gedächtnis, hätte ich nichts lieber getan, als ihnen so barsch wie möglich mitzuteilen, dass ich ihr Verhalten für verabscheuungswürdig hielt und ihre Beteiligung an der Expedition beendet wäre, da sie offenkundig nichts zu deren Gelingen beizutragen hätten. Mein Pech war jedoch, dass ich die 5000 US-Dollar teure Genehmigung noch nicht in Händen hielt und es James möglich gewesen wäre, sie wieder rückgängig zu machen.

Die Genehmigung war notwendig, damit das Filmteam (das jetzt aus Brian und Abe bestand) in die Autonome Region Tibet einreisen konnte. Das Filmen dieser Etappe war ein ganz wesentlicher Bestandteil der geplanten Dokumentation, und ich wusste, dass die Chancen bei der mehr als komplizierten chinesischen Bürokratie ungefähr eins zu hundert standen, rechtzeitig eine neue Genehmigung zu bekommen, bevor das Wetter wieder schlechter wurde. Zum zweiten Mal binnen weniger Wochen wurde die Filmgenehmigung für die Autonome Region Tibet zu einem wirksamen Druckmittel, und ich war gezwungen, mich erneut mit zwei Leuten an den Verhandlungstisch zu setzen, die ich am liebsten links liegen gelassen hätte. Eine lange, zähe Verhandlungsrunde begann, bei der James und Lara bestrebt waren, ihre Gewinnbeteiligung drastisch zu erhöhen, während ich eine Lösung finden musste, wie wir die Expedition durchführen konnten, ohne dass Yuta und ich dabei bankrott gingen.

Nach zehntägigen frustrierenden Verhandlungen, bei denen wir zu keiner brauchbaren Lösung kamen, gelang es mir, Abe zu erreichen, der enttäuscht und müde in Zhongdian auf das Signal wartete, dass die Expedition fortgesetzt wurde. Er begriff nicht, worum es bei all den Streitereien ging, und wollte unbedingt nach Zato kommen und die Befahrung des Flussabschnitts filmen, der durch die Autonome Region Tibet führte. Ich sagte ihm, dass ich nichts lieber sähe, mir jedoch ohne Genehmigung die Hände gebunden seien.

Ich war schrecklich enttäuscht, dass ich nicht einfach mit ihm nach Tibet fahren und die Sache durchziehen konnte, doch die Wahrscheinlichkeit, dass er dabei im Gefängnis landen würde, weil wir nicht die entsprechende Genehmigung hatten, war einfach zu hoch. Mir kam es jeden Tag von früh bis spät so vor, als wäre ich in einen erbitterten Ringkampf verwickelt.

Schließlich benachrichtigte mich Yuta, dass Abe aufgegeben hatte und nach Laos zurückflog. Das Wetter in Zato wurde wärmer, und der Schnee wurde von Regen abgelöst, der große Mengen Sediment in den Fluss spülte. Ich beobachtete, wie der Wasserpegel um mehrere Fuß anstieg, was wiederum dafür sorgte, dass sich die Strömungsgeschwindigkeit seit meiner Ankunft in Zato verfünffacht hatte.

Die langwierigen Verhandlungen hatten sprichwörtlich lebensbedrohliche Folgen für mich. Während die Tage und Wochen verstrichen, bahnte sich der Monsun langsam den Weg nach Norden durch Yunnan und zu den Steppen des tibetischen Hochlands. Im April (als ich ursprünglich die Grenze nach Tibet überqueren und die gefährlichen Schluchten durchfahren wollte) hatte der Mekong vor dem Fenster meiner Pension eine Fließgeschwindigkeit von ungefähr 20 Kubikmetern pro Sekunde. Bei der Befahrung von Wildwasserflüssen ist ein hoher Wasserpegel in der Regel gleichbedeutend mit einem erhöhten Risiko. Um zu beurteilen, in welche zusätzliche Gefahr ich mich begeben würde, wenn sich die Befahrung aufgrund der Verhandlungen noch länger verzögerte, bediente ich mich einer einfachen hydrologischen Berechnung, mit der sich die Strömungszunahme in den kommenden Wochen grob einschätzen ließ. Das Ergebnis dieser Berechnung hätte kaum alarmierender sein können.

Den Wetterstatistiken, die mir vorlagen, war zu entnehmen, dass die Regenfälle in der Umgebung von Zato zwischen April und Juli, wenn der Monsun ankommt, um ungefähr 450 Prozent zunehmen. Außerdem wusste ich, dass aufgrund der steigenden Temperaturen in diesem Zeitraum die Schnee- und Gletscherschmelze beträchtlich zum ansteigenden Pegel beitrug. Meinen Berechnungen zufolge würde allein das Schmelzwasser die ursprüngliche Tiefe des Flusses verdoppeln. Die um 450 Prozent zunehmende Niederschlagsmenge würde den Pegel im Vergleich zu vorher noch einmal um das Viereinhalbfache ansteigen lassen. (Wer mit Flüssen in Monsungebieten vertraut ist, der weiß, dass solche jahreszeitlichen Schwankungen des Wasserpegels nicht ungewöhnlich sind.) Bekanntlich werden Flüsse nicht nur tiefer, wenn der Pegel steigt, sondern sie fließen auch wesentlich schneller, und ich rechnete mir aus, dass der Mekong Ende Juli ungefähr viermal so schnell fließen würde wie im April. Ich kam zu dem Ergebnis, dass die Wassermenge, die jede Sekunde am Fenster meiner Pension vorbeifloss, zwischen April und Juli voraussichtlich um das 166-fache beziehungsweise um 16600 Prozent zunehmen würde.

Die drastische Zunahme der Wassermenge, die durch ein breites Tal fließt, ist eine Sache – wenn sich riesige Mengen zusätzlichen Wassers jedoch durch enge, steile Schluchten zwängen müssen, bekommt der Begriff »heilloses Chaos« eine völlig neue Bedeutung. Ich konnte es kaum erwarten, mich wieder in Bewegung zu setzen, bevor ich die Expedition wegen gefährlich hoher Wasserstände würde absagen müssen. Das besagte heillose Chaos war ein Argument, mit dem ich wiederholt versuchte, James und Lara zu einem Kompromiss zu bewegen, damit es endlich weitergehen konnte – wobei die drohende Lebensgefahr aber nur für mich galt und keinen anderen.

Als der Monat Mai verstrich, ohne dass ein Ende der Verhandlungen in Sicht gewesen wäre, forderte der Stress seinen Tribut. Ich bekam eine Erkältung, die mich im Handumdrehen meiner Kräfte beraubte. Am absoluten Tiefpunkt angelangt, lag ich zitternd unter dicken Decken in einer mit Kakerlaken verseuchten Pension. Ich war verzweifelt, musste ich doch tatenlos mit ansehen, wie all das zerstört wurde, wofür ich über ein Jahr lang gearbeitet hatte.

Da ich keinen Ausweg mehr sah, zog ich sogar in Betracht, die Expedition abzusagen. Ich schrieb Yuta und meiner Mutter eine E-Mail, um mich mit ihnen zu beraten. Yuta hatte sich zu diesem Zeitpunkt von der erfolgreichen Operation erholt und war wieder auf den Beinen. Sie und meine Mutter waren damit beschäftigt, private Spenden und Sponsorengelder zu beschaffen, um die Expedition am Leben zu halten, und wollten unter keinen Umständen, dass ich wegen des Verhaltens von Lara und James aufgab. Sie versicherten mir ihre Liebe und Unterstützung, was meinen Glauben an meine Fähigkeiten wiederherstellte und mir die Kraft gab, die Sache erneut voranzutreiben. Bis zu diesen dunklen, von Fieber überschatteten Tagen war mir nie bewusst gewesen, wie sehr ich auf die beiden starken Frauen angewiesen war. Sie standen mir zur Seite, und ihre Überzeugung geriet nie ins Wanken.

Freunde, Verwandte und Sponsoren teilten mir per E-Mail mit, wie beeindruckt sie davon waren, was ich bislang erreicht hatte, und dass sie es kaum erwarten könnten, mehr zu erfahren. Als ich noch einmal die Liste mit den über 20 Sponsoren überflog, die finanzielle Unterstützung zugesagt hatten, stellte ich fest, dass nur zwei davon ihre Zusage zurückgenommen hatten. Also war der Grund für den Stillstand eigentlich nur in dem Konflikt zwischen mir und zwei Personen, mit denen ich überhaupt nichts gemein hatte, zu suchen. Genug war genug.

Als ich mir meine Rechercheunterlagen noch einmal ansah, fiel mir auf, dass bei den großen Flussbefahrungen, die ich studiert hatte – unter anderem Befahrungen des Amazonas, des Jangtsekiang, des Nil und des Tsangpo –, das Auseinanderbrechen des

Teams aufgrund von Konflikten und Meinungsverschiedenheiten ein Hauptproblem darstellte. Dies hatte sogar öfter zum Scheitern geführt als Todesopfer. Das Ausmaß der Feindseligkeiten, die an meiner Expedition rüttelten, mochte zwar überdurchschnittlich groß gewesen sein, Streitigkeiten zwischen mehreren Teilnehmern an einer Unternehmung von der Größe der Mekong-Erstbefahrung und das daraus resultierende böse Blut waren aber sicher nicht ungewöhnlich. Expeditionen, bei denen alle Beteiligten die ganze Zeit über gute Freunde bleiben, sind Ausnahmen. Als ich das begriffen hatte, hörte ich auf, mich selbst zu bemitleiden, betrachtete Lara und James wie jedes andere Hindernis auch und fasste den Entschluss, das Sperrgebiet der Autonomen Region Tibet zu befahren, und zwar ohne ihr Wissen und ohne Genehmigung.

Mein Plan war einfach. Während Brian aus den Vereinigten Staaten nach Laos flog und dort Yuta abholte, um sich anschließend mit mir in China zu treffen, wollte ich im Eiltempo von Yunnan und Qinghai aus die tibetischen Mekongschluchten durchfahren, im Alleingang und ohne fremde Hilfe, um den schlimmsten Monsunfluten zuvorzukommen. Falls ich in Tibet nach meiner Genehmigung gefragt werden sollte, konnte ich erklären und anhand von Überweisungsaufträgen und E-Mails beweisen, dass ich eine Genehmigung beantragt hatte, dass ich die Gebühr von 5000 US-Dollar über die Reiseagentur in Yunnan an die Behörden bezahlt hatte und dass mir und meinem Team offiziell die Genehmigung erteilt worden war, die Autonome Region Tibet zu durchfahren. Leider hatte ich das Schriftstück selbst nicht bei mir, doch das konnte bei Bedarf im Tourismusbüro ausfindig gemacht werden. Um Verwirrung und damit verbundene Verzögerungen zu vermeiden, gedachte ich mich in Tibet möglichst unauffällig zu verhalten.

Nachdem mir wochenlang die Hände gebunden gewesen waren, konnte ich mich nun endlich wieder darauf konzentrieren, den Fluss herauszufordern. Meine größten Bedenken galten dem rasant ansteigenden Pegel, der die Befahrung der Schluchten binnen Wochen oder sogar Tagen zu einem selbstmörderischen Unterfangen machen konnte. Ich musste sie hinter mich bringen, bevor es dazu kam. Wenn ich mich an den ursprünglichen Plan gehalten hätte, wäre ich ungefähr drei Wochen unterwegs gewesen und hätte mich auf der Strecke viermal mit Vorräten eingedeckt. Wegen des Problems mit der Genehmigung war es zu riskant und zeitaufwendig, mir in größeren Städten Vorräte zu beschaffen. Ich musste unabhängig sein. Als Abreisetermin für die Etappe durch Tibet legte ich den 1. Juni 2004 fest. Ich sah es als unbedingt notwendig an, die tibetischen Schluchten noch in der ersten Junihälfte zu passieren, um mir das Schlimmste zu ersparen, bevor das Wasservolumen drastisch zunahm.

Meinen Berechnungen zufolge konnte ich es wahrscheinlich in zehn Tagen von Nangqen nach Yunnan unmittelbar südlich von Osttibet schaffen, wenn ich täglich mindestens zwölf Stunden paddelte. Ich deckte mich mit Essensvorräten und Ausrüstung für zwölf Tage ein (einschließlich zweier zusätzlicher Tage, falls ich einen Teil der Schluchten umtragen musste oder langsamer als geplant vorankam). Die Verpflegung, die ich mitnahm, war die beste, die ich bekommen konnte, aber trotzdem weit weniger nahrhaft als das, was ich bislang dabeigehabt hatte. Meine Vorräte bestanden zum größten Teil aus Nudeln, Fisch und Bohnen in Konserven, Dosenfleisch, chinesischen Würsten, getrocknetem Obst und Nüssen. Außerdem sorgte ich dafür, dass noch Platz war für ein paar Päckchen Tee aus sechs Kräutern und vier Früchten für jene Momente, in denen ich dringend einer Aufmunterung bedurfte.

Eine derart große Menge an Lebensmitteln und Ausrüstung für kalte Witterungsverhältnisse in einem Wildwasserkajak zu verstauen ist ein kompliziertes Unterfangen. Ich verbrachte fast zwei

Tage mit Packen, Auspacken, Ändern, Umräumen und Aussondern von Ausrüstungsgegenständen. Mein Zelt ersetzte ich durch eine Plastikplane, das Erste-Hilfe-Set verkleinerte ich um 75 Prozent und jeden Millimeter Platz stopfte ich voll mit Nahrungsmitteln, Brennmaterial und Bekleidung. Da ich nur einen Liter Trinkwasser mitnehmen konnte, würde ich meine Flasche unterwegs immer wieder an einem der zahlreichen Bäche nachfüllen müssen. Der beladene Kajak wog ohne mich schon rund 70 Kilo.

Um 20.30 Uhr am Abend des 1. Juni 2004 halfen mir ein tibetischer Mönch, eine alte Dame und zwei Kinder, den Kajak zum Fluss hinunterzutragen. Dann schlüpfte ich in meine Paddelbekleidung.

Wer extremes Wildwasser in abgelegenen und bislang unerkundeten Regionen befahren möchte, wie ich es vorhatte, sollte keinesfalls die hohe Wahrscheinlichkeit außer Acht lassen, aus seinem Boot geschleudert zu werden, das dann von der Strömung mitgerissen wird und vermutlich auf Nimmerwiedersehen verschwindet. Deshalb muss man alles am Körper tragen, was man benötigt, um eine unbestimmte Zeitspanne in der Wildnis zu überleben. Wer sich ohne die richtige Ausrüstung mit dem Kajak in die Schluchten der Autonomen Region Tibet begibt, kann von Glück reden, wenn er ein paar Tage überlebt, sofern ihm niemand zu Hilfe kommt – und auf Letzteres konnte ich mich nicht verlassen.

Um nicht zu frieren, zog ich drei Lagen langbeinige und langärmlige Thermounterwäsche, einen Paddelpullover sowie eine Trockenjacke und eine Trockenhose an. In der Brusttasche der Trockenjacke verstaute ich eine Aluminium-Rettungsdecke – ein lebenswichtiger Schutz gegen Unterkühlung in den bitterkalten Nächten, falls ich in der Wildnis festsitzen sollte – und mehrere laminierte topografische Karten der Region im A4-Format, die unverzichtbar waren, falls ich einen Fluchtweg über Land zurück in die Zivilisation finden musste. Über der Trockenjacke trug ich eine Rettungsweste, in deren Brusttasche mit Reißverschluss ich in einem kleinen wasserdichten Behälter das kleinste Satellitentelefon der Welt einschließlich Ersatzbatterie verstaute. Als Nächstes zog ich zum Schutz vor Kälte und Verletzungen eine Neoprenhaube über und setzte einen Helm auf. Außerdem trug ich an den Füßen zwei Paar Neoprensocken sowie Neopren-Kajakschuhe. In den Schul-tertaschen der Trockenjacke verstaute ich zwei wasserdichte Beutel, die voll mit Survivalausrüstung waren, darunter Feuerzeuge zum Feuermachen, eine Angelleine mit Haken zur Nahrungsbeschaffung, ein Schweizer Taschenmesser, Sekundenkleber zum Verschließen eventueller Platz- oder Schnittwunden, Gewebe-Klebeband, Jod, wasserfeste Pflaster und anderer nützlicher Krimskrams. Ein GPS-Gerät fand in der Armtasche Platz, und das letzte, überaus wichtige Accessoire waren sogenannte *Pogies* (Paddelfäustlinge aus Neopren), die sicherstellen sollten, dass meine Finger trotz des extremen Wind-Kälte-Faktors, der sich bemerkbar macht, wenn die Hände bei Minusgraden ständig nass sind, nicht völlig gefühllos wurden.

Schließlich war ich bereit für die Abfahrt. Dem Ausdruck auf den Gesichtern der Einheimischen nach zu schließen, muss ich ausgesehen haben wie ein Astronaut – vermutlich hatte ich ähnlich viel Plunder am Körper und in meinem Boot. Ich zwängte mich in den Kajak, knöpfte meine Spritzdecke fest und schob mich mit den Händen ins Wasser. In all den Jahren, seit ich Kajak fuhr, hatte ich nie ein Boot gesehen, das so tief im Wasser lag. Ich war eindeutig überladen, was unvermeidlich war, mir jedoch Anlass zu ernsten Bedenken gab, da es mit einem voll beladenen Kajak viel schwieriger ist, sich durch Stromschnellen zu manövrieren.

Ich paddelte bis Mitternacht und genoss es, nicht mehr von Menschen wie Lara oder James abhängig zu sein. Der Albtraum war endlich vorüber. Trotzdem hatte ich meine Ziele noch lange nicht erreicht. Womöglich würde ich vom Regen in die Traufe kommen. In ein paar Tagen würde ich mich in das gefährlichste Wildwasserabenteuer meines Lebens stürzen, mutterseelenallein und bei steigendem Wasserstand. Es gab kein Zurück mehr und keinen Spielraum für Fehler.

7
Wenn alle Stricke reißen

Im Lauf von Jahrmillionen hat der Mekong (»Zaqu« für die Einheimischen) sich im Osten Tibets durch eine der extremsten und trostlosesten Landschaften der Erde gegraben. Anfangs schlängelt sich der Fluss elegant durch die Hochebenen und die von Bergen gesäumten Täler der Provinz Qinghai, bis er an Wasservolumen zunimmt, ohne dabei merklich turbulenter zu werden, und unmittelbar nördlich von Chamdo, der 240 Kilometer stromabwärts von Nangqen gelegenen Hauptstadt der Provinz Kham, zu einem »halbwüchsigen« Fluss wird.

Südlich von Chamdo nehmen die Wassermenge und das Gefälle so stark zu, dass sich die Erosionskraft des Flusses bemerkbar macht. Anstatt über das Hochland zu fließen, schneiden das Wasser und das Geröll wie ein Sägemesser durch das Grundgestein. Die Schluchten sind so tief eingeschnitten und so stark erodiert, dass sie auf langen Strecken einer vertikalen Wüstenlandschaft aus Fels und Gerölllawinen gleichen. Im krassen Gegensatz zu den Hochebenen sind die Steilschluchten beinahe völlig unbelebt.

Bis der Fluss den Norden von Yunnan erreicht, fällt er fast drei Kilometer ab, und streckenweise sind die Schluchten, durch die er fließt, annähernd 3500 Meter tief. Selbst die zähen und einfallsreichen Tibeter, die es schaffen, in einer der unwirtlichsten Gegenden der Welt zu überleben, haben es vermieden, lange Abschnitte des Flusstals zu besiedeln.

Als ich in die Autonome Region Tibet paddelte, ging mir durch den Kopf, dass es bislang nur zwei schriftlich belegte Flussexpeditionen auf diesem Teil des Mekong gegeben hatte. Bei der ersten handelte es sich um eine japanische Forschungsexpedition im Jahr 1988. Wie sich Berichten dieser Expedition entnehmen lässt, stößt man bereits in den gemäßigten Abschnitten, bevor der Mekong Chamdo erreicht, auf Stromschnellen der Kategorie Wildwasser VI (Wildwasser wird in sechs Kategorien eingeteilt, wobei Wildwasser VI die höchste Form bezeichnet). Was mich jedoch genauso beunruhigte, war die Tatsache, dass das japanische Expeditionsteam kurz nach der Überquerung der Grenze zur Autonomen Region Tibet von Banditen brutal überfallen und ausgeraubt worden war.

Wenn die Banditen dreist genug waren, eine große Raftinggruppe anzugreifen, hatten sie vermutlich erst recht keine Skrupel, einen einzelnen Kajakfahrer zu überfallen – und womöglich um die Ecke zu bringen, anstatt ihn laufen zu lassen, damit er die Behörden kontaktieren konnte. Die Japaner, die das Glück hatten, dass sich der Zwischenfall in der Nähe der Straße ereignete, verständigten sofort die Polizei, was tatsächlich zur Verhaftung der Banditen und zur Sicherstellung des Diebesguts führte.

Die andere Erstbefahrung eines Teilabschnitts des Mekong in der Autonomen Region Tibet hatte Mitte April 2004 stattgefunden, als ich mich gerade auf dem Weg zur Quelle befand, und war von dem internationalen Team unternommen worden. Mit verschiedenen Mitgliedern dieses Teams konkurrierte ich darum, als Erster den gesamten Mekong zu befahren. Das internationale Team mit Mekongexpeditionsveteranen aus Japan, China, den Vereinigten Staaten und Australien beabsichtigte die bislang unerkundeten tibetischen Abschnitte des Mekong zwischen Chamdo und der Grenze zu Yunnan zu befahren, die auch ich für die gefährlichsten Passagen des gesamten Flusslaufs hielt.

Soweit ich es beurteilen konnte, waren ihre vereinten Referenzen überaus beeindruckend. Die Amerikaner, mit einem Australier in ihrer Mitte und unter Leitung von Pete Winn, hatten 1995 und 1997 im Zentrum von Yunnan zwei erfolgreiche Erstbefahrungen gefährlicher Abschnitte des Mekong mit einer Gesamtlänge von mehr als 300 Kilometern geschafft, während die Japaner unter der Führung von Masayuki Kitamura, dem Leiter der Expedition, die 1994 die Quelle des Mekong entdeckte, ebenfalls zwei beachtliche Flussabschnitte erstmals befahren hatten: 1999 die Strecke von der Quelle bis nach Chamdo und 2002 einen längeren Abschnitt in Yunnan. Dem chinesischen Team unter der Führung von Liu Li gehörte ein Mann namens Song Yipin an, der sich auf seine eigene Befahrung des gesamten Mekong vorbereitete und als der chinesische Wildwasserspezialist schlechthin gepriesen wurde. Er war 1986 bei der Erstbefahrung des Jangtsekiang mit von der Partie gewesen – des Flusses, der in die Annalen der Wildwassererkundung eingegangen ist, weil er damals in der Fachpresse, unter anderem auch in der Zeitschrift *Outside,* als »Mount Everest unter den Flüssen« bezeichnet wurde.

Da die geballte Erfahrung dieser Personen nun in einem Team vereint war, hatte ich damit gerechnet, dass der schwierigste Abschnitt des Mekong bereits vollständig oder zumindest größtenteils erkundet sein würde, bevor ich meine Befahrung von der Quelle bis zur Grenze der Autonomen Region Tibet abschließen konnte. Zu meiner Überraschung hörte ich aber, dass die Mitglieder des internationalen Teams ihre Expedition nach nur 130 der geplanten 360 Kilometer – und bevor sie überhaupt zu den gefährlichsten Wildwasserstellen gelangt waren – abgeblasen und die Schluchten zu Fuß verlassen hatten. In Hinblick auf die Konkurrenzsituation war ich zugegebenermaßen erleichtert, dass die Chinesen und die Japaner, die sich beide die Erstbefahrung des gesamten Mekong vorgenommen hatten, mir nicht mehr zuvorkommen konnten. Allerdings verstärkten die Neuigkeiten meine Bedenken, was die weiter flussabwärts gelegenen Schluchten betraf, da meine zielstrebigen

Konkurrenten ihre Expeditionspläne nicht aufgegeben hätten, wenn sie dafür nicht sehr gute Gründe gehabt hätten.

Von Steve van Beek, einem befreundeten Dokumentarfilmer und Autor verschiedener Bücher über Flussexpeditionen, der dem internationalen Team angehört hatte, erfuhr ich, dass meine Konkurrenten in der Gegend südlich von Chamdo auf schwierige Wildwasserstrecken gestoßen und deshalb in Zeitverzug geraten waren. Da sich das Wildwasser für einige Teammitglieder als teilweise unpassierbar erwies, waren sie zu mehreren zeitraubenden Umtragungen gezwungen gewesen, bei denen sie den Fluss verlassen und ihre Ausrüstung an Land an den Hindernissen im Wasser vorbeitransportieren mussten. Nachdem es gleich zu Beginn so langsam voranging, überdachten die Mitglieder des Teams noch einmal ihre Chancen, die wesentlich steileren Passagen weiter flussabwärts zu befahren, ehe ihnen die Nahrungsvorräte ausgingen. (Das Gefälle ist dort doppelt so steil wie in den Abschnitten, die das internationale Team bereits umtragen musste.) Hinzu kam, dass man die Schlucht an verschiedenen, weiter flussabwärts gelegenen Stellen mit großer Wahrscheinlichkeit nicht zu Fuß verlassen konnte. Je schwieriger die Stromschnellen wurden, desto deutlicher zeigten sich die Unterschiede im Fahrkönnen zwischen den Teammitgliedern, und die Expeditionsleiter begannen zu bezweifeln, ob die Weiterfahrt überhaupt möglich war. Schließlich wurde die Expedition aus Sicherheitsgründen und aufgrund der logistischen Probleme abgebrochen. Die Teammitglieder traten mithilfe der Anwohner den Rückweg an und brauchten sechs Tage, um wieder zurück in die Zivilisation zu kommen.

Was mir Kopfzerbrechen bereitete, bevor ich diesen Flussabschnitt befuhr, war die Tatsache, dass das internationale Team mehrmals zum Umtragen gezwungen gewesen war und seine Expedition auf Strecken abgebrochen hatte, die nicht einmal halb so steil waren wie die bislang unbefahrenen Abschnitte, die mich weiter flussabwärts erwarteten. Je stärker das Gefälle eines Flusses, desto gefährlicher ist er in der Regel auch, deshalb fragte ich mich, ob ich mit den Bedingungen überhaupt zurechtkommen würde. Das gestiegene Wasservolumen des Flusses machte die Schluchten deutlich heimtückischer, weil es aufgrund der überfluteten Flussufer weniger Gelegenheiten zur Erkundung von Land aus gab. Außerdem erhöhte die zusätzliche Wassermenge drastisch das Risiko, in Schluchten einzufahren, in denen es kein Ufer und damit auch keine Möglichkeit zum Anhalten gab. Allerdings hatte ich den Vorteil, dass ich allein mit dem Kajak unterwegs war und eventuelle Umtragungen in einem Bruchteil der Zeit schaffen würde, die das internationale Team mit seinen sperrigen, schwierig zu transportierenden Schlauchbooten gebraucht hatte. Darüber hinaus hatte ich als Einzelkämpfer weder die zeitraubende Verantwortung, für die Sicherheit anderer sorgen zu müssen, noch musste ich auf unterschiedliches Fahrkönnen innerhalb der Gruppe Rücksicht nehmen, wodurch ich deutlich schneller vorankommen würde.

Ich kam zu dem Schluss, dass meine Vorteile gegenüber dem internationalen Team die Nachteile des gestiegenen Wasservolumens vermutlich aufwiegen würden, und entschied mich dafür weiterzumachen. Wochenlang hatte ich mich über topografische Karten der Region gebeugt und mir die dreidimensionalen Merkmale der Landschaft und das Temperament des Flusses in allen Einzelheiten vorgestellt, daher musste ich mich nun einfach persönlich davon überzeugen, was mich erwartete.

Ich startete abends in Nangqen, damit ich nicht von den Grenzposten der Provinz aufgehalten werden konnte. Nachdem ich etwa 15 Kilometer flussabwärts gepaddelt war, verlangsamte sich die Strömung fast bis zum Stillstand und behielt dieses Kriechtempo über viele Kilometer bei. Der schneeweiße Mond war zwar fast voll, seine Strahlen reichten aber noch nicht aus, um die umliegenden Berge in Licht zu tauchen. Da ich mich nicht an der Strömung orientieren konnte und nicht sah, in welcher Richtung es flussabwärts ging, paddelte ich mehrmals in Sackgassen.

In China steht der Mekong nicht ohne Grund still. Vermutlich wurde er von einem noch nicht auf der Karte eingezeichneten Damm oder von einer riesigen Moräne aufgestaut, die einen natürlichen Damm bildete. Und tatsächlich, gegen 23 Uhr, als der Mond die Berge erhellte, etwa zehn Kilometer nach Beginn der verlangsamten Strömung, hörte ich in der Ferne ein Tosen und ging oberhalb einer gewaltigen Stromschnelle an Land. Hinter einer engen Rechtskurve stürzte der Fluss unvermittelt in eine steile Schlucht hinab.

Glücklicherweise befand sich auf der in Fließrichtung rechten Seite des Flusses ein ehemaliger, in die Felswand gehauener Reitpfad, sodass ich von Land aus erkunden konnte, wodurch das donnernde Tosen verursacht wurde. Vor mir befand sich eine gewaltige Stromschnelle der Kategorie Wildwasser VI, verursacht von einem Erdrutsch riesigen Ausmaßes, der sich ungefähr 300 Meter weit um eine starke Rechtskurve erstreckte, nach der die Schlucht in ein breiteres Tal überging. Insgesamt fiel der Fluss mehr als zwölf Meter ab und bildete dabei einen Wirbel nach dem anderen, ehe das Chaos in eine Walze (der gefährlichsten Form von Strudeln) am Ende der Gefällstufe mündete, die fast über die gesamte Flussbreite reichte. Die Walze war ein wahres Monster.

Die Stromschnelle war bei hohem Wasserstand im Juni schlichtweg unbefahrbar und die erste, die ich bei meiner Mekongbefahrung umtrug. Ich war ein wenig enttäuscht, dass ich nicht jeden Zentimeter des Flusslaufs mit dem Kajak bezwingen konnte, doch entdeckte ich zu meiner Erleichterung einen Pfad, auf dem ich die Stromschnelle umtragen konnte.

Bei Wildwasser-Erstbefahrungen muss nicht unbedingt jeder Meter des Flusses befahren werden. Es geht darum, so viel wie möglich davon zu befahren, wobei Umtragungen besonders gefährlicher Stromschnellen oder Wasserfälle gestattet sind, ohne dass man dadurch den Erfolg der Befahrung aufs Spiel setzt. Wird eine Stromschnelle allerdings vom Erstbefahrer umtragen, aber später von jemand anderem befahren, hat Letzterer das Recht, der Stromschnelle einen Namen zu geben.

Ich hatte ein gutes Stück oberhalb der Gefällstufe am Fuß des Erdrutsches angehalten und brachte eine halbe Stunde damit zu, meinen Kajak mit Hilfe von Gurten über einige riesige Felsblöcke die Böschung hinaufzuziehen, um zu dem Weg zu gelangen, der um die Stromschnelle führte. Ich campierte oberhalb der imposanten Stufe und hegte die Hoffnung, dass ich in den deutlich größeren Schluchten weiter flussabwärts nicht mehr auf ein solches Monster stoßen würde.

Das Campieren über der Stromschnelle gab mir vermutlich etwas zu viel Zeit, um darüber nachzudenken, was noch vor mir liegen mochte. Im Unterbewusstsein eines jeden Wildwasser-Kajakfahrers lauert die unterschwellige Furcht vor irgendeinem Desaster. Bei manchen ist es die Angst davor, von einem riesigen Strudel bis zur Bewusstlosigkeit herumgewirbelt, bei anderen die Furcht, von der überwältigenden Kraft der Strömung unter Wasser gegen Felsen gedrückt zu werden und hilflos darauf zu warten, bis man ohnmächtig wird. Bei mir ist es die Angst davor, dass ich irgendwann einmal durch eine steile Schlucht auf eine selbstmörderische Stromschnelle der Kategorie Wildwasser VI zufahre und keine Möglichkeit mehr habe, anzuhalten, bevor ich die Kante des Wasserfalls erreiche – oder anders formuliert, dass es im wahrsten Sinne des Wortes den Bach hinuntergeht, geradewegs ins Verderben. Ich machte mir außerdem Gedanken darüber, was passieren würde, falls der natürliche, durch den Erdrutsch entstandene Damm dem Druck der wachsenden Wassermassen nachgeben und Millionen Tonnen Wasser freigeben sollte. In diesem Fall würde sich eine Flutwelle durch die stromabwärts gelegenen Schluchten wälzen und alles überrollen, was sich ihr in den Weg stellte, mich eingeschlossen.

Am nächsten Morgen überquerte ich in aller Frühe die Grenze zur Autonomen Region Tibet und begab mich damit in das Gebiet, in dem das japanische Team überfallen worden war. Die Landschaft war wunderschön: dichte Kiefernwälder vor schneebedeckten Gipfeln und Wasserfällen. Terrassenförmig angeordnete Gerstenfelder wogten in der Brise, die aus der Schlucht hinaufwehte. Die Anwohner schrien beim Anblick des Fremden, der in einem seltsam anmutenden Boot durch die Stromschnellen fuhr, vor Verwunderung laut auf.

Nach fast zwei Monaten in China und 42 Tage, nachdem ich die Quelle erreicht hatte, befand ich mich endlich in Tibet und war unterwegs nach Chamdo. Die Landschaft war genauso überwältigend, wie ich sie mir vorgestellt hatte. Bereits an meinem ersten Tag in Tibet bekam ich einige der grandiosesten Szenerien zu Gesicht, die ich jemals erblickt hatte. Die Wildblumen blühten, und inmitten der üppigen Fichtenwälder waren vereinzelt klassische tibetische Wohnhäuser und kristallklare Wasserfälle zu sehen.

Zweimal begegnete ich Rotwild. Beim ersten Mal stieß ich auf ein Rudel von ungefähr 20 Tieren, die in den Wald flüchteten und dabei kreuz und quer übereinandersprangen. Beim zweiten Mal erspähte ich einen großen braunäugigen Bock, der am Flussufer trank. Er war ungefähr 60 Meter von mir entfernt, als ich ihn entdeckte und unbemerkt auf ihn zupaddelte. Kajakfahren im Wildwasser hat den großen Vorteil, dass wild lebende Tiere aufgrund der Geräuschkulisse oft nicht hören, wenn man sich ihnen nähert. Ich hätte schwören können, dass der Hirsch sein Spiegelbild betrachtete, und als er mich schließlich bemerkte, war ich bereits so nah bei ihm, dass ich fast schon wieder von ihm wegpaddeln wollte, um nicht geradewegs in sein imposantes Geweih zu treiben. Noch nie zuvor war ich einem großen, wild lebenden Säugetier mit dem Kajak so nah gewesen, und ich freute mich wie ein Schneekönig, bis der Hirsch mich zu Tode erschreckte. Denn er machte einen derart abrupten Satz rückwärts, als er mich sah, dass ich reflexartig reagierte, um mich mit meinem Paddel zu verteidigen, und beinahe gekentert wäre. Der Hirsch war mit seinem ganzen Körper über einen Meter hoch in der Luft und, als ich das Gleichgewicht wiedergewonnen hatte, längst im Wald verschwunden. Durch meine Adern strömte Adrenalin, und ich genoss meine Reise in vollen Zügen.

Die Vorstellung, mich wild lebenden Tieren unbemerkt zu nähern, hatte mir schon immer gefallen, doch ich musste bald feststellen, dass es alles andere als herzerfrischend ist, wenn man sich selbst in der Rolle desjenigen befindet, an den sich jemand heranschleicht. Später am selben Tag befuhr ich einen Flussabschnitt, auf dem die Straße parallel zum Ufer verlief. Mir fiel auf, dass auf der Straße fast ebenso viele Polizei- und Armeefahrzeuge unterwegs waren wie Zivilfahrzeuge. Jedes Mal, wenn ich ein Fahrzeug näherkommen hörte, paddelte ich zu einer Stelle, die außer Sichtweite lag – hinter Felsblöcken oder in der Flussbiegung –, um zu verhindern, dass die Staatsgewalt neugierig wurde und auf die Idee kam, mich nach meiner Genehmigung zu fragen.

Die Stromschnellen wurden größer, und ich stieß auf einige imposante Wildwasserstrecken der Kategorien III und IV (die gefährlich sein können, wenn sie falsch durchfahren werden, für erfahrene Wildwasserenthusiasten jedoch durchaus passierbar sind). Als ich gerade durch eine Wildwasserpassage fuhr, sah ich aus dem Augenwinkel, dass mir ein Polizeiwagen nicht weit vom Fluss in nur 60 Metern Abstand folgte. Ich hatte keine Ahnung, wie lange ich schon beschattet wurde, und erschrak fürchterlich. In der Regel verlaufen die Straßen in dieser Region nicht auf Flusshöhe, sondern wesentlich weiter oben im Tal. Aufgrund des Windes, der flussaufwärts wehte, und der Wassergeräusche hatte ich ihn nicht einmal kommen hören. Jetzt wusste ich, wie der Hirsch sich gefühlt haben musste.

Mir schlug das Herz bis zum Hals, und ich stellte mir vor, wie Sirenen heulten und ich verhaftet wurde. Einer der Polizisten winkte mir aus dem offenen Fenster zu. Mit einem breiten, gekünstelten Lächeln winkte ich zurück, wobei ich »Verdammter Mist« murmelte. Ich paddelte weiter bis zu einer Stromschnelle, die auf der linken Seite von einer senkrechten Felswand und auf der rechten Seite, ein Stück weiter flussabwärts, von mehreren Felsblöcken eingeengt wurde. Es handelte sich um die größte Stromschnelle, auf die ich an diesem Tag gestoßen war, und die erste, die ich von Land aus in Augenschein nehmen musste, da ich vom Wasser aus keine sichere Passage erkennen konnte. Um sie auszukundschaften, hätte ich am rechten Flussufer anhalten müssen. Die Polizisten waren aber nur 60 Meter vom Ufer entfernt und hätten nur anhalten und einen 15 Meter hohen Geröllhügel hinuntergehen müssen, um sich mit mir zu unterhalten. Anstatt in sicherer Entfernung oberhalb der Stromschnelle anzuhalten, fuhr ich riskanterweise bis zu der Stelle, wo sie begann, entdeckte ein winziges Kehrwasser und paddelte wie verrückt, um mich in Sicherheit zu bringen, bevor ich in die Turbulenzen darunter geriet. Das war ein gewagtes Manöver, ich meinte aber, dort könnte ich aus meinem Kajak aussteigen, einen kurzen Blick auf die weiter flussabwärts lauernden Gefahren werfen und wieder einsteigen, ehe mich die Polizisten zu Fuß erreichten. Es war keine gute Anlegestelle, aber schließlich fand ich mit den Füßen sicheren Halt und zog das Boot auf die Felsen. Ich blickte diskret auf und sah die beiden Polizisten auf mich zukommen. »Mist, verdammter!«, murmelte ich zwischen zusammengebissenen Zähnen, und kletterte auf einen höheren Felsblock. Der Blick auf die Stromschnelle zeigte, dass alles halb so wild war. Ich konnte sie genau in der Mitte durchfahren.

Ich blickte abermals nach oben zu den Polizisten. Zu meiner großen Erleichterung waren sie auf dem Geröllhügel stehen geblieben und sahen mir entspannt zu. Ich durchfuhr die Stromschnelle, und als ich mich noch einmal umdrehte, sah ich, dass sie mich anfeuerten. Anschließend folgten sie mir noch ungefähr eine Viertelstunde lang im Wagen, ehe sie mich überholten, hupten und eine Staubwolke zum wogenden Fluss schickten. Mein Herz hatte die ganze Zeit über wie wild gepocht, und ich nahm mir vor, genauer aufzupassen, falls weitere Fahrzeuge auftauchen sollten. Wenn es ein nächstes Mal gab, hätte ich vielleicht weniger Glück.

Ich entwickelte ein System, um möglichst schnell voranzukommen. Nach dem Frühstück paddelte ich zwei Stunden lang, dann machte ich eine zehnminütige Pause, in der ich mich treiben ließ und ein paar Früchte und Nüsse aß, ehe ich weitere zwei Stunden paddelte. Dann hielt ich zum Mittagessen an und stieg aus dem Boot, um mir die Füße zu vertreten. Vor dem Mittagessen nahm ich mir 20 Minuten Zeit und suchte mir eine Stelle, an der ich vor dem eisigen Wind geschützt war, der immer genau stromaufwärts in mein Gesicht zu wehen schien.

Nach dem Mittagessen absolvierte ich vier bis fünf anderthalbstündige Paddeleinheiten, unterbrochen von zehnminütigen Pausen, in denen ich mich treiben ließ. Damit ich insgesamt länger paddeln konnte, erleichterte ich meine Blase vom Boot aus. So saß ich zehn bis vierzehn Stunden lang im Boot und stieg nur gelegentlich aus, um eine Stromschnelle auszukundschaften oder wenn ich unter einem besonders schmerzhaften Krampf litt.

Der mit am meisten Spannung erwartete Augenblick des Tages war immer das Mittagessen. Ich verbrauchte unglaubliche Mengen Energie, sodass ich schon um zehn Uhr vormittags anfing, vom Essen zu fantasieren. Um diese Zeit aß ich jedoch nur ein paar Kleinigkeiten und schob das Mittagessen bis etwa 13 Uhr hinaus. Es bestand aus drei Packungen Zwei-Minuten-Nudeln, einer Fischkonserve und einer chinesischen Wurst (die ich beim Frühstück briet) – all das aß ich in ungefähr zehn Minuten.

Im Lauf des Tages fingen meine Arme und Schultern aufgrund der monotonen Beanspruchung zu schmerzen an, und immer wieder bekam ich schmerzhafte Krämpfe in den Beinen. Ich verschob meine Schmerzschwelle in bislang ungekannte Höhen, um so lange wie möglich im Boot auszuhalten. Nun begriff ich, was mein Großvater gemeint hatte, als er sagte, sein Rücken mache ihm das Leben zur Hölle. Abends war ich wie gerädert und verbrachte eine halbe Stunde mit einer Wärmemassage.

Als ich durch die Autonome Region Tibet paddelte, verlangte ich meinem Körper mehr ab als irgendwann sonst in meinem Leben, und der Fluss erinnerte mich jeden Morgen aufs Neue daran, warum ich das tun musste. Wenn ich abends an Land ging, steckte ich einen Zweig in den Sand oder legte einen Markierungsstein ans Ufer, damit ich messen konnte, wie sich der Wasserpegel über Nacht veränderte, und am Morgen, ohne Ausnahme, war der Wasserstand gestiegen – in einer Nacht sogar über 15 Zentimeter. Damit vergrößerte sich die Gefahr für mein Leben stromabwärts mit jedem Zentimeter. Jede Minute zählte, und wenn ich nur fünf Stunden täglich gepaddelt wäre, hätte ich 20 Tage länger gebraucht, um Tibet zu durchqueren. Bis dahin hätte der Wasserpegel in den Schluchten fast seinen Höchststand erreicht und die Befahrung höchst riskant gemacht. Im Zuge meiner Recherchen vor Beginn der Expedition hatte ich festgestellt, dass fast alle tödlichen Unfälle bei Erstbefahrungen südostasiatischer Flüsse bei hohem Wasserpegel passiert waren. Todesangst ist die beste Motivation überhaupt.

Ein Nickerchen in der Mittagspause hätte meiner Befahrung der Autonomen Region Tibet beinahe ein Ende bereitet. Ich war noch nicht ganz eingeschlafen, als ich aus dem Augenwinkel ein rotes Boot auf dem Fluss sah. Einen Moment lang dachte ich: »Wer in aller Welt paddelt denn hier?« Dann kam mir zu Bewusstsein, dass es sich um meinen Kajak handelte. Er musste von den Felsen gerutscht sein, auf die ich ihn gezogen hatte. Ich sprang auf und rannte das felsige Flussufer entlang, um ihn zu bergen. Obwohl ich mich für einen ziemlich geübten Läufer auf schlechtem Untergrund halte, schaffte ich es nur mit Mühe, mit dem Boot Schritt zu halten, das mich zu verhöhnen schien, als es mit der starken Strömung rasend schnell forttrieb. Vermutlich würde ich meinen Kajak und meine Ausrüstung nie wiedersehen, wenn es mir nicht gelang, ihn einzuholen. Ich rannte, so schnell ich konnte.

Nach ungefähr einem Kilometer ging mir langsam der Atem aus. Wenn sich auch der Abstand zwischen mir und meinem Boot nicht vergrößert hatte, konnte ich es vom Ufer aus doch nicht stoppen. Deshalb sprang ich ins Wasser und schnappte nach Luft, als ich in die eiskalten Fluten tauchte. Ich schwamm dem Kajak hinterher, doch nur etwa 30 Züge. Das Laufen in der dünnen Luft hatte seinen Tribut gefordert, und ich ließ mich einen Moment lang flussabwärts treiben, um wieder zu Atem zu kommen. Da ich das Boot noch immer auf dem Wasser schaukeln sah, schwamm ich ihm abermals hinterher, ließ mich treiben, schwamm ihm hinterher, ließ mich wieder treiben, bis ich es schließlich völlig erschöpft erreichte.

Ich klammerte mich an dem Kajak fest und schnappte noch nach Luft, als ich in der Nähe das Tosen einer Stromschnelle hörte. Mit Scherenschlägen rettete ich mich ans Ufer. Da glücklicherweise die Sonne schien, zog ich meinen Trockenanzug aus und legte mich in meiner Thermobekleidung auf die aufgewärmten Felsen, damit meine Körpertemperatur wieder anstieg – um ein Haar hätte ich mir eine Unterkühlung zugezogen. Anschließend ging ich flussaufwärts zurück, um das Paddel und mein Mittagessen zu holen. Zu meiner Überraschung hatte ich eine Strecke von ungefähr drei Kilometern zurückgelegt. Ich konnte mich glücklich schätzen, da ich ohne mein Boot mitten im Niemandsland festgesessen hätte, nur mit meinem Paddel, ein paar Essensresten und dem, was ich am Körper trug. Ich hatte einen dummen Fehler begangen und war wütend auf mich selbst, dass ich zwei wertvolle Stunden vergeuden musste, um meine Kleidung zu trocknen und mich aufzuwärmen.

Am Ende dieses ereignisreichen Tages campierte ich an einem Sandstrand. Am nächsten Morgen war der Pegel um mehr als 20 Zentimeter angestiegen. Trotz der Schmerzen am ganzen Körper, nachdem ich am Vortag über zwölf Stunden gepaddelt war, musste ich das Tempo steigern. Als ich mich Chamdo näherte, wurden die Kiefernwälder nach und nach von abgeholzten, erodierten Bergen abgelöst, und die Stromschnellen, die bislang nur vereinzelt anzutreffen gewesen waren, wurden zahlreicher. Zum Teil folgten Stromschnellen der Kategorie Wildwasser III und höher in kurzen Abständen aufeinander. Manchmal arbeiteten im Flusstal Hunderte von Arbeitern an großen Straßenbaustellen. Hin und wieder waren Explosionen zu hören, wenn Hindernisse gesprengt wurden, um die schmalen Reitpfade zu verbreitern, die sich bald in asphaltierte Schnellstraßen verwandeln würden. Bisweilen waren die Explosionen so laut, dass ich nicht sagen konnte, aus welcher Richtung der Knall gekommen war. Der Grund für die kahlen Berge wurde offensichtlich, als ich nördlich von Chamdo an einem riesigen Sägewerk vorbeikam.

Da noch helllichter Tag war, schien es mir das Beste zu sein, auf die Dunkelheit zu warten, bevor ich durch das Zentrum der Stadt paddelte. Um mir die Zeit bis dahin zu vertreiben, schrieb ich in mein Tagebuch und rief meine Mutter und Yuta an. Yuta hatte sich inzwischen gut von der Operation erholt, und ich verbrachte die meiste Zeit am Telefon damit, ihr zu versichern, dass meine nächste Etappe südlich von Chamdo ungefährlich wäre. Als die Sonne langsam hinter den Bergen versank und die Dämmerung hereinbrach, paddelte ich flussabwärts, vorbei an einem Holzlager, in dem noch gearbeitet wurde. Im Schutz der Dunkelheit bewegte ich mich von Schatten zu Schatten. Wenn ich mir dabei auch vorkam wie ein lächerliches, zu groß geratenes Kind, das Krieg spielt, waren die Gefahren doch durchaus real. An den Stellen, wo die Wasseroberfläche von der Straßenbeleuchtung erhellt wurde, war ich verständlicherweise nervös.

Chamdo war einst ein wichtiger Zwischenstopp auf einer Abzweigung der Seidenstraße und wurde von den Chinesen zum Verwaltungszentrum von Osttibet auserkoren. In den letzten Jahren ist die Stadt zu einem beliebten Umsiedlungsziel für Han-Chinesen geworden. Bislang hatte ich in Flussnähe größtenteils klassische Architektur gesehen – Gebäude aus althergebrachten Materialien wie Erde, Holz, Stein und traditionellem Backstein – oder zeitgenössische tibetische Architektur, das heißt Häuser aus Ziegelsteinen mit modernen Fliesen, Fenstern und Verzierungen. Im Allgemeinen hatten die Gebäude Stil. Im Gegensatz dazu war Chamdo von Aluminium, weißen Fliesen, blau getöntem Glas und Betonfassaden geprägt, die charakteristisch für so viele Klein- und Großstädte in ganz China sind.

Es war ungefähr halb zehn Uhr abends, und der Mond war noch nicht über dem steilwandigen Tal aufgegangen, in dem die Stadt liegt. Da ich kaum etwas sehen konnte, war ich gezwungen, mich nach meinem Gehör zu orientieren, als ich auf dem Weg durch die Stadt Stromschnellen der Kategorie Wildwasser II bis III durchfuhr.

Unmittelbar vor der zweiten Brücke, die sich in Chamdo über den Fluss spannt, plumpste ich in einen mittelgroßen Strudel und wurde ein paar Sekunden lang umhergeschleudert, ehe ich die Kontrolle zurückerlangte und quer zum Fluss in ihm surfte. Es vergingen ein paar angespannte Augenblicke, in denen ich in dem Strudel vor- und zurückpaddelte, um herauszufinden, wo das Wasser hinausfloss. Die Strömung erfasste das Bootsheck, und ich kenterte ein paar Mal durch, bevor ich wieder surfte. Irgendwie gelang es mir nicht, am Rand aus dem Strudel zu entkommen, was normalerweise der beste Fluchtweg ist. Meine Kräfte ließen nach, und die Situation konnte gefährlich werden, wenn ich nicht schleunigst einen Ausweg fand.

Ich beschloss, eine neue Technik auszuprobieren, und surfte möglichst weit oben auf dem Weißwasser. Dann richtete ich mich auf und tauchte den Bug des Kajaks so tief wie möglich in das entgegenkommende Wasser – ein Manöver, das Kajakfahrer »Kerze« nennen. Bei einer Kerze drückt die Wucht des entgegenkommenden Wassers den Bug so weit nach unten, bis der Kajak senkrecht im Wasser steht. Der Auftrieb des Boots in Verbindung mit der Strömung des Tiefwassers unter dem Strudel katapultiert Kajak und Paddler in annähernd vertikaler Position rückwärts in die Luft. Als der Bug sich senkte, tauchte die Abtriebskraft mich und meinen Kajak unter. Da das Boot aufgrund der Nahrungsvorräte und der Ausrüstung, die ich transportierte, nur wenig Auftrieb hatte, war der Katapulteffekt wesentlich schwächer. Dadurch verharrte ich lange genug im tieferen, nach außen fließenden Wasser, um von dem Strudel ausgespuckt zu werden. Ich richtete den Kajak wieder auf und paddelte zu einem Brückenpfeiler, um mich auszuruhen.

Als ich die dritte und größte der vier Brücken passierte, leuchteten auf beiden Flussseiten große grelle Neonreklamen, die für Diskotheken in neuen Hotels warben. Zumindest vom Fluss aus betrachtet, hätte die Hauptstadt Tibets kaum weniger tibetisch wirken können. Ich fuhr weiter durch die Stadt und wurde dabei von ein paar Leuten gesichtet, die sich aber wohl damit zufriedengaben, zu staunen und sich über das Gesehene auszutauschen.

Die betriebsame Straße südlich von Chamdo folgt dem Fluss, an dessen Ufern sich auf den nächsten Kilometern etliche Fabriken, Wasserkraftwerke und Sägewerke befinden. Ich wollte vor dem nächsten Morgen einen möglichst großen Abstand zwischen mich und die Stadt bringen, aufgrund der schlechten Sicht war es jedoch eine ziemlich heikle Angelegenheit, die Stromschnellen zu passieren, und ich geriet in mehrere haarsträubende Situationen. Da ich zu erschöpft war, um weiterzufahren, hielt ich an und schlief in der Nähe der Asphaltstraße.

Am nächsten Morgen weckte mich ein Murmeln. Als ich die Böschung hinaufblickte, beobachtete mich eine Schar Tibeter von der Straße aus. Ich hatte gedacht, ich hätte eine Stelle gewählt, die außer Sichtweite der Straße war, doch irgendjemand hatte mich entdeckt, und jetzt hielt jeder an, der vorbeifuhr, um nachzusehen, was los war. Ich packte ruhig, aber schnell meine Sachen zusammen, winkte den Schaulustigen zu und brach auf.

Die langen Tage forderten langsam ihren Tribut. Meine Nase und meine Lippen schälten sich, meine Fingerspitzen brachen auf, und ich hatte beinahe unerträgliche Rückenschmerzen, da ich täglich elf bis dreizehn Stunden im Kajak saß. Ich litt körperlich, kämpfte mich aber voran wie ein Besessener, um jeden Tag über hundert Kilometer zurückzulegen. Was mich antrieb, war mein Überlebenswille. Ich war im wahrsten Sinne des Wortes von Todesangst ergriffen, dass der Wasserpegel in den Schluchten zu sehr ansteigen könnte, bevor ich sie passiert hatte. Meiner Überzeugung nach entschied die Frage, ob ich dem Hochwasser zuvorkommen würde, über Leben und Tod.

Nur noch ein Tag, dann würde ich die Stelle erreichen, wo das internationale Team das Handtuch geworfen hatte und der reißendste und abgelegenste Abschnitt des Mekong begann.

Zweimal legte ich eine Strecke zurück, wo die Straße am Flussufer entlang verlief, und jedes Mal folgte mir ein Polizeiwagen. Die ersten Polizisten platzten offensichtlich vor Neugier, und ich verspürte eine beklemmende Angst, dass alles vorbei sein könnte, falls ihre Sirene aufheulte. Nach rund zehn Minuten tauchte ich in eine harmlose Serie Stromschnellen ein. Auf halbem Weg ertönten die Lautsprecher des Polizeiwagens. Mein Herz raste. Plötzlich hallte kreischende Schanghai-Rockmusik durch das Tal, und einer der Polizisten feuerte mich an. Mit derart coolen Gesetzeshütern hatte ich nicht gerechnet – zumindest nicht hier in einer der am strengsten abgeriegelten Regionen der Erde.

Als die Straße um die Mittagszeit endete, führten nur noch Reitpfade am Fluss entlang. Sowohl die Häufigkeit als auch die Schwierigkeit der Stromschnellen nahm zu, und die Berge rückten immer näher. Am frühen Abend kam ich zu einer kurzen, steilen Gefällstufe der Kategorie Wildwasser V, der sogenannten Twin-Falls-Stromschnelle – eine der letzten, die das internationale Team befahren hatte. Die internationale Expeditionsmannschaft hatte von hier aus sechs Tage gebraucht, um zurück in die Zivilisation zu gelangen, woraus folgte, dass ich von den wesentlich abgelegeneren Schluchten weiter flussabwärts mit einem Fußmarsch von etwa zwei Wochen rechnen musste. In Anbetracht der Tatsache, dass ich inzwischen nur noch Proviant für ungefähr sechs Tage hatte und dass es unterhalb der Stelle, an der das internationale Team aufgegeben hatte, aller Wahrscheinlichkeit nach keine Wege mehr gab, führte die beste Route aus diesem unberührten Abschnitt über den Fluss. Wie gefährlich dieser Abschnitt war, konnte ich nur erahnen.

8
Am Ende der Welt: die tibetischen Mekongschluchten

Ich passierte die Twin Falls, indem ich durch eine hohe brechende Welle paddelte, die sich zwischen zwei großen Walzen am Fuß der Wasserfälle auftürmte. Ein Stück weiter flussabwärts merkte ich, dass meine Wasserflasche fehlte. Dem kurz aufflackernden Ärger darüber, dass ich die Flasche aus Unachtsamkeit irgendwo liegen gelassen hatte, folgte die Erkenntnis, dass ich jetzt kein Trinkwasser mehr mit mir führen konnte. Ich hätte zum Trinken jeweils anhalten und Flusswasser mit Jod versetzen können, doch war der damit verbundene Zeitverlust meiner Ansicht nach gefährlicher, als unbehandeltes Wasser zu trinken. Daher beschloss ich, es darauf ankommen zu lassen und direkt aus den klaren Bächen zu trinken, die in den Flusslauf mündeten.

Die ersten paar Male stieg ich dazu aus dem Kajak und ging zu dem jeweiligen Bach, um aus ihm zu trinken. Wegen der eisigen Kälte war es allerdings äußerst unangenehm, aus dem Boot auszusteigen. Da sich meine Beine beim Paddeln im Rumpf des Kajaks befanden, der durch die Spritzdecke über der Sitzluke verschlossen war, waren sie vor dem frischen Wind geschützt, der mein Gesicht und meinen Oberkörper malträtierte. In dem Moment, wo ich die Spritzdecke abknöpfte, ging die gesamte Wärme aus dem Kajak verloren. Wenn ich getrunken hatte und zitternd zu meinem Boot zurückkehrte, bedurfte es jedes Mal einer Viertelstunde energischen Paddelns, bis mir wieder warm wurde.

Beim nächsten Mal, als ich Durst hatte, entdeckte ich einen Wasserfall am Flussufer und paddelte hin, um zu trinken, ohne aus der Sitzluke zu steigen. Ein Geröllhaufen am Fuß des Wasserfalls hinderte mich jedoch daran, den Mund direkt ins herabstürzende Wasser zu halten. Ich musste es mit einer anderen Methode versuchen. Dazu hob ich mein Paddel über den Kopf und hielt ein Blatt so in den Wasserfall, dass er umgelenkt wurde. Das Wasser traf auf das Blatt, floss am Schaft entlang zum gegenüberliegenden Blatt, und ich konnte die lebenswichtige Flüssigkeit trinken. Ich wurde dabei zwar tropfnass, doch so hatte ich von der Sitzluke aus einen Trinkradius von fast drei Metern. Da ich in den Stromschnellen ohnehin regelmäßig durchnässt wurde, zog ich dies dem Wärmeverlust beim Aussteigen aus dem Kajak vor.

Ungefähr 30 Kilometer nach den Twin Falls verengten sich die Schluchten, und die Stromschnellen wurden wiederum länger, heftiger und häufiger. Ich musste mich konzentrieren und regelmäßig von Land aus sichere Passagen durch das Wildwasser auskundschaften, bevor ich mich hineinstürzte. Zu meiner großen Freude führte noch immer ein Reitpfad am Fluss entlang – ein Rettungsweg zurück in die Zivilisation, falls ich einen brauchen sollte. Leider verlief der Weg weit oberhalb des Flussbetts, sodass es einer gefährlichen ganztägigen Kletterpartie über eine der vielen Moränen bedurft hätte, um ihn zu erreichen, und dann hätte es noch einmal bis zu einer Woche gedauert, um zur nächsten Straße zu gelangen.

Ich paddelte bis zur Dämmerung weiter und machte mich dann auf die Suche nach einem weit unten im Tal gelegenen Bauernhof, den ich zu Fuß erreichen konnte. Die Alternative war, unter meiner nassen Plastikplane zu schlafen, was nach ein paar Tagen keinen Reiz mehr auf mich ausübte. Gegen halb neun kam ich um eine Biegung und sah einen Hof, der sich nur 100 Meter über dem Fluss befand. Inzwischen war weit und breit keine Straße mehr zu sehen, also musste ich mir sicherlich keine Sorgen mehr machen, ich könnte auf Vertreter der Staatsgewalt treffen. Was ich für einen 15-minütigen Spaziergang gehalten hatte, entpuppte sich als 90-minütiger Fußmarsch, bei dem ich mir den Weg durch ein scheinbar undurchdringliches Labyrinth aus stachligen Sträuchern und Büschen bahnen musste. Zu meiner Überraschung stieß ich auf eine Ansammlung von etwa zehn mehrgeschossigen Häusern, die vollkommen verlassen war. So verbrachte ich eine weitere Nacht allein.

Ich rief meine Mutter und Yuta an, um Neuigkeiten auszutauschen und ihnen meine GPS-Koordinaten durchzugeben, damit sie mitverfolgen konnten, wie ich vorankam.

»Ist alles in Ordnung?«, erkundigte sich Yuta.

»Mir geht's gut, Babe, alles läuft nach Plan. Ich komme inzwischen recht gut mit den Bedingungen zurecht«, erwiderte ich und strich dabei über die Lehmschicht auf dem Dach des verlassenen Bauernhauses.

»Das freut mich, ich hab mir nämlich solche Sorgen gemacht. Ich hab geträumt, du steckst in Schwierigkeiten«, sagte Yuta.

»Es ist alles okay. Ich bin nur ein bisschen erschöpft, weil ich so viel gepaddelt bin.« Ich versuchte, sie zu beruhigen.

»Ich bin heute von meiner Mutter zurückgekommen. Wir haben ein *baci* für dich abgehalten.« Ein *baci* ist eine Zeremonie, die in der thailändischen Provinz Isaan sowie in Laos zelebriert wird. Bevor der Buddhismus in der Region Einzug hielt, hatte es sich dabei um ein animistisches Ritual gehandelt, dann wurde es als buddhistische Zeremonie übernommen und ist noch heute weit verbreitet. Das Ritual gründet sich auf dem Glauben, dass jedem Menschen schützende Geister oder *kwan* zur Seite stehen, die ihn bewachen und vor Leid schützen. Allerdings verfügen die Geister über ihren eigenen Willen und entfernen sich gelegentlich, wodurch der Mensch noch verletzlicher wird. Ein *baci* wird von einem buddhistischen Mönch oder einem spirituell begabten Dorfältesten zelebriert und dient dazu, die *kwan* zu der betreffenden Person zurückzurufen oder darum zu bitten, über diese bei einer bestimmten Tätigkeit, wie zum Beispiel auf Reisen, zu wachen. Mit einem üppigen Aufgebot an Speisen, Getränken, Kerzen, Baumwollgarn, Dekorationen aus Bananenstaudenblättern und Blumengestecken werden die Geister eingeladen, an dem Festessen teilzunehmen. Die Besucher der Zeremonie bitten sie, über ihre Liebsten zu wachen. Es ist eine großartige Zeremonie, und ich fühlte mich geehrt, dass sie für mich abgehalten wurde.

»Danke, Babe. Ich weiß jede Hilfe zu schätzen. Ich habe es hier mit schwierigstem Wildwasser zu tun.« Meine Gedanken wanderten zu einigen spannungsgeladenen Momenten des Tages zurück.

»Wenn du zurückkommst, musst du den Tempel besuchen und dem *Naga* danken«, sagte Yuta.

»Warum?«, fragte ich, da ich mir nicht ganz sicher war, worauf sie hinauswollte.

»Weil ich zu ihm gebetet habe, dass er dich beschützen soll. Ich hab das Gefühl, dass auf dem Abschnitt irgendwas schiefgeht. Ich weiß, dass du nicht gern betest, aber sprich bitte trotzdem ein kleines Gebet zu ihm, ja?« Sie sorgte sich so ernsthaft und liebevoll um mich, dass ich am liebsten durchs Telefon gekrochen wäre und sie umarmt hätte.

»In Ordnung, Honey, ich tu's. Mach dir keine Sorgen.«

Nach dem Telefonat fühlte ich mich ziemlich gut. Laut meiner Karte befand ich mich bereits auf dem steilsten Abschnitt, und obwohl mir die Stromschnellen manchmal mein ganzes Können abverlangten, fühlte ich mich nicht überfordert. Außerdem rechnete ich mir gute Chancen dafür aus, dass ich die Etappe hinter mich bringen konnte, ehe mir die Nahrungsvorräte ausgingen.

Die Beziehung der Thailänder und der Laoten zu dem mythischen Flussdrachen *Naga* faszinierte mich schon seit Langem, und mir war aufgefallen, dass Bootsleute und Fischer, die auf dem Mekong in der Nähe gefährlicher Stromschnellen und Wasserfälle arbeiten, das Wesen in besonderem Maße verehrten. Ich würde mich nicht als gläubigen Menschen bezeichnen, doch nach Yutas Bitte hatte ich das Gefühl, dass ich bei *Naga* am besten aufgehoben wäre, falls es sich überhaupt lohnte, irgendjemanden oder irgendetwas um Hilfe zu bitten. Also sagte ich wie versprochen ein kleines Gebet.

Gelegentlich sah ich winzige grüne Inseln, die in den ansonsten kargen, erodierten Tälern darauf hinwiesen, dass dort Bauern lebten. Wenn man die trostlose Landschaft sieht, in der diese Menschen zu überleben verstehen, kann man nicht umhin, ihren Einfallsreichtum zu bewundern. Ganze Familien fristeten ihr Dasein von weniger als einem halben Hektar relativ flachem Land, das von steilen Felswänden, abschüssigen Hängen und Moränen umgeben ist.

Im Lauf des Tages durchfuhr ich drei Stromschnellen der Kategorie V und 14 der Kategorie IV. Der steigende Wasserpegel wusch den unteren Teil von Geröllfeldern aus, die sich über den Winter gebildet hatten, und häufig sah ich Gletschergeröll und Felsbrocken abrutschen und in den Fluss stürzen. Es war unübersehbar, dass die Jahreszeiten wechselten und der Sommer vor der Tür stand. Hier ereigneten sich die mit Abstand meisten Erdrutsche, und ich legte kaum einen Kilometer zurück, ohne auf Anzeichen für Moränen neueren Datums zu stoßen; manchmal blockierten Zehntausende Tonnen Fels und Geröll den Flusslauf. Die Warnsignale, dass der Wasserstand des Flusses anstieg, waren allgegenwärtig. Ich gab alles, um voranzukommen. Außerdem bereitete ich mich mental auf das vor, was ich für das schlimmste Szenario hielt.

Im Herzen Tibets mit dem Kajak in eine von Land aus nicht einsehbare, steile Wildwasserschlucht einzufahren, ohne zu wissen, was einen stromabwärts erwartet, ist ungefähr dasselbe, als wollte man in großer Höhe eine Felswand frei erklettern, ohne eine genaue Vorstellung davon zu haben, wie hoch sie ist, ohne zu wissen, ob es eine Kletterroute gibt, und ohne Seile oder andere Sicherheitsvorrichtungen, falls irgendetwas schiefgeht. Es ist, als würde man russisches Roulette spielen, und wer am Leben hängt, lässt sich auf Spiele dieser Art nicht ein. Sollte ich auf so eine Schlucht stoßen, wollte ich sie umgehen oder umklettern. Falls das nicht möglich war, wollte ich das Flusstal ganz verlassen. Ich verfolgte mein Vorankommen auf der Karte und merkte mir jeden möglichen Ausweg aus dem Tal. Ich wollte mein Leben keinesfalls aufs Spiel setzen und mich nicht unnötigen Risiken aussetzen, wenn es andere Optionen gab.

Nach einigen Tagen der Einsamkeit sehnte ich mich nach der Gesellschaft anderer Menschen. Am Spätnachmittag waren zu meiner Freude hin und wieder Ansiedlungen zu sehen, die auf den Bergen thronten. Schließlich kamen nicht allzu hoch über dem Fluss Häuser in Sicht, und ich beschloss, dort zu übernachten. Ich erklomm einen Hügel, auf dem ein klassisch tibetisches, mehrgeschossiges Lehmhaus stand. Als ich näherkam, sah ich eine junge Frau und winkte ihr zu, doch sie ergriff sofort die Flucht, da sie offenbar geschockt war, dass ein Fremder im Dorf auftauchte. Ich hörte Geschrei, das anscheinend meine Ankunft ankündigte.

Das Dorf wirkte verlassen, doch aus dem einen oder anderen Schornstein stieg Rauch auf, also waren die Bewohner zu Hause. Etwa zehn Minuten lang wanderte ich auf Wegen umher, die sich zwischen den ungefähr 20 Häusern hindurchschlängelten, erblickte aber keine Menschenseele. Ich klopfte an verschiedene Türen, doch es blieb still. Dann rief ich auf Kham-Tibetisch *»Chaw de mo«*, was »hallo« bedeutet, bekam aber auch darauf keine Antwort. Der Hunger übermannte mich, ich setzte mich hin und suchte in meinen Taschen nach getrocknetem Obst. Als ich ein paar Sultaninen aß, kam ein drahtiger, ungefähr 50 Jahre alter Kham-Tibeter vorsichtig näher.

»Chaw de mo, neh may la Mick«, sagte ich, »hallo, ich heiße Mick.«

Da ich bereits bei früheren Expeditionen in vielen Ortschaften der erste Fremde gewesen war, hatte ich ein paar Tricks gelernt, mit denen sich kulturelle Barrieren einreißen lassen. Ich musste den Mann zum Lächeln bringen. Mein fürchterlicher Akzent brachte ihn zum Grinsen. Mit einer Mischung aus Pantomime, ein paar Worten und viel Lächeln stellte ich dar, wie ich durch eine Schlucht paddelte und auf eine große Stromschnelle stieß. Zum Schluss lachte ich, und er tat dasselbe. Es dauerte nicht lange, und eine neugierige Bewohnerschar erschien auf der Bildfläche. Ich setzte meine lebendige pantomimische Geschichte fort, und bald erntete ich die ersten Lacher. Ein Topf mit Jakbutter und eine Schüssel mit *tsampa,* einem typisch tibetischen Gericht aus gemahlener Gerste, wurden aufgetischt.

Nun bat ich die Anwesenden, näher zur Schüssel zu kommen, und erklärte pantomimisch, dass ich einen Zaubertrick vorführen würde, was mir verdutzte, aber neugierige Blicke einbrachte. Ich schüttete eine Tasse Wasser in die Schüssel, hielt sie mit beiden Händen hoch, als wollte ich sie den Göttern darreichen, und sagte mit unnatürlich tiefer Stimme: »Das opfere ich dem König von Poooooobaaaaas.« Die Zuschauer traten einen Schritt zurück und verstummten. Mit einer Hand balancierte ich die Schüssel, mit der anderen strich ich sachte über den Rand, dazu sang ich ein geheimes Mantra. »Uuuummmmoooooaaa! Ummmmmoooooaaa!«

Kinder klammerten sich an ihre Mütter, Jungen sahen einander an, bereit in die Berge zu flüchten, und die Älteren standen wie versteinert. Bevor die ersten Kinder das Weite suchten, hielt ich inne und hob einen Arm. Ich riss mir ein Kopfhaar aus und legte es in die Schüssel, dann gab ich Mnob, dem Mann, der als Erster auf mich zugekommen war, zu verstehen, dass er dasselbe tun sollte. Er folgte meiner Aufforderung, wenn auch zögernd. Nervöses Kichern und Flüstern brach das Schweigen. Ich fing erneut an zu singen. »Ummmooooooooaaaa! Ummmmmmmoooooooooaaaa!«

Ich sang lauter und winkte meine Zuschauer herbei, damit sie sehen konnten, wie die Haare in der Schüssel hochsprangen. Als ungefähr 20 Bewohner im Umkreis von vier Metern um die Schüssel standen, schrie ich aus voller Kehle »YAAH!«, schlug mit der Hand ins Wasser und spritzte allen ins Gesicht. Alle, auch die Älteren, schrien vor Schreck. Ich lachte, und binnen Sekunden lachten alle mit. Jetzt war es kein Kichern mehr, sondern schallendes Gelächter. Frauen, Kinder, Großväter und Cousinen merkten, dass der albern aussehende Fremde in seinem seltsamen roten Anzug sich nur einen dreisten Spaß erlaubt hatte.

Zwei Minuten später, als das Lachen langsam abebbte, wurde ich mit Schulterklopfern und breitem Grinsen bedacht. Die Kinder wünschten sich eine Zugabe, und alle sahen in mir jetzt eher den Dorfclown als einen unheimlichen Fremden mit dubiosen Absichten.

Ich verbrachte einen wunderbaren Abend im Haus von Mnobs Familie. Abgesehen von der netten Gesellschaft bekam ich das beste Essen seit Beginn meiner Soloexpedition. Ich bereitete meine übliche Mahlzeit aus Dosenfisch und Nudeln zu und tauschte sie gegen Beeren, Joghurt und Jakeintopf. Die Beeren, die ich bis heute nicht identifizieren kann, hinterließen Flecken an meinen Händen, die mich noch tagelang an das Zusammensein mit Mnobs Familie erinnerten.

Am nächsten Morgen bestimmte ich mithilfe meines GPS-Geräts die Koordinaten von Mnobs Haus mit 30° 07' 54.5'' nördliche Breite, 97° 59' 46.1'' östliche Länge, 2981 Meter über dem Meeresspiegel, ohne zu ahnen, dass diese und einige andere Koordinaten, die ich in der Umgebung bestimmt hatte, sich noch als überaus wichtig erweisen würden. Mnobs gesamte Familie, sogar die zauberhafte alte Großmutter, begleitete mich zum Fluss, um mich zu verabschieden. Wir kamen ein paar hundert Meter von der Stelle entfernt am Flussufer an, an der mein Kajak lag, und dann geschah etwas sehr Lustiges. Mnob gab mir mit Gesten zu verstehen, dass ich ins Wasser springen und losschwimmen sollte. Ich wusste wirklich nicht, worauf er hinauswollte, bis er anfing, meine pantomimische Vorstellung vom Vorabend nachzuahmen. Mit meinen Gesten hatte ich ihm begreiflich machen wollen, dass ich den Mekong hinuntergepaddelt war, er dachte aber, ich wäre den Fluss hinuntergeschwommen, und wollte eine Kostprobe meines Könnens sehen. Ich lachte und zeigte ihm meinen ramponierten Kajak, der ein Stück weiter flussaufwärts lag und die Familie tief beeindruckte. Kurze Zeit später war ich wieder auf dem Wasser und paddelte den nächsten Wildwasserschluchten entgegen.

Die Stromschnellen wurden um einiges schwieriger und stellten mein Können bald auf eine harte Probe. Obwohl ich mir vorgenommen hatte, alle steilen Schluchten zu umtragen, die ich nicht von Land aus auskundschaften konnte, blieb mir manchmal keine andere Wahl, als in zweifelhafte Schluchten hineinzufahren. Es war unmöglich, gegen die Strömung zurückzupaddeln, ich war bereits von senkrechten oder annähernd senkrechten Felswänden umgeben und sah nur das Wasser um die nächste Biegung schießen, aber keine Stelle am Rand, an der ich hätte anlegen können. Ich paddelte widerwillig, mit Herzklopfen und jeder Menge Adrenalin im Blut um mehrere Kurven in steilen Schluchten, ohne wirklich zu wissen, was mich dahinter erwartete, doch es stellte sich jedes Mal als verhältnismäßig ungefährlich heraus. Unabhängig von diesem Resultat gefiel es mir überhaupt nicht, dass ich gezwungen war, mein Schicksal herauszufordern, das so eher von meinem Glück abhing als von meinem Können. Schließlich konnte beim Befahren solcher Schluchten hinter der nächsten Kurve ein 15 Meter hoher Wasserfall warten, der direkt auf Felsen stürzte, und dann nützte mir kein noch so hohes Maß an Fahrkönnen oder Anstrengung. In gewisser Weise gilt für Kajakfahrer dasselbe wie für Basejumper: Während Letztere wissen müssen, in welcher Höhe sie sich befinden, ehe sie von einer Felswand springen, müssen Erstere die Besonderheiten einer Stromschnelle kennen, ehe sie diese befahren. Als der Fluss mich zwang zu springen, ohne vorher in Erfahrung bringen zu können, was mich erwartete, spürte ich eine Verletzlichkeit, die ich im Lauf meiner Kajaklaufbahn nur selten empfunden hatte.

Ich fuhr in eine lange Schlucht ein, bei der mir klar war, dass ich sie gegebenenfalls nicht umtragen konnte. Die Stromschnellen wurden immer heftiger und folgten unmittelbar aufeinander. Einige verlangten mir mein ganzes Können ab – unterlief mir ein Fehler, würde ich den höchsten Preis bezahlen müssen. Wenn ich aus dem Kajak geschleudert würde, hätte ich mit Sicherheit schon Schwierigkeiten damit, mich selbst ans Ufer zu retten – den mit lebenswichtiger Ausrüstung beladenen Kajak zu bergen wäre wohl ein Ding der Unmöglichkeit gewesen. Bei Abendtemperaturen im Minusbereich und ohne Vorräte ist es eine Meisterleistung, wenn man lange genug überlebt, um sich in Sicherheit zu bringen.

In solchen Situationen war ein Höchstmaß an Konzentration und Aufmerksamkeit erforderlich. Die Wände der Schluchten waren so steil, dass mein GPS-Gerät nur gelegentlich funktionierte. Darüber hinaus bezweifelte ich, dass man mich mit dem Hubschrauber überhaupt hätte retten können, denn immer wieder fegten orkanartige Böen durch das Tal. Meiner Landkarte zufolge erstreckte sich dieser Flussabschnitt fast ununterbrochen durch ähnlich steile Schluchten, und das noch über 150 Kilometer.

Bisher war es meist möglich gewesen, oberhalb der schwierigsten Passagen anzuhalten und eine geeignete Route auszukundschaften. Am Nachmittag meines sechsten Tages in Tibet sah es jedoch danach aus, als würde mein schlimmster Kajakalbtraum wahr werden. Ich fuhr in eine Schlucht, die sich zunächst nicht von den vorangegangenen unterschied. Nach einer Weile rückten ihre Wände aber immer näher, bis es keine Erdrutsche oder Felsblöcke mehr gab, an denen ich hätte anlegen können. Die nur etwa 18 Meter breite Schlucht hatte ein starkes Gefälle und war mit kräftigen Strudeln nur so gespickt. Sogenannte »Wirbel«, die häufig im Wildwasser anzutreffen sind und den Eindruck vermitteln, als würde das Wasser brodeln und kochen, warfen meinen Kajak wie einen Korken hin und her.

Die Reibung zwischen der reißenden Strömung und den Wänden der Schlucht sorgte dafür, dass der Wasserpegel am Rand ungefähr 30 Zentimeter höher war als in der Flussmitte, wo ich mich zwischen erbarmungslosen Strudeln und Walzen abmühte, die Kontrolle zu behalten. Als ich um die nächste Kurve geschoben wurde, fiel die Horizontlinie mehrere Meter ab, und stellenweise flog Gischt in die Luft – ein sicheres Anzeichen für eine gefährliche Stromschnelle. Ich konnte keine Stelle zum Anhalten entdecken und spürte, wie Adrenalin durch meine Adern schoss. Weniger als 30 Meter vor der Gefällstufe sah ich rechts von der Stromschnelle mehrere Felsbrocken im Fluss liegen. Hinter einem von ihnen befand sich eine kleine, ungefähr einen Meter breite Stelle mit Kehrwasser. Ich paddelte um mein Leben. Die Wirbel drückten mich mit aller Macht vom Ufer weg, und sämtliche Muskeln in meinem Körper waren angespannt, während ich gegen die Gewalt der Wassermassen ankämpfte. Als ich mich dem Rand der Stromschnelle näherte, sprühte ein riesiger Strudel so grollend Gischt in die Luft, dass ich das Gefühl hatte, er wollte mich warnen, ich dürfte das Kehrwasser nicht verpassen.

Die Stromschnelle zog sich noch mindestens über 200 Meter hin, ehe der Fluss eine Kurve machte. Ich hatte keine Ahnung, was sich dahinter verbarg, erblickte jedoch Turbulenzen, die auf eine weitere Stromschnelle hindeuteten. Ich kämpfte und stöhnte, und schließlich schaffte ich es: In letzter Sekunde fand ich Zuflucht hinter dem Felsen. Bei genauerer Betrachtung der Gefällstufe offenbarte sich, dass ich erledigt gewesen wäre, wenn ich das Kehrwasser verfehlt hätte. Mehrere große Walzen und ein Riff auf der rechten Seite des Flusses hätten mich mit größter Wahrscheinlichkeit aus dem Kajak geholt. Die Vorstellung, was als Nächstes passiert wäre, ließ mir das Herz in die Hose rutschen. Allerdings war ich noch nicht außer Gefahr. Ich kletterte auf einen kleinen kegelförmigen Felsen, wobei ich achtgab, nicht ins Wasser zu fallen oder den Kajak und das Paddel loszulassen, erreichte sicheren Stand, zog das Boot aus dem Wasser und klemmte es zwischen den Felsen und die Wand der Schlucht.

Ich nahm die Stromschnelle der Kategorie Wildwasser V-Plus in Augenschein. Die Befahrung einer Stromschnelle dieser Schwierigkeitsstufe ist selbst für versierte Kajakfahrer ein heikles Unterfangen. Schon der kleinste Fehler kann auch einen Könner ins Krankenhaus befördern oder, noch schlimmer, vorzeitig ins Grab. Der Spielraum für solche Fehler ist hier deutlich kleiner als bei einer Stromschnelle der normalen Kategorie V und die Aussichten auf eine erfolgreiche Selbstrettung – indem man sich ohne fremde Hilfe am Flussufer in Sicherheit bringt – verschlechtern sich drastisch. Wenn man bei Wildwasser der Kategorie V-Plus aus dem Kajak geworfen wird, niemand in der Nähe ist, der einem helfen kann, und man trotzdem lebendig wieder herauskommt, sollte man sich also bei seinem Schutzengel bedanken. Unter normalen Umständen würde ich in einer Schlucht niemals Wildwasser der Kategorie V-Plus zu befahren wagen, es sei denn, ich wüsste genau, was sich hinter der nächsten Kurve befindet (in diesem Fall hatte ich keine Ahnung); und selbst wenn ich es wüsste, würde ich mich nur dann an so eine Stromschnelle herantrauen, wenn ich das Gefühl hätte, in Topform zu sein, und wenn andere erfahrene Kajakfahrer in der Nähe wären, die mich retten könnten, falls mir ein Fehler unterliefe. Jetzt hatte ich jedoch keine andere Wahl – ich musste über die Stufe fahren, oder ich würde auf unbestimmte Zeit in der Schlucht festsitzen.

Ich arbeitete eine Route aus, bei der ich mich von dem Felsen aus in schnell fließende Wirbel stürzen musste, die von der rechten Wand zurückgeworfen wurden. Anschließend müsste ich schleunigst nach links paddeln, um tosenden Strudeln auszuweichen, und mich von den diagonalen Wellen, die von der linken Wand abprallten, in einen weniger bedrohlichen Strudel schieben lassen, der so aussah, als könnte ich ihn mit genug Schwung durchqueren. Von dort aus führte ein langer, drei Meter hoher Wellenzug (eine Serie ineinander übergehender stehender Wellen) bis zur nächsten Biegung. Wenn ich das überstanden hatte, müsste ich mich einfach überraschen lassen, was als Nächstes kam.

Ich sah mir die Stromschnelle lange an und kämpfte um den Mut, sie zu durchfahren. Was mir noch mehr Angst machte als die gefährliche Stromschnelle vor mir war das Unbekannte, das mich weiter flussabwärts erwartete. Selbst wenn ich die Durchfahrt meistern sollte (der Schwierigkeitsgrad der Stromschnelle stellte bereits das in Frage), war es durchaus möglich, dass ich hinter der Kurve auf ein viel gefährlicheres und absolut unbefahrbares Wildwasser stoßen und vorher nirgendwo würde anlegen können. Wer eine Stromschnelle der Kategorie Wildwasser V-Plus erstmals befährt, sollte sich eigentlich freuen und jubeln, statt sich Sorgen machen zu müssen, welches unausweichliche Schicksal ihm als Nächstes bevorstand.

Mich durchfuhr ein Adrenalinstoß, als ich mich per Seehundstart von dem Felsen in die Fluten stürzte und der Fluss mich rasch auf den ersten Strudel zuschob. Ich paddelte wie ein Besessener, doch das Heck streifte im Vorbeifahren den Rand des Strudels, wodurch mein Kajak mit einem Ruck flussabwärts zum nächsten Strudel geschoben wurde. Mein Schwung wurde etwas gebremst, da ich etliche hektische Korrektur-Paddelschläge machte. Vom blanken Überlebensdrang angetrieben, paddelte ich mit aller Energie, die mein Körper aufbringen konnte.

Wenn ich in den Rücksog geriet, würde ich es wahrscheinlich nicht schaffen. Der linke Rand des Strudels versetzte mir einen Schlag, der mich zum Kentern brachte. Einen Augenblick wartete ich höchst gespannt, ob mich der Strudel gepackt hatte – das hätte bedeutet, ich wäre mehrmals gedreht und dann aus meinem Kajak geschleudert worden. Mit viel Glück würde ich vielleicht wieder freikommen, durch die Wellen und Wirbel schwimmen, die mich für die Dauer von fünf bis vierzig Sekunden nach unten saugen würden, und anschließend vermutlich bewusstlos auf die nächste heftige Stromschnelle zutreiben.

Zu meiner unsagbaren Erleichterung gab mich der Strudel frei, und ich tauchte gerade lange genug auf, um einmal Luft zu holen. Im selben Moment erhielt ich einen heftigen Schlag von der stehenden Welle, vor der sich eine Rückströmung bildete, wo das Wasser auf der linken Flusshälfte seitlich auf sie traf. Da ich nicht genug Schwung hatte, um hindurchkatapultiert zu werden, wurde ich heftig umhergewirbelt. Die Gewalt, mit der man von einem großen Strudel umhergewirbelt wird, ist eine denkwürdige Erfahrung. Nur beim Wellenreiten kann man Ähnliches erleben. Die ersten paar Sekunden, wenn man in der Brandung von einer hohen Welle erfasst wird, lassen sich mit dem Waschgang in einem großen Strudel vergleichen. Mit einem Unterschied: Die Brandungswellen laufen letztlich aus, gefährliche Strudel in Flüssen dagegen nicht, vielmehr schleudern sie alles, was in sie hineingerät, schonungslos durch. Theoretisch können sie einen Gegenstand monatelang umherwirbeln, bis die Jahreszeit wechselt und der Strudel weggeschwemmt wird oder sich aufgrund des sinkenden Wasserpegels auflöst. Für einen Kajakfahrer ist es fast einerlei, ob er fünf Minuten lang oder fünf Tage lang in einem Strudel hängt. Kann er sich nicht aus eigener Kraft befreien, bleibt ihm nur noch die Hoffnung, dass der Strudel ihn wieder ausspuckt, solange er noch bei Bewusstsein ist, und das entscheidet sich in kurzen spannungsreichen Augenblicken.

In meinem Fall wurde ich zweimal umhergewirbelt, bevor der Strudel mich ausspuckte und in den Wellenzug schleuderte. Ich tauchte auf und atmete in dem Versuch, Luft zu holen, eine Lunge voll Wasser ein, als eine Welle über meinem Bug brach. Vor der nächsten Stufe musste ich, koste es, was es wolle, zum Ufer gelangen. Also paddelte ich mit aller Kraft zur rechten Seite des Flusses, um zu sehen, was mich nach der Biegung erwartete, bevor es zu spät war. Da ich Wasser eingeatmet hatte, bekam ich nicht richtig Luft, meine Kräfte verließen mich mit jedem Paddelschlag. Vor mir tauchte die nächste tosende Stromschnelle auf, und an der Kante einer Gefällstufe, ähnlich hoch wie die letzte, schäumte Gischt in der Luft.

Diesmal war der Erdrutsch, der für die Stromschnelle verantwortlich war, deutlich zu sehen. Die Strömung verlief größtenteils von rechts nach links und drängte mich zurück in die Flussmitte. Bevor ich mich an dem Erdrutsch in Sicherheit bringen konnte, zog mich die Strömung in die nächste Stromschnelle. Ich richtete mich auf, um meinem Schicksal ins Auge zu sehen, glaubte, eine sichere Route durch die Stromschnelle zu erkennen, und schmiedete schleunigst einen Plan. Ich paddelte über einen sogenannten »Hahnenkamm« (ein Wildwasserphänomen, bei dem Wasser in Form eines Hahnenkamms in die Luft geschleudert wird), wich mehr zufällig als gewollt einem riesigen Strudel aus und fuhr geradewegs in einen Schwall, auf den gewaltige Wirbel und Strudel folgten, die meinen Kajak mehrmals vollständig unter Wasser tauchten. Angesichts der überwältigenden Kraft des Flusses, der meinen Kajak hin und her warf wie einen winzigen Korken, machte ich mir keine Illusionen darüber, ob ich die Stromschnelle überlebte, falls ich aus dem Boot geschleudert wurde.

Es gelang mir zwar, ein paar Mal kurz Luft zu holen und die Kontrolle wiederzuerlangen, die übermäßige Anstrengung hatte mich aber geschwächt, als mich die Fluten zur nächsten heftigen Stromschnelle der Kategorie Wildwasser V-Plus trugen. Ich erspähte ein paar Felsen, hinter denen ich unter Umständen anlegen konnte, und paddelte, was das Zeug hielt, darauf zu, wusste ich doch, dass ich nur dann Energie für einen weiteren längeren Abschnitt hätte, wenn ich mich vorher ausruhte. Mir fiel ein Stein vom Herzen, als das Boot hinter dem Erdrutsch zur Ruhe kam. Mit letzter Kraft zerrte ich meinen schwer beladenen Kajak auf die Felsen, dann ließ ich mich erschöpft fallen.

Die Momente der Verzweiflung, die ich in meinem Tagebuch festgehalten und zu Beginn dieses Buches zitiert habe, beschreiben den vermutlich dunkelsten Augenblick meines Lebens: als mir bewusst wurde, dass ich womöglich nicht lebendig aus den Schluchten herauskommen würde und dass ich mich nicht auf mein Können und meine Erfahrung verlassen konnte, sondern vor jeder Biegung russisches Roulette spielen musste, und dass mein Leben an einem seidenen Faden hing.

Es war nicht die erste wirklich brenzlige Situation in meinem Leben und auch nicht die letzte bei der Befahrung des Mekong. Was mir Angst machte, war die Aussicht, ich könnte, wenn ich um die nächste Kurve führe, für immer auf einem Felsen wie dem, auf dem ich gerade stand, gefangen sein, ohne die Möglichkeit, mit der Außenwelt zu kommunizieren, und damit auch ohne Hoffnung zu entkommen. Ich war ins Herz der Finsternis des Mekong vorgedrungen – im wörtlichen Sinn, was den Mangel an Tageslicht tief unten in den Schluchten betraf, und im übertragenen Sinn, was die Gefahr, das Risiko, Furcht und Verzweiflung betraf.

Seltsamerweise hielten meine Furcht, meine Verzweiflung und die Skepsis nur so lange an, wie ich festen Boden unter den Füßen hatte. Sobald mein Kajak im Wasser war, widmete ich mich voll und ganz, entschlossen und zielstrebig, dem Kampf gegen die wilden Fluten. Als ich meinen Zufluchtsort auf dem Felsen verließ, machten meine Ängste und Zweifel der Konzentration Platz, die ich brauchte, wenn ich genauso fahren wollte, wie ich es geplant hatte. Unterhalb der Gefällstufe schlängelte sich die schmale, unstete Route aus der Gefahrenzone durch ein tosendes, lebensbedrohliches Chaos zur nächsten Biegung – diesmal ließ ich mich aber nicht aus der Bahn werfen und stieß bald auf die nächste große Stromschnelle und dann auf eine weitere.

Nach drei Kilometern, die fast durchgehend aus Wildwasser und mehreren Stromschnellen der Kategorie V-Plus bestanden, weitete sich das Tal, und der Himmel schickte wieder Stellen mit Kehrwasser. Ich hatte die Mekongschluchten noch längst nicht hinter mich gebracht, aber ich hatte zumindest einen ihrer heimtückischsten Abschnitte überlebt.

Nachdem ich fast zwei Tage lang keine einzige Ansiedlung gesehen hatte, die über einen Weg zugänglich gewesen wäre, kam ich an meinem siebten Tag in Tibet schließlich bei einer Ansammlung von Lehmhäusern an. Ich war sowohl körperlich als auch mental ausgelaugt. Obwohl die Bewohner noch nie einen Ausländer zu Gesicht bekommen hatten, verwöhnten sie mich nach Strich und Faden. Das Gehöft, das aus mehreren Häusern bestand, thronte malerisch auf einem Hügel weit über einer ansehnlichen Stromschnelle der Kategorie Wildwasser IV und beherbergte eine Großfamilie mit 16 Personen. Nach allem, was ich durchgemacht hatte, war es eine

Wohltat, den Abend in Gesellschaft zu verbringen. Ich empfand es als beruhigend, unter Menschen zu sein, auch wenn sich die Kommunikation in erster Linie auf Lächeln, Mimik und einfache Gesten beschränkte.

Ich paddelte noch zwei weitere Tage durch extremes Wildwasser, ehe ich Yunnan erreichte, wo Straßen am Flussufer entlang verliefen und mir die Möglichkeit gaben, die schwierigsten Stromschnellen zu umtragen. Bei meiner Durchquerung der Autonomen Region Tibet gelangen mir Erstbefahrungen von schätzungsweise 60 Stromschnellen der Kategorie Wildwasser IV und von ungefähr 20 der Kategorie V bis V-Plus. Zwei Gefällstufen umtrug ich vollständig, bei den heikelsten Strecken vollführte ich sogenannte »Chicken Runs«, das heißt, ich wählte eine möglichst einfache, sichere Route durch die gefährlichsten Abschnitte der jeweiligen Stromschnelle.

Auf dem gesamten Flussabschnitt des Mekong, der durch die Autonome Region Tibet führt, stieß ich nur auf eine einzige Stromschnelle, die sich als unbefahrbar erwies. Ich taufte sie »The Twisted Sisters«, da sie aus drei aufeinanderfolgenden Strudeln bestand, die sich über die gesamte Breite des Flusses erstreckten und von denen jeder Einzelne groß genug gewesen wäre, um ein ganzes Haus zu verschlucken und erst recht ein Schlauchboot oder einen Kajak. Es dauerte zwei Stunden, die Twisted Sisters am linken Flussufer zu umtragen, und ich campierte bei dieser Gelegenheit in einer kleinen gemütlichen Höhle unmittelbar oberhalb der Gefällstufen, die von Eichen geschützt war.

Eines meiner beeindruckendsten Naturerlebnisse in Tibet bot sich mir in einer äußerst schmalen, steilen Schlucht, die ungefähr 300 Meter tief und anderthalb Kilometer lang ist und sich ein Stück flussaufwärts von Yanjing befindet, der letzten größeren Ortschaft am Fluss, bevor er über die Grenze nach Yunnan fließt. Das aufgewühlte Wasser ließ mich mit Vorsicht in die Schlucht einfahren, die sich dann jedoch nach Wildwassermaßstäben als verhältnismäßig harmlos erwies. Als ich um die erste Kurve bog, durchschnitten die schrillen Schreie Tausender Vögel das gurgelnde Geräusch des Zaqu.

Über mir bot sich ein atemberaubendes Spektakel. Vögel mindestens elf verschiedener Spezies, darunter auch zwei Raubvogelarten, kreisten, jagten und tanzten in unterschiedlicher Höhe durch die Luft. Die Schlucht schien die Kinderstube für den Nachwuchs zu sein, und ich fragte mich, warum sich so viele Vögel ausgerechnet für diesen Ort entschieden hatten.

Ich legte mich auf den Rücken und blickte in den Himmel, während die Strömung meinen Kajak lustlos im Halbkreis hin und her trieb. Die schwarzen Silhouetten der Vögel kreisten über mir und hoben sich stark vom blauen Himmel ab. Die Vögel nutzten die Thermik in der Schlucht, die sie reglos schweben ließ wie Zuckerkristalle in einer riesigen Tasse mit fast unmerklich umgerührtem grünem Tee. Es war eines der großartigsten Naturschauspiele, die ich jemals beobachtet habe.

Im Lauf des Tages nahm das Flussgefälle ab, und ich kam schneller voran, da ich nicht mehr so viele Passagen auskundschaften musste. Wenn ich mich beeilte, konnte ich die Autonome Region Tibet vielleicht noch am selben Tag verlassen und Foshan erreichen. Dort würde ich in den Genuss eines Restaurantessens und einer Übernachtung in einer einfachen Pension kommen und mich dann um eine Mitfahrgelegenheit nach Zhongdian kümmern, wo ich mit Yuta und Brian verabredet war, die mit dem Flugzeug anreisen wollten.

Ich paddelte in die Ortschaft Yanjing. Am Flussufer standen Hunderte Holzgerüste, an denen scheinbar Eiszapfen hingen, doch bei der warmen Witterung handelte es sich vermutlich eher um mineralische Ablagerungen. Später erfuhr ich, dass Yanjing ein bedeutender Standort der Salzgewinnung ist.

Ab Yanjing führen die meiste Zeit Straßen am Fluss entlang, und ich wurde jedes Mal nervös, wenn sich ein Fahrzeug näherte und mich überholte. Mit dem Gesichtsausdruck eines mexikanischen Flüchtlings auf dem Weg zur Grenze kämpfte ich mich voran und rechnete jeden Moment damit, dass mir kurz vor meiner Ankunft in Yunnan, dem ersten Ort, den man wieder ohne Genehmigung bereisen darf, Murphys Gesetz auf die Schulter klopfen würde.

9
Im Schatten des Kawa Karpo

48 Tage nach meinem ersten Schritt von der Quelle flussabwärts erreichte ich die silberfarbene Markierung am Grenzkontrollpunkt der Autonomen Region Tibet. Offiziell ändert sich der Name des Flusses hier, und aus dem tibetischen Zaqu wird der chinesische Lancang Jiang, der »wilde Fluss«. Dass ich es bis zur Grenze geschafft hatte, war für mich ein großer Erfolg: Ich hatte den geheimnisvollsten und gefährlichsten Flussabschnitt bezwungen und war zuversichtlich, den schlimmsten Teil der Torturen hinter mich gebracht zu haben. Sicher, auf mich wartete noch jede Menge schwierigsten Wildwassers, doch die nächsten Abschnitte waren weniger abgelegen und boten in regelmäßigen Abständen Fluchtwege, wenn es zu brenzlig werden sollte.

Angesichts des Dramas der vergangenen Monate und Yutas Krankheit quälte es mich, dass ich von ihr getrennt war, und ich sehnte mich danach, sie wiederzusehen. Obwohl mich jede Faser meines Körpers schmerzte, nachdem ich neun Tage am Stück gepaddelt war, gab mir das unstillbare Verlangen, mit ihr zusammen zu sein, den Antrieb weiterzumachen.

Gegen vier Uhr setzte wie jeden Nachmittag Gegenwind ein, doch diesmal legte er gewaltig zu. Bald fegte ein Sturm mit 50 Knoten talaufwärts und peitschte das Wasser. Ich erinnere mich, dass mir Wasser ins Gesicht schlug, das vom Rand eines Strudels rechts vor mir fortgerissen wurde und mir aus 30 Metern Entfernung entgegenflog. Die Stromschnellen im Norden von Yunnan sind zwar leichter zu befahren als die in den tibetischen Schluchten, aber dennoch gefährlich. Ich befuhr eine Anzahl großer Stromschnellen der Kategorien IV bis V-Plus, ohne sie vorher von Land auszukundschaften, und wenn ich mir doch die Mühe machte, aus dem Kajak auszusteigen, und sie in Augenschein nahm, erwiesen sie sich in der Regel als verhältnismäßig einfache Passagen, die ich auch ohne vorherige Erkundung bewältigt hätte.

Nach dem zu urteilen, was ich von Anwohnern erfuhr, nahm ich an, ich befände mich nur ein paar Kilometer oberhalb des am Flussufer gelegenen Foshan, der ersten größeren Ortschaft im Norden von Yunnan. Ich paddelte deshalb bis in die Dämmerung weiter, um zu dem Ort zu gelangen. (In Wirklichkeit befand ich mich allerdings noch etwa 25 Kilometer nördlich davon.) Gegen acht Uhr abends, als es langsam dunkel wurde, stieß ich hinter einer Kurve auf eine weitere Stromschnelle der Kategorie Wildwasser IV, die ein stärkeres Gefälle hatte als die vorherigen. Da ich nicht genau sehen konnte, was mich erwartete, war ich versucht, mir von Land aus einen Eindruck zu verschaffen, doch eine Mischung aus Müdigkeit und Verärgerung darüber, dass ich bereits so viele vorhergehende Stromschnellen ausgekundschaftet hatte, die sich dann als einfach herausstellten, verleitete mich zu der Annahme, dass dies unnötig wäre. Ich löste mich aus dem Kehrwasser, paddelte kräftig, um einem Strudel auf der linken Flussseite zu entgehen, und fuhr mit Schwung durch eine große stehende Welle in der Flussmitte, hinter der ich mit weiteren Wellen rechnete. Völlig unvermittelt steuerte ich jedoch geradewegs auf einen riesigen Strudel zu – mit einem Durchmesser von acht Metern und einem zwei Meter hohen Rand. Mir blieb nur noch Zeit, Anlauf zu nehmen und zu hoffen, hindurchzukommen. Rumms! Es fühlte sich an, als wäre ich gegen eine Mauer gefahren. Immer und immer wieder drückte mich der Strudel hinauf und hinunter und wirbelte mich heftig herum.

In den Schluchten hatte ich den festen Entschluss gefasst, auf keinen Fall aus dem Boot auszusteigen und zu schwimmen, es sei denn, ich hätte überhaupt keine andere Wahl. Deshalb versuchte ich, die Sache auszusitzen, und hoffte, dass mich der Strudel wieder freilassen würde, wie es oft der Fall ist. Er warf mich noch zweimal herum, ehe ich spürte, wie ich freikam, und wieder Tageslicht sah. Puh! Meine Erleichterung hielt allerdings nur für den Bruchteil einer Sekunde an, denn der tosende Strudel befand sich noch immer unmittelbar hinter mir. Ich surfte kurzzeitig quer an der Welle am stromaufwärts gelegenen Strudelrand, doch bevor ich die Kontrolle zurückerlangen konnte, wurde ich wieder hineingezogen und abermals herumgewirbelt.

Mir ging die Atemluft aus, und ich erkannte, dass mich dieses Ungeheuer von Strudel nicht freigeben würde, solange ich an den Auftrieb des Kajaks gekoppelt war. In der Regel hängt es von der Dichte des im Strudel gefangenen Objekts ab, ob es wieder ausgespuckt wird. Während ein Objekt mit hohem Luftanteil, wie zum Beispiel eine Person in einem Kajak (Luft macht in diesem Fall mindestens 50 Prozent des Gesamtvolumens aus), normalerweise festgehalten wird, kommt ein Objekt mit annähernd neutralem Auftrieb, wie etwa eine Person, die von ihrem Kajak getrennt ist, für gewöhnlich recht schnell wieder frei.

Wenn alles andere scheitert, stellt der Ausstieg aus dem Kajak den letzten Versuch dar, einem lebensgefährlichen Strudel zu entkommen. Eine Garantie dafür, dass man überlebt, gibt es dabei allerdings nicht. Manchmal entlassen besonders heimtückische Strudel auch Schwimmer nicht aus ihrem Sog, und ohne Boot ist es unter Umständen schwieriger, Luft zu holen. Das kann dazu führen, dass einem der Sauerstoff ausgeht und man viel schneller das Bewusstsein verliert. Und wer das Glück hat, von dem Strudel ausgespuckt zu werden, sieht sich dann mit einer Reihe neuer Gefahren konfrontiert.

Ich brauchte ein paar Sekunden, um aus dem Kajak zu kommen, denn erwiesenermaßen wirkt es sich äußerst negativ auf den Orientierungssinn aus, wenn man in einem dunklen Strudel Purzelbäume, Flickflacks, Räder und andere unfreiwillige akrobatische Figuren vollführt. Nachdem ich mich aus dem Boot befreit hatte, sank ich nach unten und spürte zu meiner großen Erleichterung, wie mich ein Wasserschwall flussabwärts schob. Ich durchbrach die Wasseroberfläche und versuchte, Luft zu holen, als ich Tageslicht sah, schluckte dabei aber nur Wasser. Ich war wütend und dachte mir: »Warum, zum Teufel, hast du dich da reinmanövriert, nachdem du Hunderte von Kilometern mit viel schwierigerem Wildwasser sicher überstanden hast?« Es ist schon seltsam, was einem manchmal durch den Kopf geht.

Ich trug nur meinen Trockenanzug und spürte, wie kaltes Wasser eindrang. Ein weiterer Versuch, Luft zu holen, schlug fehl – das Wasser, das sich bereits in meiner Lunge befand, hinderte mich daran. Suchend blickte ich flussaufwärts, um zu sehen, ob mir mein Kajak und mein Paddel folgten, und unternahm den kläglichen Versuch, sie schwimmend zu bergen. Der Sauerstoffmangel raubte mir sämtliche Kräfte, und ich musste mir eingestehen, dass ich nicht in der Lage war zu schwimmen.

Ein Blick flussabwärts verriet mir, dass ich schnell auf die nächste große Stromschnelle zutrieb. Ich suchte eine sichere Route, da ich mich aber im Wasser befand, sah ich nichts außer Wellen und Schaum. Im letzten Moment erspähte ich einen Strudel und schwamm nach links, um ihm auszuweichen. Ich grinste, weil ich glaubte, ich hätte es geschafft, wurde dann aber in einen noch größeren Strudel gesaugt, der mich einmal herumwirbelte, ehe er mich wieder ausspuckte.

Als ich nach Atem rang, reagierte mein Körper mit einem gedämpften Husten, um das Wasser aus meiner Luge auszustoßen. Meine Verärgerung darüber, dass ich in diese Lage geraten war und nicht atmen konnte, wich rasch der Erkenntnis, dass ich vermutlich nicht mehr die Kraft hatte, mich selbst zu retten, geschweige denn meine Ausrüstung. Ich wandte den Blick flussabwärts und musste abermals feststellen, dass ich auf eine weitere gewaltige Stromschnelle zutrieb.

Kajaks sind das Wildwasserpendant zu Rallyefahrzeugen: Sie verfügen über eine beispiellose Manövrierfähigkeit in extremen Wasserbedingungen, womit sie dem gewieften Fahrer die Möglichkeit geben, auf beinahe akrobatische Art und Weise um, über und durch gefährliche Hindernisse aller Art zu paddeln und gelegentlich sogar unter ihnen hindurchzutauchen. Kajakfahrer genießen die Freiheit, die ihnen diese Manövrierfähigkeit bietet, in vollen Zügen. Im Gegensatz dazu glich das Gefühl, mit einer Lunge voller Wasser, aller Kräfte beraubt, ohne zu sehen, was mich erwartete, durch Stromschnellen katapultiert zu werden, einem jener Albträume, in denen man verfolgt und angegriffen wird, aber vor Angst gelähmt nicht reagieren kann.

Als ich merkte, dass ich es womöglich nicht zum gut 20 Meter entfernten Ufer schaffen würde, geisterten willkürliche Wildwasserstatistiken durch mein Unterbewusstsein. »2003 kosteten längere Schwimmeinlagen mehr Wildwassersportlern das Leben als bla bla bla ...« Ich war so erschöpft, dass ich mich am liebsten ohne Gegenwehr in die nächste Stromschnelle hätte treiben lassen. Flussabwärts war aber niemand, der mit einer Rettungsleine oder einem Rettungskajak auf mich wartete. Wenn ich nicht sterben wollte, musste ich mich ans Ufer kämpfen.

»Ich gebe mich nicht so einfach geschlagen!«, schrie ich im Geiste dem kleinen Teufel auf meiner Schulter zu, der mich dazu überreden wollte, die Segel zu streichen. Ich mobilisierte alle meine Kräfte und schrie in Gedanken die Worte, die ich auch den vor Schreck versteinerten Touristen zurufe, wenn sie aus dem Schlauchboot fallen: »Los, los, los!« Es fühlte sich an, als würde bei jedem

Schwimmzug ein zusätzliches Fünfkilogewicht an meinen Armen befestigt werden, und ich musste mehrfach innehalten und mich treiben lassen, um etwas Luft in meine Lunge zu bekommen, ehe ich kurz vor der nächsten Stromschnelle einen Felsblock auf der linken Flussseite erreichte.

Das Schwimmen verlangte mir alles, und zwar wirklich alles ab, und ich glaube nicht, dass ich in meinem Leben jemals so erschöpft war. Ich blieb minutenlang im eiskalten Wasser liegen, weil ich nicht die Kraft hatte, an Land zu gehen. Erst als mir schwindelig wurde, ich zitterte und die Angst mich überwältigte, ohnmächtig zu werden, rappelte ich mich hoch und torkelte über die rutschigen Steine ans Ufer.

Ich hielt nach dem Kajak und dem Paddel Ausschau, konnte sie jedoch nirgendwo entdecken. Unter normalen Umständen wäre ich am Boden zerstört gewesen, wenn ich eine Ausrüstung im Wert von mehreren tausend Dollar verloren hätte, doch in diesem Moment war ich einfach nur froh, dass ich noch lebte. Flussaufwärts sah ich tibetische Häuser, also machte ich mich auf den Weg dorthin. Beim Gehen bekam ich nur schwer Luft, und meine Lunge brannte wie Feuer. Ich zitterte zwar nicht mehr, hatte mir aber eine Unterkühlung zugezogen. Völlig ausgelaugt, wie ich war, zog ich sogar in Erwägung, mich schlafen zu legen, was fatal gewesen wäre, denn es dunkelte bereits. Ich überlegte auch, ob ich mich unter der Rettungsdecke verkriechen sollte, die ich zusammen mit dem Satellitentelefon und dem Erste-Hilfe-Set in meiner Trockenjacke und meiner Wildwasserweste bei mir trug. Doch ich besann mich eines Besseren und schleppte mich weiter zu den Lehmhäusern hin.

Bei einem der alten Häuser klopfte ich lautstark an die Tür. Keine Antwort. Gerade als ich mich fragte, ob ich noch genug Energie hatte, um zum nächsten Haus zu gelangen, öffnete eine reizende alte Tibeterin die Tür. Beim Anblick des Fremden, der Neoprenhaube, Helm, Trockenanzug und Wildwasserweste trug, an einer starken Unterkühlung litt und sich gegen ihren Türrahmen lehnte, fiel sie beinahe in Ohnmacht. Dann aber sorgte sie in typisch tibetischer Gastfreundlichkeit im Handumdrehen dafür, dass ich mich am Feuer aufwärmen und Jakbuttertee schlürfen konnte. Das war die beste Tasse Tee, die ich jemals getrunken habe, und dabei schmeckt mir Jakbuttertee eigentlich gar nicht. Meine Gastgeberin gab mir trockene Bekleidung und Decken und wärmte etwas zu essen auf. Ich schätzte mich überaus glücklich, dass ich in unmittelbarer Nähe Hilfe gefunden hatte.

Ich erinnere mich noch gut an den Gesichtsausdruck der alten Dame, die darauf bestand, dass ich sie »Amma«, »Mutter«, nannte, als ich die Hose meines Trockenanzugs auszog, um in trockene Bekleidung zu schlüpfen. In meiner Hose hatten sich ungefähr drei Liter Wasser angesammelt, die von den engen, eigentlich zur Abdichtung von außen gedachten Gummimanschetten um meine Knöchel gehalten wurden. Als sich das Wasser über den Betonfußboden ihres Wohnzimmers ergoss, sah sie mich verblüfft an, und wenn sie meiner Sprache mächtig gewesen wäre, hätte sie bestimmt gesagt: »Kein Wunder, dass du frierst! Warum transportierst du dein Wasser nicht wie wir Tibeter in einem Behälter?« Eine Weile später, während Amma irgendetwas im Obergeschoss erledigte, kam ihr Ehemann nach Hause. Seine Miene verriet mir, dass er nicht wusste, was er denken sollte, als er einen Fremden in seiner Kleidung sah, der am Ofen saß und sich aufwärmte, und ich wusste ebenso wenig, wie ich es ihm hätte erklären sollen. Glücklicherweise kam Amma die Treppe heruntergeeilt und klärte die Angelegenheit auf, während ein belustigt dreinblickender »Appa« alles mit einem entspannten Lächeln zur Kenntnis nahm, das sein Markenzeichen zu sein schien.

Nachdem ich mich zwei Stunden lang am Feuer aufgewärmt und eine köstliche Suppe mit Lammfleisch und Nudeln gegessen hatte, rief ich Yuta und meine Mutter an und erzählte ihnen, dass ich Tibet erfolgreich durchquert hatte und dass abgesehen von meinem kleinen Missgeschick alles in bester Ordnung war. Obwohl ich nach neun Tagen extremer körperlicher Anstrengung – von dem Erlebnis mit beinahe tödlichem Ausgang ganz zu schweigen – völlig erschöpft war, hatte ich Schwierigkeiten einzuschlafen. Durch meinen Kopf geisterten Erinnerungen an Menschen, Orte und Gesichter, die in meinem Leben eine Rolle spielen, sowie an die Ereignisse der vergangenen Tage. Ich fühlte unendliche Dankbarkeit, dass ich noch am Leben war. Die tibetischen Mekongschluchten hatten mir mehr als alle meine früheren Abenteuer zusammen zu Bewusstsein gebracht, wie kostbar das Leben und wie vergänglich die eigene Existenz ist. Die Erfahrungen, die ich bei der Befahrung der Mekongschluchten in der Kham-Region gesammelt habe, gehören zu den extremsten, gefährlichsten und wertvollsten meines Lebens. Ich kenne keine andere Gegend, die unwirtlicher und unbarmherziger oder von ähnlich wilder Schönheit ist.

Als ich hörte, wie jemand die Treppe zu dem Dachzimmer des dreigeschossigen Hauses hinaufging, in dem ich mich aufhielt, tat ich so, als würde ich schlafen, um niemanden zu beunruhigen. Amma überzeugte sich davon, dass ich ganz in dicke Decken gehüllt war, ehe sie eine Kerze im Zimmer aufstellte und ein kurzes Gebet sprach. Die Liebenswürdigkeit der alten Dame überwältigte mich, und ich schämte mich dafür, dass ich so jäh in ihr Leben geplatzt war und ihren Wohnzimmerfußboden überschwemmt hatte.

Um neun Uhr morgens weckte mich das Geräusch eines vorbeifahrenden Lastwagens. Ich hatte großes Glück, dass ich mich in der Nähe einer Straße befand, nachdem ich meine gesamte Ausrüstung verloren hatte. So konnte ich problemlos eine Mitfahrgelegenheit nach Zhongdian finden. Bevor ich meine Sachen packte, die inzwischen getrocknet waren, wurde ich noch mit Nudelsuppe und Jakbuttertee versorgt. Kurze Zeit später hielt ein winziger Kleinbus mit Rädern in Gokartformat vor Ammas Haus, in den sich eine gemischte Gruppe tibetischer und chinesischer Mitfahrer gezwängt hatte. Leider war Amma fortgegangen, um sich um ihren Gemüsegarten zu kümmern, sodass ich mich nicht von ihr verabschieden konnte. Aber ich würde ein paar Tage später, sobald ich einen Kajak und ein Paddel aufgetrieben hatte, zurückkommen und die Befahrung dort fortsetzen, wo ich sie unterbrochen hatte. Ich gab ihrem Mann als Dankeschön ein kleines Trinkgeld und stieg in den Kleinbus, der unterwegs nach Zhongdian war.

Die Chancen, meinen Kajak und meine Ausrüstung wiederzufinden, standen milde gesagt schlecht. Entlang des Lancang Jiang gibt es nur wenige natürliche Kehrwasser, in denen sich schwimmende Gegenstände wie ein Kajak hätten verfangen können, und da die Fließgeschwindigkeit des Flusses sechs bis zehn Stundenkilometer beträgt, hätte mein Boot zu dem Zeitpunkt, als ich in den Kleinbus stieg, bereits 100 Kilometer weit weg sein können. Ich überredete einen meiner Mitfahrer dazu, mich rechts am Fenster sitzen zu lassen, damit ich freie Sicht auf den Fluss hatte, wobei ein großer Teil davon von der Straße aus ohnehin nicht zu sehen war. Später, als die Straße über eine Brücke führte, wechselte ich auf die linke Seite. Während der ganzen Fahrt richtete ich meinen Blick bei jeder Gelegenheit auf den Fluss, machte mir allerdings keine großen Hoffnungen.

Ich hatte eine komplette Ersatzausrüstung für eine Situation wie diese; was sich jedoch nicht ersetzen ließ, waren Hunderte von Fotos sowie eine beträchtliche Menge GPS-Daten, die ich während meiner Fahrt auf dem Mekong durch die Autonome Region Tibet gesammelt hatte. Da vor mir noch niemand die Schluchten bezwungen hatte, brauchte ich mehr Beweise für die Befahrung als nur Worte. Ich hatte über 200 Fotos gemacht und die GPS-Daten zahlreicher charakteristischer Merkmale notiert, wie etwa von Hängebrücken, von den Ortschaften, in denen ich übernachtet hatte, von markanten Stromschnellen und so weiter. In Verbindung mit den Namen der Anwohner, die ich kennengelernt und mit denen ich Zeit in dem bislang unerkundeten Teil der Autonomen Region Tibet verbracht hatte, waren diese Aufzeichnungen ein klarer, greifbarer Beweis für die Befahrung. Ohne diesen Beweis musste ich warten, bis der Nächste die Schluchten befuhr und meine Beschreibungen bestätigte. Da auch andere ein starkes Interesse daran hatten, die Erstbefahrung des Mekong für sich in Anspruch zu nehmen, fürchtete ich, sie könnten Beweismaterial dafür fordern, dass ich den Flussabschnitt tatsächlich befahren hatte, und dieses Beweismaterial besaß ich nun nicht mehr.

Während der Fahrt über die holprige, unbefestigte Straße schwanden meine Chancen, das Boot wiederzufinden, mit jedem Kilometer. Dann aber entdeckte ich mehr als 40 Kilometer flussabwärts von der Stelle, an der ich mein aufregendes Schwimmabenteuer erlebt hatte, einen winzigen roten Punkt auf den Felsen oberhalb mehrerer Stromschnellen, etwa einen Kilometer stromabwärts und gut 200 Meter unterhalb der Straße im Tal. Ich bat den Fahrer anzuhalten, und zu meiner großen Freude fand ich tatsächlich mein Boot. Ich konnte mein Glück kaum fassen.

Mit Hilfe von Zeichensprache und meinem auf 30 Wörter beschränkten Kham-Wortschatz überredete ich einen mit roter Schärpe bekleideten Tibeter dazu, mich zum Fluss zu begleiten und mein Boot zu bergen. Auf dem gefährlich steilen Geröllhang stellte er seine überragenden Kletterkünste unter Beweis und erreichte den Kajak ein paar Minuten vor mir.

Ich hatte damit gerechnet, dass bei der stürmischen Fahrt des Kajaks durch die Stromschnellen ein beträchtlicher Teil der Ausrüstung herausgeschleudert worden war. Zu meiner Überraschung war aber bis auf das Paddel noch alles vorhanden. Bei genauerer Betrachtung zeigte sich allerdings, dass alles völlig durchnässt war, einschließlich meiner Fotoapparate und meiner Notizen, deshalb blieb abzuwarten, was gerettet werden konnte. Eine strapaziöse anderthalbstündige Kletterpartie mit dem Kajak den Hang hinauf, bei der mein Helfer die meisten Taschen trug, brachte uns zurück zur Straße.

Ich bezahlte den goldbezahnten Träger für seine Bemühungen und redete auf den Fahrer des Kleinbusses ein, um ihn dazu zu bewegen, den Kajak aufs Dach zu schnallen – leider vergeblich. Während ich an der Straße auf eine geeignetere Transportmöglichkeit wartete, breitete ich meine gesamte Ausrüstung auf den Felsen aus, um sie in der Sonne zu trocknen. Irgendwann kam ein großer Bus in einer Staubwolke aus Richtung Tibet angefahren und nahm mich die restliche Strecke bis zur Bezirkshauptstadt Deqen mit. Die Präfekturhauptstadt von »Shangri-La« befindet sich hoch oben auf einem Berg mit Blick über den Lancang Jiang, unmittelbar südlich der Grenze zwischen der Autonomen Region Tibet und Yunnan. In Deqen mietete ich einen Kleinwagen für die siebenstündige Fahrt nach Zhongdian, wo ich um Mitternacht eintraf. Yuta und Brian hatten aufgrund schlechter Anschlussverbindungen anderthalb Tage Verspätung. Ich hatte mich umsonst beeilt.

Meine Fotoapparate waren beide nicht mehr funktionstüchtig, ich ließ aber nichts unversucht, um die Filme im Schrank meines Hotelzimmers zu trocknen. Ich genoss eine lange, sehr lange Dusche, meine erste nach zwei Wochen, und schlief wie ein Baby im ersten weichen Bett, in dem ich seit Wochen gelegen hatte. Nach zwei Portionen amerikanischem Frühstücks in einem kleinen Bistro namens »Tibetan Café« wurde es Zeit, dass ich mich auf den Weg machte und meinen Dämonen in Person von Lara und James gegenübertrat. Die beiden waren noch immer im Besitz von Projektausrüstung im Wert von mehreren tausend Dollar, die die Franzosen nach Zhongdian zurückgebracht hatten, und ich brauchte einen Teil davon, um die Expedition mit Brian fortsetzen zu können.

Ich hatte den beiden per E-Mail mitgeteilt, dass ich nach Zhongdian kommen und die Ausrüstung abholen würde, während ich darauf wartete, dass die Behörden von Chengdu die Genehmigung für die Autonome Region Tibet ausstellten. Um sie keinesfalls auf den Gedanken zu bringen, dass ich ohne Genehmigung durch den »gesperrten« Teil Tibets gereist war, musste ich die Spuren meiner neun strapaziösen Tage in den Schluchten verwischen. Ich verbrachte eine halbe Stunde im Badezimmer, um die Haut zu entfernen, die sich von meiner Nase, meinen Lippen und meinen Fingern schälte und verriet, dass ich den Naturgewalten ausgesetzt gewesen war, was nicht zu den Busfahrten und Behördenbesuchen passte, die ich, wie sie meinten, hinter mir hatte.

Sie präsentierten mir eine neue Liste mit Forderungen, da sie der Ansicht waren, ich schuldete ihnen aufgrund ihres enormen Beitrags zu der Expedition beträchtliche Geldsummen. Aus meiner Perspektive hatte ihr Beitrag dem Projekt sowohl in finanzieller als auch in praktischer Hinsicht extrem geschadet, und es kam mir absurd vor, dass sie glaubten, ich sei ihnen irgendetwas schuldig. Auf meine Frage, wo sich die Ausrüstung befände, die ihrer Obhut anvertraut worden war, erfuhr ich, dass sie einen großen Teil davon »an einem sicheren Ort« untergebracht hatten, bis die finanziellen Fragen geklärt waren.

Wir hatten noch nicht lange diskutiert, als es zum Eklat kam und Lara aus dem Zimmer stürmte. Da Brian und ich einen Teil der Ausrüstung brauchten und der Ersatzkajak einem Freund von mir gehörte, setzte ich die Verhandlungen mit James jedoch fort, in der Hoffnung auf irgendeine Lösung. James und ich entwarfen eine Vereinbarung, nach der die beiden sich verpflichteten, für eine weitere Geldsumme sämtliche projektbezogenen Ausrüstungsgegenstände, Fotos, Artikel und Verträge zurückzugeben, die sich während ihres bezahlten Arbeitsverhältnisses angesammelt hatten.

Als der Zeitpunkt zur Unterzeichnung der Vereinbarung gekommen war, stellte Lara, die inzwischen zurückgekommen war, abermals neue Forderungen. Daraufhin brach ich die Verhandlungen mit ihr ab. James zeigte sich etwas kooperativer, und ich verhandelte mit ihm weiter, kam aber nach einiger Zeit zu dem Schluss, dass es die weiseste Entscheidung wäre, die Angelegenheit auf sich beruhen zu lassen, ehe die Verluste für die Expedition noch größer wurden. Brian und ich mussten irgendwie mit der uns zur Verfügung stehenden Ausrüstung zurechtkommen, und ich musste meinem Freund einen neuen Kajak kaufen, sobald ich das Geld dafür zusammenkratzen konnte.

Yuta und Brian am Flughafen zu treffen war eine große Erleichterung. Wir fuhren fast zwei Stunden lang durch Zhongdian, hielten bei zehn Hotels, mit dem Ergebnis, dass kein zweites freies Hotelzimmer aufzutreiben war. Da Yuta und ich ein gewisses Bedürfnis nach Alleinsein verspürten und unser Zimmer daher nicht unbedingt mit Brian teilen wollten, suchten wir weiter und machten ein anderes Zimmer ausfindig, das sich zufälligerweise in einem Bordell befand. Ich ließ Brian, der leicht beunruhigt wirkte, an der Rezeption in Obhut von ein paar kichernden Chinesinnen, die überaus geneigt zu sein schienen, ihm eine Führung durch das Etablissement zu geben. Meine überschwänglichen Entschuldigungen und die Erklärung, dass es nur für eine Nacht sei, spendeten ihm wenig Trost. Er gab sich größte Mühe, den jungen Frauen klarzumachen, dass er nur ein Bett zum Schlafen wollte. Ich lief zurück zum Wagen und zu der Frau, auf die ich eine gefühlte Ewigkeit gewartet hatte.

Am nächsten Tag brachten Yuta und ich meine inzwischen getrockneten Filme zum Entwickeln. Von den fünf Filmen und den 60 Digitalfotos, die ich gemacht hatte, waren nur ein Film und 15 Digitalfotos nicht von der Feuchtigkeit zerstört worden. Glücklicherweise hatten Bilder von wichtigen Örtlichkeiten und von Menschen, bei denen ich bei meiner Fahrt durch die Schluchten gewohnt hatte, überlebt, mit denen ich nachweisen konnte, dass ich durch die jungfräulichen Flussabschnitte gepaddelt war. In Verbindung mit den GPS-Koordinaten lieferten sie den Beweis dafür, dass ich die Befahrung wie geplant hinter mich gebracht hatte. Trotzdem fiel es mir schwer, meine Enttäuschung zu überwinden, dass ich so viele Fotos von dieser landschaftlich so spektakulären Gegend in der Autonomen Region Tibet verloren hatte. Vermutlich wollte der Mekong seine beeindruckendsten Facetten in seinem turbulenten Allerheiligsten noch eine Weile vor der Außenwelt geheim halten.

Auf dem Weg zur Quelle hatte ich ungefähr vier Kilo abgenommen, als ich mich durch die Schluchten kämpfte weitere 700 Gramm pro Tag, insgesamt etwa 13 Prozent meines Körpergewichts. Während der dreitägigen Erholungspause in Zhongdian arbeitete ich hart daran, mir in den Grillrestaurants einen Teil davon wieder anzufuttern. Abgesehen davon, dass ich schlemmte und mit Yuta einiges nachholte, lernte ich einen begeisterungsfähigen jungen Mann namens Jang kennen, der sich anbot, uns als Übersetzer durch den Norden von Yunnan zu begleiten. Außerdem machte ich die Bekanntschaft eines Tibeters, der den Spitznamen »Mr. Hands« hatte, da er immer ein makelloses Paar weißer Handschuhe trug, wenn er sich hinters Steuer setzte, und der unser Fahrer wurde. Mr. Hands fand fast immer etwas, das einen Lacher wert war, und seine Lieblingsbeschäftigung war es, sich zu unterhalten. Dieser Leidenschaft frönte er eifrig, indem er Brian und mir lange Reden auf Chinesisch hielt, obwohl wir meist keine Ahnung hatten, wovon er sprach.

Yuta, Brian, Jang, Mr. Hands und ich zwängten uns in den Toyota-Geländewagen und machten uns auf den Weg zurück zur tibetischen Grenze und zu Ammas Haus, wo meine Mekongbefahrung ein so abruptes Ende gefunden hatte. Die Strecke zwischen Zhongdian und Deqen bietet herrliche Aussichten. Nachdem wir das Jangtsekiangtal durchquert hatten, gewannen wir stetig an Höhe, während wir im Nationalpark der »Drei parallel verlaufenden Flüsse« durch dichte alte Kiefernwälder fuhren. Diese zum Weltkulturerbe erklärte Region befindet sich im gebirgigen Nordwesten der Provinz Yunnan und umfasst die oberen Abschnitte dreier großer Flüsse Asiens: des Jangtsekiang, des Mekong und des Salween. Die drei Flüsse strömen von Norden nach Süden parallel zueinander durch steile Schluchten, die stellenweise 3000 Meter tief sind und von mehr als 6000 Meter hohen, gletscherbedeckten Gipfeln umgeben werden. Dann fuhren wir über die Baumgrenze und über einen 4200 Meter hohen Pass ins Mekongtal. Auf der gegenüberliegenden tibetischen Seite des weitläufigen Tals ragte der schneebedeckte heilige Berg Kawa Karpo aus den Wolken, der eine Höhe von 6740 Metern hat. Unter uns strömte der Mekong durch bis zu 3000 Meter tiefe Schluchten.

Wir verbrachten den Abend in Deqen. Am nächsten Morgen machten wir uns in aller Frühe auf den Weg zu der Stelle, an der ich nur eine Woche zuvor beinahe ertrunken wäre. Bevor ich diese Stromschnelle noch einmal in Angriff nahm, wollte ich unbedingt das reizende alte Paar besuchen und mich dafür bedanken, dass mich die beiden in meiner Stunde der Not bei sich aufgenommen hatten.

Amma freute sich zu sehen, dass es mir gut ging, und ich überreichte ihr zur Begrüßung Schokolade, die für sie etwas völlig Neues war. Mit Jang als Übersetzer führten wir eine lange Unterhaltung bei einer Tasse Jakbuttertee und luden die beiden ein, zum

Fluss zu kommen und mir dabei zuzusehen, wenn ich mich noch einmal an der Stromschnelle versuchte. Als wir uns der Gefällstufe näherten, fiel mir auf, dass der Pegel im Lauf der Woche um mehrere Fuß angestiegen und dass der Strudel, der mir fast den Garaus gemacht hätte, beinahe weggeschwemmt worden war – er hatte sich in eine riesige stehende Welle verwandelt, die in der Mitte durchfahren werden konnte.

Als ich die Stromschnelle befuhr, wurde deutlich, dass Amma noch nie jemanden gesehen hatte, der sich freiwillig und scheinbar sinnlos in eine so große Gefahr begab. Sie war davon überzeugt, dass ich sterben würde. Ich paddelte auf die Stromschnelle zu, ohne mir ihrer Sorge bewusst zu sein, doch Brian filmte ihre Reaktion vom Fluss aus. Amma betete flehentlich für meine Rettung und brach in Tränen aus, als die Welle mich mit voller Wucht überrollte, mir den Helm vom Kopf riss und mich zum Kentern brachte, bevor ich mich mit einer Eskimorolle wieder aufrichtete. Auf dem Wasser war das Ganze halb so wild, vielmehr machte es mir Spaß, durch die große stehende Welle zu fahren. Dann aber sah ich, wie der über 70-jährige Appa am Ufer entlangrannte, um mir zu Hilfe zu eilen. Ich fuhr ins Kehrwasser und versuchte durch Zeichensprache zu erklären, dass es keinen Grund zur Sorge gebe. Am Abend zeigte mir Brian das Filmmaterial, und erst da wurde mir bewusst, welche Sorgen die beiden meinetwegen ausgestanden hatten.

Brian und ich paddelten flussabwärts durch eine Serie von Stromschnellen der Kategorie III und IV. Es fühlte sich gut an, einen Paddelpartner zu haben, nachdem ich mit so vielen gefährlichen Stromschnellen allein hatte fertigwerden müssen. Irgendwann stießen wir auf ein besonders wildes Exemplar der Kategorie V, dem es gelang, uns beide genau gleichzeitig kentern zu lassen. Wir tauften diese Stromschnelle deshalb »Double Take«. Am nächsten Tag überließ Yuta uns der Obhut von Mr. Hands und Jang und machte sich

Unser mit Kajaks beladener Geländewagen, unterwegs zur Mekongquelle, fährt an tibetischen Gebetsfahnen vorbei. *(Foto: Stanislas Fradelizi)*

Im tibetischen Hochland taut Mick über Mani-Steinen seine Finger auf. *(Foto: Stanislas Fradelizi)*

Das Team: Stan (vorn), Mick (hinten links), Nico (Mitte) und Abe *(Foto: Stanislas Fradelizi)*

Die Dachaoshan-Staudammbaustelle im Süden von Yunnan
(Foto: Mick O'Shea)

Auf dem Weg durch einen Schneesturm in der Nähe der Mekongquelle
(Foto: Stanislas Fradelizi)

Im Nordosten von Thailand segnet ein Mönch den Kajak. *(Foto: Hutch Brown)*

Bei den Liphi-Fällen im Süden von Laos kämpft Mick sich durch das Wildwasser. *(Foto: Hutch Brown)*

Mick befährt die Leuk-Fälle in der Nähe von Vientiane in Laos. *(Foto: Stanislas Fradelizi)*

Die Khone-Fälle im laotisch-kambodschanischen Grenzgebiet lassen Mick winzig erscheinen. *(Foto: Inthy Deuansavan)*

Hutch und Mick interviewen Fischer am Tonle-Sap-See in Kambodscha. *(Foto: Brian Eustis)*

Eine traditionell gekleidete tibetische Nomadin *(Foto: Stanislas Fradelizi)*

Eine junge Lanten und ihre Familie in der Gegend von Nam Ha im Nordwesten von Laos *(Foto: Mick O'Shea)*

Mick trifft Mönche in
Pakse im Süden von Laos.
(Foto: Hutch Brown)

Hutch (links), Mick (Mitte) und Brian an der laotisch-thailändischen Flussgrenze *(Foto: Rattaproom Youprom – »Thong«)*

Geschafft! Triumphierend erreicht Mick das Südchinesische Meer.
(Foto: Hutch Brown)

auf den Rückweg nach Vientiane, wo sie sich wieder der Projektkoordination widmete.

Wir waren inzwischen ins Herz des riesigen, 1000700 Hektar großen Nationalparks der »Drei parallel verlaufenden Flüsse« gefahren, der als eines der artenreichsten Biotope dieses Planeten gilt. Vermutlich existiert nirgendwo in der gemäßigten Klimazone eine vergleichbar große Artenvielfalt, was das Gebiet in Hinblick auf den Artenschutz zu einer der weltweit wichtigsten Regionen macht.

Am Abend machten wir in einer kleinen Ortschaft Halt, die über einer Schlucht mit einer heftigen Stromschnelle der Kategorie Wildwasser V lag. Als wir von oben eine Route auskundschafteten, sahen wir, dass der Erdrutsch auf der rechten Flussseite nach und nach in die Stromschnelle absackte, weil der steigende Wasserpegel und die Strömung von unten an ihm fraßen. Nach reiflicher Überlegung kamen wir zu dem Schluss, dass eine »Linie« (eine sichere Route durch die Stromschnelle), die unmittelbar an dem Erdrutsch vorbeiführte, durchaus fahrbar war, sofern die Geröllawine nicht genau in dem Moment in den Fluss rutschte, wenn wir unten an ihr vorbeifuhren. Wir entschieden uns aber dafür, stattdessen das klare Wetter auszunutzen, das für gutes Licht zum Filmen der Umgebung sorgte, und so würde die Befahrung warten müssen, bis wir von unserem Abstecher zu den Gletschern des Kawa Karpo zurück waren.

Der Kawa Karpo befindet sich im Zentrum der Hengduan-Gebirgskette, zu der eine Reihe Gipfel mit mehr als 6000 Metern Höhe gehören. Die Berge markieren ein Gebiet spektakulärer Naturschönheiten. Riesige Gletscher speisen senkrecht herabstürzende Bäche, die wiederum steile Täler graben. Vereinzelt findet man auch flaches Land, das von Tibetern und Naxi besiedelt wird. Am nächsten Tag machten wir uns zu Fuß auf den Weg zum Minyong, einem der am weitesten südlich gelegenen Gletscher der Nordhalbkugel.

Je näher wir dem Gletscher kamen, desto mehr überraschte es uns, wie schnell er schmolz. Wie bei einem Eisblock in der Wüste tropfte und rieselte es an allen Ecken und Enden des Gletschers, und wir hörten, wie Eisstücke abbrachen und in die zahlreichen Gletscherspalten fielen. Nur ein paar hundert Meter von der Stelle, an der wir standen, gingen vor unseren Augen zwei Lawinen ab. Die Auswirkungen der globalen Erwärmung machen sich im Himalaja deutlich bemerkbar. Die meisten Gletscher gehen dramatisch zurück, und es scheint nur eine Frage der Zeit zu sein, bis viele von ihnen ganz verschwinden. Wir erkundeten drei Tage lang die Wälder, Gletscher und Tempel des Kawa Karpo, kehrten dann zum Mekong zurück und setzten die Befahrung von der Stromschnelle in der Schlucht aus fort.

Es zeigte sich, dass der gestiegene Wasserpegel in Verbindung mit dem Erdrutsch die Stromschnelle noch tückischer hatte werden lassen. Eine lange Folge kräftiger Strudel und Wirbel der Kategorie IV machte es extrem schwierig, beim Durchfahren der Kurve auf der rechten Flussseite zu bleiben. Aufgrund der starken Erosion des Erdrutsches war die ursprünglich von uns gewählte Linie nicht mehr fahrbar, und es blieb nur noch eine andere Route übrig. Sie führte durch einen riesigen Strudel, der mehr als die Hälfte des Flusses einnahm. Von unserem Aussichtspunkt an der Wand der Schlucht, etwa 50 Meter über dem Fluss, kamen wir zu dem Schluss, dass der Strudel einen Kajakfahrer vermutlich durchspülen würde, doch die Tiefe und die Rückströmung eines Strudels und damit die Gefahr, dass man mit dem Kajak darin hängen bleiben und herumgewirbelt werden könnte, war von so weit oben ungefähr genauso schwierig einzuschätzen, als wollte man die Körpergröße und Körperfülle einer Person beurteilen, auf die man vom Dach eines zehnstöckigen Gebäudes hinabblickt.

Brian und ich analysierten die Stromschnelle noch einmal, wobei wir nicht zuletzt auch die Erfahrungen auswerteten, die ich bei meiner Schwimmeinlage gewonnen hatte, und entschieden dann, sie nicht zu befahren. Wir umtrugen bis zur nächsten, über einen Kilometer entfernten Gelegenheit zur Weiterfahrt. Diese Tragestrecke war die längste, die wir in China hinter uns brachten. Wir verabredeten uns mit Mr. Hands und Jang in einer Ortschaft namens Latsaa Jiang, etwa 40 Kilometer weiter flussabwärts, und sagten den beiden, dass wir voraussichtlich am Nachmittag dort eintreffen würden, dass sie sich aber keine Sorgen machen sollten, wenn wir nicht pünktlich ankämen, da es immer schwierig war einzuschätzen, wie schnell man vorankommt. Sollten wir nicht am Nachmittag eintreffen, müssten sie sich eben bis zum nächsten Tag gedulden.

Brian und ich setzten unsere Fahrt flussabwärts durch zahlreiche schwierige, aber bezwingbare Wildwasserstrecken fort, bis wir zu einer Stromschnelle kamen, die bei Hochwasser zu den schlimmsten in ganz Yunnan zählt und von uns »Full Stop« getauft wurde. Wie viele andere gefährliche Stromschnellen befand sich Full Stop in einer steilen Schlucht, war durch einen Erdrutsch entstanden und ließ sich von Land aus nur bedingt auskundschaften.

Full Stop hatte mehrere ungewöhnliche Merkmale. Direkt unterhalb der Hauptgefällstufe verengte sich die Schlucht wie ein Flaschenhals, wodurch sich das Wasser zurückstaute und in ein unbeschreibliches Chaos mündete. Da sich gewaltige Mengen fließenden Wassers in verhältnismäßig ruhige Bereiche drängten, bildeten sich riesige Strudel, Wirbel und sogenannte »Kehrwasserlinien« (Bereiche, in denen verschiedene Strömungen mit unterschiedlicher Geschwindigkeit aufeinandertreffen; durch die Reibung dieser Strömungen entstehen Verwirbelungen mit einem starken Sog nach unten), die auf einer Strecke von 200 Metern willkürlich auftauchten und wieder verschwanden. Da sich die Stromschnelle ständig veränderte, war es unmöglich, eine Route zu bestimmen.

Mittendurch zu fahren erschien uns äußerst riskant, und keiner von uns beiden wollte es versuchen. Auf der rechten und linken Seite der Hauptströmung war eine mehr oder weniger starke Rückströmung zu erkennen, die links eher einem überdimensionierten Strudel glich. Das war meine Chance: Wenn es mir gelänge, gegen die schwächere Rückströmung am äußersten rechten Rand ungefähr 60 Meter flussabwärts an den schlimmsten Auswirkungen der Verengung vorbeizupaddeln, könnte ich den Schwung des Strudels nutzen, um wieder in die Hauptströmung zu kommen und so den gefährlichsten Abschnitt erfolgreich zu umgehen.

Das Überwinden der Hauptgefällstufe vor dem Strudel erforderte ein riskantes Manöver von rechts nach links oberhalb der heftigsten Passage der Kategorie V. Sollte ich das nicht schaffen, würde ich unweigerlich in die Hauptströmung und damit in Schwierigkeiten geraten. Es war ein Wagnis. Brian filmte vom Fuß eines Erdrutsches aus, wie ich den obersten Teil der Stromschnelle mit Müh und Not querte, ehe ich wie geplant in die Strudelpassage getrieben wurde. Doch was ich ursprünglich für eine wogende Zuflucht gehalten hatte, entpuppte sich als gefährliche Falle.

Von weiter oben, von wo aus wir die Stromschnelle ausgekundschaftet hatten, hatte es so ausgesehen, als käme man am besten durch, indem man den Schwung des Strudels flussabwärts ausnutzte. Im Strudel angekommen, sah die Sache aber ganz anders aus. Das untere Ende des Strudels staute sich aufgrund der Verengung auf und sorgte für eine Kompression (wenn zu viel Wasser auf zu engem Raum zusammengedrückt wird), wie ich sie noch nie gesehen hatte. Das hatte zur Folge, dass der untere Teil des Strudels anderthalb Meter höher war als der obere und es damit unmöglich schien, wie geplant wieder aus ihm auszubrechen.

Ich blickte zurück zu der Stelle, von der aus Brian filmte. Dorthin zurückzugelangen schien mir ebenfalls unmöglich. Es sah alles danach aus, als wäre ich in dem riesigen Strudel gefangen. Wenn überhaupt, dann bot sich flussabwärts wohl die größere Chance zu entkommen. Ich nahm fünfmal Anlauf, um mich aus dem Strudel herauszukämpfen, wurde aber jedes Mal von einer der Riesenwellen zurückgeschoben, die sich völlig unberechenbar in und über meinem Wassergefängnis brachen.

Ich änderte meine Taktik und nahm den oberen Teil des Strudels ins Visier. Nach zwei Versuchen erreichte ich mit Mühe das Ufer. Wieder einmal war das Glück auf meiner Seite. Meine letzte Rettung wäre gewesen, mich in die turbulente Hauptströmung zu stürzen – ein, milde gesagt, gefährliches Abenteuer, da ich von meinem Kampf mit dem Strudel ohnehin schon erschöpft war. Was dabei herausgekommen wäre, steht in den Sternen.

Anschließend setzte sich Brian in seinen Kajak und versuchte mehrere Minuten lang, sich flussabwärts aus dem Strudel zu befreien, musste aber schließlich einsehen, dass es unmöglich war. Da wir übereinstimmend meinten, dass der Weg durch die Mitte zu gefährlich war, blieb uns nichts anderes übrig, als diesen Abschnitt ebenfalls zu umtragen.

Drei Stunden lang suchten wir nach einer Kletterroute aus der Schlucht, deren Wände fast senkrecht herabfielen, und zunächst sah es so aus, als säßen wir in der Falle. Schließlich entdeckten wir aber etwa 600 Meter flussaufwärts einen Erdrutsch. Wie der Zufall es wollte, hatten sich auf der linken Flussseite mehrere aufeinanderfolgende Kehrwasser gebildet, die es uns womöglich erlaubten, ein Stück stromaufwärts zu paddeln und unsere Ausrüstung über scharfkantige Steine und Felsblöcke zu tragen, bis wir zu dem Erdrutsch übersetzen konnten. Es funktionierte, und wir atmeten erleichtert auf. Soweit wir es beurteilen konnten, hätte es mit unseren Kajaks keinen anderen Ausweg aus der Schlucht gegeben. Wenn der Erdrutschplan gescheitert wäre, hätten wir unsere Kajaks zurücklassen und eine gefährliche, beinahe senkrechte Kletterpartie über einen 4000 Meter hohen Pass bewältigen müssen, für den wir mehrere Tage gebraucht hätten. Der glückliche Ausgang beinhaltete gleichwohl einen strapaziösen zweistündigen Aufstieg über den Erdrutsch, bei dem wir die Kajaks nacheinander mit unserer Rettungsleine nach oben zogen.

Während wir verschnauften, warfen wir einen Blick auf unsere Karten und stellten fest, dass wir uns ungefähr zehn Kilometer südlich von Deqen befanden und bald in den nächsten straßenlosen Abschnitt der Schlucht fahren würden, aus dem man noch schlechter entkommen konnte als aus dem, in dem wir gerade saßen. Brian wurde die ganze Sache etwas zu heikel, da durchaus die Gefahr bestand, dass wir auf eine Stromschnelle der Kategorie Wildwasser VI stoßen würden, die nicht umtragen werden konnte. Er entschied sich dafür, den nächsten Flussabschnitt mit dem Auto zu umgehen und mich allein weiterpaddeln zu lassen. Nachdem wir ungefähr eine Stunde lang am Straßenrand gewartet hatten, hielten wir das erste Fahrzeug an, das vorbeikam. Wir baten den Fahrer des Kleinbusses, Brian mit nach Latsaa Jiang zu nehmen, wo Jang und Mr. Hands mit dem Hilfsfahrzeug warteten. Mithilfe unserer Karten, einer Menge Pantomime und kreativer Kommunikation stellte sich heraus, dass die Sache schwieriger war als angenommen: Die einzige Möglichkeit, mit dem Auto zu dieser Stadt zu gelangen, bestand nämlich darin, zunächst auf schlechten Straßen ungefähr zwei Stunden flussaufwärts zurückzufahren, auf einer Brücke den Fluss zu überqueren und dann zwei Stunden nach Deqen weiterzufahren, ehe der Weg über mehrere hohe Gebirgspässe und schließlich nach Latsaa Jiang hinunterführte – insgesamt eine siebenstündige Tour, und der Fahrer des Kleinbusses war nicht gewillt, sie zu unternehmen. Wenn ich nicht bereits gewusst hätte, dass es entlang des nächsten Flussabschnitts nur sehr wenige Straßen gab, hätte ich vermutlich nicht geglaubt, dass es sieben Stunden dauern konnte, ganze 18 Kilometer zurückzulegen, aber ein Blick auf unsere Karten lieferte die Bestätigung.

Während Brian bei den Kajaks blieb, fuhr ich per Anhalter zu einer zwei Kilometer flussabwärts gelegenen Ortschaft, wo mein Blick auf ein Fahrzeug fiel, das vor einem der Steinhäuser geparkt war. Zwei Stunden später war Brian mit dem Auto auf dem Weg nach Latsaa Jiang, und ich ließ ungefähr 800 Meter unter der Stromschnelle mit dem Strudel meinen Kajak zu Wasser.

Wir vereinbarten, uns am nächsten Tag an der Latsaa-Jiang-Brücke zu treffen, wo Mr. Hands und Jang auf uns warteten. Am Spätnachmittag des nächsten Tages kam ich nach einer ereignislosen Fahrt durch mehrere Schluchten ohne große Stromschnellen bei der Brücke an. Mr. Hands, Jang und Brian waren nirgendwo zu sehen, und die Ortschaft, die unserer Karte zufolge am Fluss hätte liegen sollen, befand sich in Wirklichkeit weit oben an einem Grat. Ich überprüfte mit dem GPS-Gerät mehrfach meinen Standort, mit dem Ergebnis, dass ich laut Karte mitten in der Ortschaft Latsaa Jiang hätte stehen müssen. Die Karte stimmte also ganz offensichtlich nicht. In der Annahme, dass die anderen in der Ortschaft auf mich warteten, die ich oben auf dem Hügel sehen konnte, machte ich mich gegen halb sieben Uhr abends auf den Weg aus dem steilwandigen Tal hinauf zu dem Ort. Erdrutsche versperrten mir mehrmals den Weg, und was als viel begangener Weg begonnen hatte, ging schließlich in Ziegenpfade über, die an zahlreichen Stellen von Erdrutschen blockiert waren. Um halb neun war ich bereits zweimal auf der Suche nach einer Alternative umgekehrt, und zu meiner Besorgnis setzte die Dämmerung ein.

Irgendwann entdeckte ich einen Ziegenpfad, den ich für eine Abkürzung zu einem anderen Weg hielt, und begann, ihn zu erklimmen. Letztendlich verlief er allerdings im Nichts – offenbar hatten selbst die Bergziegen gemerkt, dass er zu gefährlich war. Die Nacht brach herein, und da ich damit gerechnet hatte, die Ortschaft noch bei Tageslicht zu erreichen, hatte ich keinen Regenschutz mitgenommen, um im Freien zu campieren. Wenn ich mich auf den Rückweg nach unten gemacht hätte, wäre ich im Dunklen auf steilen Wegen umhergeirrt. Links über mir befand sich ein Erdrutsch, der mir den Weg versperrte, doch 30 Meter darunter entdeckte ich etwas, das aussah wie ein für Menschen angelegter Pfad, der mich in etwa einer halben Stunde in die Ortschaft hätte bringen sollen.

Ich beschloss, den Erdrutsch zu überqueren. Als ich mit meinem Paddel die Bodenfestigkeit testete, löste ich eine kleine Gerölllawine aus, die 50 Meter den Hang hinunterrutschte, ehe sie über eine Kante ins Tal hinabstürzte. Kein angenehmer Ort für einen Spaziergang. Ich betätigte mich ein wenig als Landschaftsgestalter, indem ich mit meinem Paddel Geröll schaufelte, um eine einigermaßen stabile Plattform zu schaffen. Als ich einen Fuß daraufsetzte, klopfte mein Herz wie wild, und ich war darauf vorbereitet, zurück auf die Felsen zu springen, falls der Boden unter mir nachgeben sollte. Ich hörte ein Rascheln, etwas Geröll rutschte ab und ein paar faustgroße Steine rollten talwärts, aber der Boden hielt.

Auf diese Weise arbeitete ich mich Stück für Stück voran und hatte den Erdrutsch gut 20 Minuten später zu zwei Dritteln überquert. Als ich mein Gewicht wiederum auf die nächste Stelle verlagerte, fing der Boden unter mir langsam an, auf den Abgrund zuzurutschen. Ohne richtigen Halt zu der Felskante zu springen, wäre sinnlos gewesen, hätte mich das doch höchstwahrscheinlich noch schneller zu Fall gebracht. Deshalb stemmte ich die Hacken in den Boden und konzentrierte mich darauf, mit den Füßen voran über die Kante zu fallen, in der Hoffnung, auf diese Weise halbwegs kontrolliert die restlichen 200 Meter des Hangs bis ins Tal zu rutschen.

Da der Hang überwiegend aus Geröll bestand und nur wenige größere Felsbrocken herumlagen, rechnete ich mir gute Überlebenschancen aus, wenn ich wie auf Skiern hinunterschlitterte. Das Problem war die Felskante. Da ich auf dem Weg nach oben keinen Gedanken an ein irgendwie geartetes Hinunterrutschen verschwendet hatte, hatte ich nicht auf die Höhe der Stufe geachtet. War sie fünf oder 40 Meter hoch? Ein langer, surrealer Moment verstrich – in vier Sekunden rutschte ich ungefähr 70 Zentimeter weit, dann blieb ich stehen, während die losen Steine auf die Kante zu und über sie hinwegrollten. Ich hörte die größeren Steine noch ein paar Sekunden lang poltern, konnte aber nicht abschätzen, wie tief sie gefallen waren.

Ich saß einen Augenblick lang völlig verstört da und hielt den Atem an, bevor ich die Fassung zurückgewann. Dann stand ich langsam auf und schaufelte mir meine nächste Trittstelle. Jede Zelle meines Körpers war darauf konzentriert, das Geröll vor mir zu schaufeln, ohne dass sich dabei der Druck meiner Füße auf den Hang veränderte. Ich verfluchte mich im Stillen wegen meiner Idee, den Erdrutsch zu überqueren. Unbeschreiblich langsam und unbeschreiblich vorsichtig verlagerte ich das Gewicht vom rechten Fuß auf den linken, den ich auf die nächste Trittstelle gesetzt hatte, und ich spürte die Bewegung jedes einzelnen Steins, der sich dabei löste. Nach weiteren 20 Minuten, in denen ich vor jedem Schritt schaufelte, hatte ich endlich wieder festen Boden unter den Füßen.

Eine Stunde später kam ich bei völliger Dunkelheit in dem Dorf an und erschreckte einige Bewohner zu Tode, als ich sie fragte, ob sich Fremde im Ort aufhielten. Mit meinen schlecht konstruierten Sätzen auf Kham konnte ich mich nur mit Mühe verständlich machen, denn der Kham-Dialekt, den ich gelernt hatte, unterschied sich stark von dem Dialekt, der hier gesprochen wurde. Schließlich überzeugte mein begrenztes Vokabular einen alten Mann, dass ich kein Yeti war, der aus der Kälte kam, und dass meine Verständigungsversuche seiner Familie etwas Unterhaltung liefern würden. Er lud mich in ein großes Haus ein, das aus Lehmwänden und Kiefernholz bestand. Brian und die anderen waren nicht da. Wie sich später herausstellte, stimmte die Karte überhaupt nicht, da auf ihr eine Straße zu dem Dorf eingezeichnet war, die nicht existierte. Völlig erschöpft aß ich etwas von dem Eintopf, der auf den Tisch gestellt wurde, trank etwas Jakbuttertee, und schlief auf der Couch der Familie ein, während ich den Kindern dabei zusah, wie sie sich gegenseitig Geschichten aus einem kleinen Comicbuch vorlasen. Auch am nächsten Vormittag gelang es mir nicht, Brian per Telefon zu erreichen, und so blieb mir nichts anderes übrig, als allein weiterzupaddeln.

Als Nächstes kam ich zu einem Abschnitt, der als »Mondschlucht« bezeichnet wird. In den steilwandigen Tälern dieser Gegend wächst eine überraschende Anzahl von Feigenkakteen. Offenbar handelt es sich dabei um die einzige Pflanzenart, die in der wüstenartigen Landschaft überleben kann. Ich kannte diese Kakteenart aus Australien und suchte einige davon nach den essbaren roten Früchten ab, die ich als Kind gern gegessen hatte, doch es war nicht die richtige Jahreszeit dafür. Es schien beinahe unwirklich, dass bei der hiesigen Kälte Kakteen wuchsen. Als ich in die Mondschlucht paddelte, musste ich sofort an die höllischen Wildwasserstrecken denken, mit denen ich in Tibet zu kämpfen gehabt hatte. Alan und ich hatten diesen Flussabschnitt bei unserer ersten Erkundungsreise nach China ein knappes Jahr zuvor als einen der gefährlichsten in Yunnan identifiziert, da es nicht möglich war, ihn vollständig von Land zu erkunden, ehe man in die Schlucht einfuhr.

Bevor ich mich in die Schlucht wagte, kletterte ich zu einer Ortschaft hinauf und fand eine Mitfahrgelegenheit über unbefestigte Straßen zu einer flussabwärts gelegenen Stelle der Schlucht, um von dort aus auszukundschaften, ob die letzte Stromschnelle befahrbar war, die schon bei dem niedrigeren Wasserpegel der früheren Erkundung im Jahr 2003 sehr gefährlich ausgesehen hatte. Nach einem langen Fußmarsch über Bergwege konnte ich mich davon überzeugen, dass sie schwierig, aber zu bewältigen war.

Als ich in die steile Schlucht hineinpaddelte, lief mir ein Schauer über den Rücken. Wieder einmal war ich an einen Punkt gelangt, an dem es kein Zurück mehr gab, und ich wusste nicht, was mich hinter der nächsten Kurve erwartete. Mein einziger Trost bestand darin, dass dieser Abschnitt nur ein paar Kilometer lang war und deshalb nicht mehrere Tage in Anspruch nehmen würde. Ich befuhr so vorsichtig wie möglich eine Serie Stromschnellen der Kategorie Wildwasser III bis IV, bis das Wasser vor der nächsten Kurve turbulenter wurde. Als ich auf der rechten Flussseite ein Kehrwasser entdeckte, steuerte ich darauf zu, um zu erkunden, was mir bevorstand.

Ich zog meinen Kajak auf einen zerklüfteten Felsblock und warf einen Blick flussabwärts. »Nicht allzu schwierig«, dachte ich mir, als ich hörte, wie es zweimal platschte, und dann prallte ein tennisballgroßer Stein nur ein paar Meter von der Stelle entfernt, an der ich stand, von einem Felsen ab und landete im Fluss. Die Steine waren von weit oben herabgefallen, aus einer Höhe von vielleicht 400 Metern. Die Wände der Schlucht waren so steil, dass ich nicht beurteilen konnte, von welcher Seite sie heruntergefallen waren. Es spielte auch keine Rolle. Es wurde höchste Zeit, dass ich mich aus dem Staub machte.

Aus Furcht vor einem Erdrutsch kletterte ich schleunigst in meinen Kajak und machte einen Seehundstart halb seitwärts in den Fluss. Plötzlich bekam ich nasse Beine. Mein erster Gedanke war, dass meine Spritzdecke nicht richtig festgeknöpft war, doch eine kurze Überprüfung ergab, dass alles stimmte. Mit jedem Paddelschlag durch die nächste Stromschnelle der Kategorie III lief mehr

Wasser ins Boot. Ich steuerte aufs nächstgelegene Kehrwasser zu, inspizierte den Kajak und fand einen etwa zwölf Zentimeter langen Schlitz, den der zerklüftete Felsblock bei meinem Start an der Unterseite hinterlassen haben musste. Meine Blicke wanderten durch die Schlucht und suchten nach einer Möglichkeit, sie zu Fuß zu verlassen. Keine Chance!

Also musste ich den Kajak, so gut es ging, flicken. Mit Hilfe von Klebeband und einem wasserdichten Beutel dichtete ich das Loch gut genug ab, um weiterfahren zu können, obwohl noch immer Wasser eindrang. Genau am Ende der Schlucht stellte sich mir eine gefährliche Stromschnelle der Kategorie Wildwasser V in den Weg. Der Anblick der Gischt, die in die Luft flog, flößte mir schon von weitem Furcht ein, doch die Befahrung erwies sich als halb so wild. Der dreieinhalbstündige Fußmarsch hinauf zur Straße mit meinem Kajak im Gepäck war allerdings mörderisch. Da inzwischen zwei volle Tage vergangen waren, seit ich zum letzten Mal mit Brian und den anderen telefoniert hatte, wollte ich mich auf die Suche nach ihnen machen, bevor ich weiterfuhr. In der Dämmerung erreichte ich eine kleine Ortschaft, von wo aus es mir – nach drei Tagen allein – endlich gelang, mit den anderen Kontakt aufzunehmen, und sie kamen, um mich abzuholen.

Sie hatten in einer Ortschaft gewartet, die sich 20 Kilometer flussabwärts von unserem ursprünglichen Treffpunkt befand. Da sie kein GPS-Gerät bei sich hatten, mit dem sie ihren genauen Standpunkt hätten bestimmen können, waren sie nur nach dem Ortsnamen gegangen, was dazu geführt hatte, dass sie in Lancang Jiang auf mich warteten, während ich bei meiner unfreiwilligen Rutschpartie auf dem Weg zum vereinbarten Treffpunkt in Latsaa Jiang beinahe in die ewigen Jagdgründe eingegangen wäre. Beide Ortsnamen klingen fast identisch, wenn sie von Einheimischen ausgesprochen werden, doch Brian und ich gaben uns trotzdem gegenseitig die Schuld für den Fehler. In Lancang Jiang flickten wir das Loch im Kajak, wofür wir 16 Tuben Epoxydharz, 36 Schrauben, die wir in einem Geschäft im Ort kauften, sowie ein Stück vom Schlauch eines LKW-Reifens und ein Stück Blech verwendeten, das wir am Straßenrand gefunden hatten. Zunächst klebten wir das Schlauchstück mit Harz über den Schlitz, dann schraubten wir das Blech über die beschädigte Stelle, um sie zu verschließen. Als wir den Kajak mit Wasser füllten, um die Abdichtung zu testen, leckte es erfreulicherweise nicht. Da ich nur noch 600 Wildwasserkilometer in Yunnan vor mir hatte, konnte ich es wagen, meine handwerklichen Fähigkeiten auf die Probe zu stellen und in dem angeschlagenen Kajak durch das restliche China zu paddeln.

Der 120 Kilometer lange Abschnitt unterhalb von Latsaa Jiang gehörte zu den bedeutenderen Strecken, die noch niemals befahren worden waren, und wir wussten vorher nicht, dass sich dort eine der größten Stromschnellen befand, auf die wir in ganz Yunnan stießen: eine riesige Stromschnelle der Kategorie Wildwasser V in einer engen Schlucht. Brian nahm sie als Erster in Angriff. Er hatte vor, etwa in der Mitte der Stromschnelle zum Ufer zu paddeln, dann aus seinem Kajak auszusteigen und mich bei der Befahrung aus einem guten Winkel zu filmen. Ich beobachtete, wie er auf halbem Weg durch die Stromschnelle energisch paddelte, um wie geplant das Ufer zu erreichen, doch die unerwartet starken Wellen ließen ihn mit seinem Kajak wie einen winzigen Korken um das Kehrwasser tanzen. Zuerst wurde er zehn Meter von rechts nach links getrieben, im nächsten Moment mit Schwung zur Mitte des Flusses gesaugt, dann hob ihn ebenso plötzlich eine riesige Welle hoch und warf ihn in Richtung Ufer. Es herrschte völliges Chaos. Brian hielt es sofort für das Beste, so schnell wie möglich ans Ufer zu gelangen. Er paddelte wie wild, um zurück in die Hauptströmung zu kommen, und im selben Moment, als die Strömung den Rumpf seines Kajaks erfasste, verschwand er hinter einem über fünf Meter hohen Wellenzug.

Damit Brian genug Zeit hatte, am unteren Ende der Stromschnelle aus seinem Kajak auszusteigen und die Kamera aufzustellen, wartete ich etwas, ehe ich in die Schlucht paddelte. In der Absicht, eine zentralere Linie zu fahren als Brian, um packende Aufnahmen für den Dokumentarfilm zu bekommen, steuerte ich in der Flussmitte auf den wildesten Abschnitt der Stromschnelle zu ... und bekam eine heftige Abreibung. Aus allen Richtungen stürzten gewaltige Wellen auf mich ein, sodass ich für ein paar Sekunden keine Ahnung mehr hatte, wo oben und wo unten war. Trotzdem hielt ich mich irgendwie aufrecht, bis ich schließlich feststellte, dass ich auf die linke Flussseite gespült worden war.

Brian winkte mich zu sich, deshalb paddelte ich zu ihm, um mit ihm zu sprechen. »Scheiße, Mann, ich hab den ersten Teil verpasst. Ich war noch nicht bereit. Das hat toll ausgesehen, Mann. Trag dein Boot wieder nach oben und fahr noch mal, diesmal gehe ich näher ran.« Mein Stolz erholte sich noch von einer gründlichen Tracht Prügel, und meine Antwort fiel dementsprechend knapp aus.

»Auf gar keinen Fall fahre ich noch mal durch diese gottverdammte Scheißstromschnelle.« Nachdem das klargestellt war, fuhren wir schnell weiter.

Mit jedem Tag, der verging, stieg der Pegel des Mekong merklich an. Wir paddelten noch drei Tage lang an den schneebedeckten Bergen südlich des Kawa Karpo vorbei, dann begann ebenso plötzlich, als hätte sich ein Fenster geöffnet, eine andere Klimazone. Gerade noch hatte eine frische Brise aus dem Himalaja dafür gesorgt, dass wir im Gesicht und an den Händen froren, und im nächsten Moment umgab uns feuchte und erheblich schwerere warme Luft. Die Temperatur stieg um zehn Grad, und von da an trugen wir Shorts,

T-Shirts und Paddeljacken anstelle mehrerer Lagen Thermounterwäsche und Trockenanzüge.

Am selben Nachmittag sah ich zum ersten Mal seit vielen Wochen eine längere Horizontlinie anstatt einer weiteren hohen Gebirgskette. Ich rief Brian zu: »Sag Lebewohl zum Himalaja!« Die erodierten steilwandigen Täler, die charakteristisch für einen Großteil Tibets sind, wurden von saftig grünen Hügeln und terrassierten Reisfeldern abgelöst. Mit der Landschaft veränderten sich auch die Architektur und die ethnische Struktur. Aus einer überwiegend von Tibetern, Naxi und Lisu bevölkerten Gegend kamen wir in ein Gebiet, in dem Bai-, Yi- und Han-Reisbauern zu Hause sind.

In der südlichsten Region Tibets machten wir Halt und besichtigten eine ungewöhnliche historische Stätte, eine katholische Kirche, die Ende des 19. Jahrhunderts in Cizhong am Ufer des Mekong errichtet wurde. Cizhong befindet sich ein Stück abseits vom Fluss auf einem sanft gewölbten Hügel in einem herrlichen Tal mit leuchtend grünen Getreidefeldern und Weinbergen, von denen Chinas berühmteste Weine stammen. Die Kirche steht inmitten einer tibetischen Ortschaft, die abgesehen von ein paar Satellitenschüsseln und Stromleitungen vermutlich noch genauso aussieht wie im 18. Jahrhundert. Vor fast 150 Jahren machten sich Priester der Pariser Mission auf den Weg ins tibetische Hochland in der festen Absicht, ihr Evangelium in dem in ihren Augen gottverlassenen Land zu verbreiten. Sie stellten bald fest, dass die Einheimischen schwer zu bekehren waren, und stießen auf starken Widerstand aus dem buddhistischen Establishment.

Bei einem Aufstand im Jahr 1905 wurde die Kirche zerstört, und zwei Priester wurden ermordet. Die Kirche wurde zwar wieder aufgebaut, doch die Abneigung gegenüber dem, was sie verkörperte, dauerte noch Jahrzehnte fort. Das endgültige Aus kam 1952, als die vorrückenden Kommunisten die letzten Ausländer vertrieben. Angeblich besuchen noch heute viele Bewohner der Region an Sonntagen die Messe in der Kirche. Am interessantesten fand ich, als ich die Kirche besichtigte, die Deckenfliesen und Wände, die mit leuchtenden taoistischen Yin-und-Yang-Symbolen, christlichen Kreuzen und buddhistischen Lotusblüten verziert waren. Ich hatte noch nie zuvor gesehen, dass die Ikonografie der beiden bedeutendsten Philosophien des Ostens so offen der christlichen Ikonografie gegenübergestellt wurde. Ich hatte bereits zahlreiche Kirchen in indianischen Regionen Mittelamerikas und in Indochina besichtigt. Dort waren die Einheimischen gezwungen gewesen, ihre traditionelle Ikonografie auf wesentlich diskretere Art und Weise zu integrieren, um Vergeltungsmaßnahmen des politisch rechtsgerichteten religiösen Establishments zu entgehen.

Brian und mir fielen auch einige Poster jüngeren Datums auf, von denen wir vermuteten, dass es sich um Geschenke ausländischer Kirchen an ihre tibetischen Brüder handelte. Auf ihnen waren Priester und Engel abgebildet, die Menschen aus dem Feuer der Hölle retteten und sie ins himmlische Paradies hoben. Eigentlich eine nette Geste, bis auf ein unschönes Detail: Sämtliche Engel und Priester waren westlicher Herkunft, während die Menschen, die aus der Hölle befreit wurden oder darin schmorten, allesamt Asiaten waren. Nachdem wir diese herablassenden Darstellungen gesehen hatten, wunderten wir uns nicht mehr darüber, dass die Konversion zum christlichen Glauben in der Gegend eher selten vorkam.

An den nächsten beiden Tagen paddelten wir von Cizhong südwärts durch merkwürdige Landschaften, in denen Kiefern zwischen Bananenstauden wuchsen, bis wir schließlich die Yong-Ping-Brücke erreichten und damit ungefähr die Hälfte unserer Fahrt durch die Provinz Yunnan hinter uns gebracht hatten. Ich hatte seit der Quelle etwa 1300 Kilometer zurückgelegt, und zwischen uns und Birma, dem nächsten Land, das der Mekong stromabwärts durchquert, lagen noch ungefähr 700 Kilometer. Für Mr. Hands und Jang war das Abenteuer bei der Brücke beendet, sie kehrten in die kühleren Gefilde von Zongjian zurück. Brian und ich begleiteten sie, um dort das alljährliche Pferderennen zu filmen. Auf der Fahrt nach Norden hatte Mr. Hands zum zweiten Mal innerhalb einer Woche einen Unfall mit seinem Wagen. Beim ersten Mal war er bei seinem obligatorischen U-Turn auf einem Gebirgspass mit einem Felsen kollidiert, beim zweiten Mal stieß er mit einem anderen Fahrzeug zusammen. Seine Reaktion war in beiden Fällen die gleiche: Erst gab er der gegnerischen Partei die Schuld, dann lachte er über den Unfall.

Wir kamen in der Stadt Dali an, die am Ufer des idyllischen Erhai-Sees liegt, einem Wasserreservoir des oberen Mekong. Die bis 2004 weiteste Expedition entlang des Mekong hatte bis dorthin geführt.

Im 19. Jahrhundert, als viel darüber spekuliert wurde, ob der Mekong sich als lukrative Handelsroute nach Südchina eignen würde, beauftragten die französischen Kolonialbehörden in Saigon den Kommandanten Ernest Doudart de Lagrée, den Strom so weit wie möglich zu erkunden. Die wichtigsten Ziele dabei waren das Auffinden der Quelle sowie die Beurteilung der kommerziellen Möglichkeiten, die sich entlang des Flusslaufs boten. Die Entdecker brachen 1866 in Saigon auf. Zwei Jahre und 24 Tage später kehrte das Expeditionsteam, das zu diesem Zeitpunkt von Francis Garnier geleitet wurde, von seiner langen, abenteuerlichen Reise nach Vietnam zurück, mit Lagrées Herz im Gepäck, das nach Frankreich überführt werden sollte, dann aber in Saigon bestattet wurde. Lagrée war an hohem Fieber, Dysenterie und Magengeschwüren gestorben.

Lagrées Team hatte Tausende Seiten mit Ergebnissen sorgfältiger Recherche und kartografischen Daten zusammengetragen, die das Gesicht dessen, was heute als Südostasien bezeichnet wird, für immer verändern sollten. Die Expeditionsmitglieder waren als Erste auf dem Fluss durch die fünf Länder des unteren Mekongbeckens gereist. Die im 21. Jahrhundert fast vergessene französische Mekongexpedition wurde damals als eine der bedeutendsten Expeditionen des 19. Jahrhunderts gefeiert, und Francis Garnier, der nach Lagrées Tod zum Expeditionsleiter ernannt worden war, bekam in London die *Patrons Medal* der Royal Geographic Society verliehen.

Ein Beweis für die Bedeutung dieser Expedition zum damaligen Zeitpunkt ist die Tatsache, dass Garnier im darauf folgenden Jahr bei einem geografischen Kongress in Antwerpen als einer von zwei Preisträgern eine weitere Auszeichnung erhielt – der andere Preisträger war der berühmte Afrikaforscher David Livingstone. Die Mekongexpedition erkundete den Hauptstrom des Mekong vom Meer bis zu der Stadt Jinghong im Süden von Yunnan, eine Strecke von über 2700 Kilometern und damit mehr als die Hälfte der Gesamtlänge des Flusses. Von dort aus machten sich die Expeditionsteilnehmer auf den Weg nach Dali, in der Absicht, am Ende ihrer Erkundungsreise im Jahr 1868 noch ein letztes Mal zum Fluss zurückzukehren. Während einer Audienz beim örtlichen Mandarin wurden sie jedoch aufgefordert, die Stadt zu verlassen, ehe sie seine Gastfreundlichkeit überstrapazierten und er sie köpfen ließ. Ich fragte mich, ob die Franzosen es für möglich gehalten hätten, dass es 136 Jahre dauern würde, bis jemand einen größeren Teil des Flusses aus eigener Kraft bereisen würde, als sie es geschafft hatten.

10
Yunnan und der König der fetten Bastarde

Nachdem wir fünf Tage in Zhongdian verbracht hatten, fuhren wir mit dem Bus nach Dali, wo wir einen Bai (eine ethnische Minderheit, die im Umkreis der Stadt Dali in Yunnan angesiedelt ist) engagierten, damit er uns auf den noch verbleibenden 700 Kilometern in China mit dem Auto logistisch unterstützte. Brian gab dem Bai, der eine Pension besaß und eine Brille trug, den Spitznamen »Goldfinger«, vermutlich wegen des leicht niederträchtigen Gackerns, das er statt eines Lachens ausstieß.

Goldfinger fuhr uns zur Yong-Ping-Brücke, und wieder einmal war der Pegel des Mekong während unserer Abwesenheit um mehrere Fuß angestiegen. Der Fluss reichte jetzt bis auf anderthalb Meter an die natürliche Hochwassermarkierung an der Lincang-Brücke heran und war zu einem gewaltigen Strom geworden, ganz egal, welche Maßstäbe man anlegte. Zur Abwechslung hatten wir diesmal eine ungefähre Vorstellung davon, was uns auf den nächsten 280 Kilometern erwartete, denn Earth Science Expeditions, das Team von Pete Winn, hatte diesen Abschnitt 1995 und 1997 in zwei Etappen erstmals befahren und darüber einen ausführlichen Bericht veröffentlicht. Darin fand sich die detaillierte Beschreibung einer Stromschnelle mit dem Namen »Dragon's Teeth«. Sie verdankte ihre Entstehung einem Erdrutsch, der 1988 nur wenige Minuten nach zwei Erbeben der Stärke sieben auf der Richterskala abgegangen war. Die Erdbeben hatten bewirkt, dass der Nordhang eines Berges in den Lancang Jiang stürzte und etwa 50000 Tonnen Fels und Geröll stromabwärts gespült wurden, wo sie den Eingang zu einer Schlucht blockierten.

Frühere Bootsfahrer hatten die Stromschnelle als so gut wie unbefahrbar eingestuft, nachdem sie die meisten Schlauchboote zum Kentern gebracht hatte, die es gewagt hatten, sich an ihr zu versuchen. Da jetzt wesentlich mehr Wasser durch die Stromschnelle floss, hegten wir die Befürchtung, die Befahrung könnte zu einem selbstmörderischen Unterfangen geworden sein.

Wir begaben uns an derselben Stelle wieder auf den Fluss, an der wir ihn verlassen hatten, und paddelten bald an den Überresten der Jihong-Brücke vorbei, die aus dem Jahr 105 v. Chr. stammt und dem Weiterkommen auf der südlichen Seidenstraße diente. Bis sie 1986 bei einem Erdbeben zerstört wurde, war sie die älteste Brücke Chinas, vermutlich sogar die älteste Brücke der Welt.

Nachdem wir im Laufe des Tages mehrere Stromschnellen mittlerer Schwierigkeit gemeistert hatten, fiel mir eine große Erdrutschfurche rechts vom Fluss auf. Wir befanden uns inzwischen in der Gegend, in der wir damit rechneten, auf die Dragon's Teeth zu stoßen. Wie sich herausstellte, rührte der Erdrutsch tatsächlich von dem Beben im Jahr 1988 her. Am Fuß des zerfurchten Berges befand sich nur eine unverhältnismäßig kleine Menge Geröll, was darauf hindeutete, dass der Fluss einen großen Teil fortgetragen hatte.

Bereits über einen Kilometer vor der Stromschnelle war ein Tosen zu hören, und als wir um eine Linkskurve paddelten, sahen wir, dass viele der Felsbrocken von dem Erdrutsch stromaufwärts genau bis zum Beginn einer steilen Schlucht geschwemmt worden waren. Die Horizontlinie fiel plötzlich ab, und aus dem Chaos dahinter spritzte Gischt in die Luft. Wir steuerten ein Kehrwasser auf der rechten Flussseite unmittelbar oberhalb der Gefällstufe an, um die Stromschnelle von Land aus zu inspizieren. Zu unserer Erleichterung hatte es den Anschein, als sei sie zwar schwierig, aber durchaus zu bewältigen. Da es bereits merklich dämmerte, warteten wir mit der Befahrung bis zum nächsten Morgen.

Wir schlugen in der malerischen Schlucht unser Lager auf und bereiteten uns auf eine Nacht unter Sternen vor. Brian und ich hatten bislang noch kaum eine Gelegenheit gehabt, uns in Ruhe auszutauschen. Ich kochte einen Schmortopf mit Thunfisch und Käse, und bei einer Tasse Kaffee unterhielten wir uns über den Alltag zu Hause, die Frauen in unserem Leben und über unsere Ziele für die kommenden Jahre.

Brian wollte die Erstbefahrung des Mekong dazu nutzen, um seine angehende Karriere als Filmemacher voranzutreiben. Er war mit einer »ganz besonderen Lady« von Maine nach Portland in Oregon gezogen und hatte sich kürzlich dort ein Haus gekauft. Unsere gemeinsame Arbeit an dem Dokumentarfilm über Tiger hatte ihm so viel Spaß gemacht, dass eine Rückkehr nach Südostasien ganz weit oben auf seiner Prioritätenliste stand. Mein Anruf hatte ihn zur richtigen Zeit erreicht.

Ich verstand mich hervorragend mit Brian; sein trockener Humor traf immer den Nagel auf den Kopf, und keiner von uns beiden hatte das Bedürfnis, dem anderen auf dem Fluss immer eine Nasenlänge voraus zu sein. Wir wechselten uns dabei ab, als Erster durch Wildwasserstrecken zu fahren, oder machten die Entscheidung davon abhängig, wer die Befahrung am besten filmen konnte. Wir waren offen für die Vorschläge des anderen und nahmen es, wie es kam, wenn es einmal nicht nach Plan lief. Ich hatte das Gefühl, mit jemandem zusammenzuarbeiten, der genau der Richtige war für die Art von Expedition, die wir unternahmen.

Am nächsten Morgen versuchte ich mich als Erster an den Dragon's Teeth. Aufgrund des starken Gefälles der Stromschnelle war es schwierig, die von uns anvisierte Linie zu sehen, die an monströsen Strudeln und von weiter oben herabgestürzten Felsbrocken vorbeiführte, und als ich den Rand der Gefällstufe erreichte, war ich bereits fünf Meter vom Kurs abgekommen. Ein paar hastige Korrekturen beförderten mich ein Stück flussabwärts ins Kehrwasser, ohne dass ich auf dem turbulenten Abschnitt auch nur einen Spritzer Wasser ins Gesicht bekommen hätte. Brian erwischte hingegen genau die von uns vorgesehene Linie, wurde jedoch plötzlich ein paar Meter nach links gedrückt, von einer großen brechenden Welle überrollt und mit Schwung auf ein gefährliches Riff zugetrieben. Er paddelte wie verrückt und rettete sich ins Kehrwasser auf der rechten Flussseite. Dieses Erlebnis verdeutlichte uns, wie extrem wild der Fluss nun war, da sich der Wasserpegel dem Höchststand näherte. Manchmal lief man Gefahr, ins Desaster zu steuern, obwohl man alles richtig gemacht hatte.

Die Monsunsaison war voll im Gang, und die Regenfälle sorgten in Verbindung mit der Schnee- und Gletscherschmelze in Tibet dafür, dass immer mehr Wasser zu Tal stürzte und chaotische Verhältnisse bewirkte. Auch wenn wir mit einem Abstand von nur zehn Metern auf genau derselben Linie durch gewaltige Stromschnellen mit über viereinhalb Meter hohen Wellen hintereinander herpaddelten, ließ sich nie vorhersagen, wen von uns beiden die Wellen in die Mangel nehmen würden. Das lag ebenso sehr im Ermessen des Flusses wie an unserem Paddelkönnen.

Die riesigen brechenden Wellenzüge, das charakteristische Merkmal dieses Wildwassers, machten uns eine Menge Spaß. Brechende Wellen entstehen durch verschiedene Umstände, ihnen gemeinsam ist aber, dass sich beträchtliche Wassermengen auftürmen, bis ein Punkt erreicht ist, an dem der untere Bereich der Welle das Gewicht nicht mehr trägt und sie mit großer Wucht in sich zusammenbricht.

Im Grund genommen sehen diese Wellen genauso aus wie Meereswellen, ihr Timing ist jedoch weniger unvorhersehbar. Flusswellen bauen sich Hunderte Male in der Stunde an derselben Stelle auf und stürzen wieder in sich zusammen. Stellenweise türmten sich lange brechende Wellenzüge wie wütende Sumoringer provozierend vor uns auf. Da sie meist fürchterlich bellten, aber nicht gleichermaßen bissen, ließen Brian und ich uns diese Herausforderung nur selten entgehen, auch wenn es eine Alternative gegeben hätte.

Wir tauften diese riesigen brechenden Wellen in Anlehnung an die treffend benannte Figur aus den Austin-Powers-Filmen »Fat Bastards«. Brian und ich fuhren den wogenden Fat Bastards immer wieder in einer Linie entgegen und paddelten dann am Hang jeder einzelnen Welle hoch, um ihr Timing zu testen. Mit Geschick und etwas Glück wurden wir nicht von ihnen erwischt, wenn sie brachen. Kurz bevor die Fat Bastards in sich zusammenstürzten, gab es einen Moment, in dem man an ihrer Stirnseite hinaufschießen und am Wellenkamm abheben konnte, um auf ihrem Rücken zu landen, bevor man sich dem nächsten bedrohlichen Bastard gegenübersah. Das Problem war, dass jeder Fat Bastard sein eigenes Timing oder, wie ich es bezeichne, seine eigene Koordination hatte.

Wir schafften es oft, ganze Serien von Fat Bastards fehlerfrei zu durchfahren – und ebenso oft stießen wir auf Wellen, die sich durch eine perfekte Koordination auszeichneten. Dabei war immer abzusehen, wann einem ein besonders talentierter Fat Bastard eine Abreibung verpassen würde. Kurz vorher sah man, wie sich eine mehrere Meter hohe Wasserwand vor einem aufbaute, dann wurde alles ganz still, und man konnte beinahe das höhnische Lachen des Fat Bastard hören. WUMM! Genau in diesem Moment wurde uns immer bewusst, welche Gewalt mehrere Tonnen Wasser haben, wenn sie uns aus beachtlicher Höhe auf den Kopf stürzten. Wir nannten es »Klatsche«, wenn wir von einer Welle erwischt wurden.

Der größte Vorteil, den ein Paddler gegenüber brechenden Wellen hat, ist die Vorwärtsbewegung. Allerdings verliert der Kajak in der Regel an Geschwindigkeit, wenn er von einer Welle erwischt wird, sodass selbst der unkoordinierteste Fat Bastard noch gute Chancen hat, dem glücklosen Kajakfahrer eine Abreibung zu verpassen. Wenn ich eine heftige Klatsche bekam und etwas orientierungslos auf dem Rücken des Angreifers wieder auftauchte, paddelte ich trotzdem jedes Mal aggressiv auf den nächsten brüllenden Bastard zu, da ich wusste, dass ich ihn nur mit viel Tempo überwinden konnte. Jedes Mal, wenn mein Schwung am Wellenhang kurz vor dem Kamm abgebremst wurde, glitt der Kajak gegen die Strömung zum Fuß des Bastards zurück, wo dieser mir genüsslich einen heftigen Schlag verpasste und ich halb benommen dem nächsten Bastard entgegengetrieben wurde.

Auf Serien von Fat Bastards folgten meistens extrem starke Strudel und Wirbel, die sich oft über fast einen Kilometer erstreckten. Sie stellten die größte Gefahr dar. Brechende Wellen halten Paddler oder Schwimmer nicht lange fest, und selbst die meisten der riesigen Strudel, auf die wir auf dieser Strecke stießen, hätten jeden, der das Pech hatte, in sie hineinzugeraten, letztendlich wieder ausgespuckt. Die Wildwasserpassagen hinter den Wellen waren jedoch im Stande, einen bis zu einer Minute unterzutauchen. Brian und ich waren uns einig, dass wir aller Wahrscheinlichkeit nach bewusstlos wieder auftauchen würden, falls wir dort aus dem Boot geworfen werden sollten. Wir verabredeten, auf keinen Fall aus dem Kajak auszusteigen und bei der Befahrung größerer Stromschnellen möglichst nah zusammenzubleiben, um uns im Falle eines Falles besser gegenseitig helfen zu können.

Die turbulenten Flussabschnitte im Süden von Yunnan waren nicht ganz ungefährlich, aufgrund der Fat Bastards hatten Brian und ich jedoch mehr Spaß, als sich mit Worten beschreiben lässt.

Als Nächstes stießen wir auf eine besonders enge Schlucht, in der uns einige der bislang schwierigsten Stromschnellen unserer Reise erwarteten. Normalerweise hielten Brian und ich nicht an, um größere Stromschnellen von Land aus zu inspizieren, sondern paddelten einfach gemeinsam auf sie zu und einigten uns auf dem Wasser über unsere Route. Vor den schwierigeren Stromschnellen hielten wir kurz an, und einer von uns erklärte sich bereit, sie als Erster zu durchfahren. An diesem Tag paddelten wir jedoch in eine Schlucht mit einer besonders gefährlichen Passage. Das Wildwasser war derart turbulent und unberechenbar, dass wir es lange Zeit wortlos anstarrten. Vermutlich warteten wir beide darauf, dass der andere sich anbot vorauszufahren.

Das Problem an dieser Passage war, dass es aufgrund der starken Verengung der Schlucht eigentlich keine fahrbare Linie gab. Die einzige sichere Route führte immer wieder unmittelbar an extremen Verwirbelungen vorbei. Erschwerend kam hinzu, dass wir nicht sehen konnten, was uns hinter der nächsten Biegung erwartete. Die Fließgeschwindigkeit des Wassers deutete allerdings darauf hin, dass dort Gefahr lauerte.

Wir beschlossen, die Befahrung nicht zu filmen, damit wir gleichzeitig lospaddeln konnten und jeder den anderen schneller retten konnte, falls etwas schiefging. Wir schalteten einen Gang hoch, um die Schlucht in Angriff zu nehmen, und ich richtete meine gesamte Konzentration darauf, gut durchzukommen.

Menschen können in extremen Stresssituationen erwiesenermaßen scheinbar übermenschliche Kräfte mobilisieren. Mütter haben im Kampf um das Leben ihres Kindes schon Autos hochgehievt, und es gibt Männer, die, den Tod vor Augen, hungrige Leoparden erwürgt haben. Bei Kajakfahrern gibt es in der Regel keine so spektakulären Beweise für die beeindruckenden körperlichen Leistungen, die man erbringen muss, um dem Tod von der Schippe zu springen. Damit auch Laien verstehen, wie viel Kraft dazu nötig ist, haben ein paar findige Paddler ein Klassifizierungssystem entwickelt. Dieses System ist allerdings in kaum einem Wildwasserhandbuch zu finden und nicht offiziell anerkannt. Es wird »Bammelfaktor« genannt und umfasst eine Skala von eins bis drei. Bei Stufe eins bekommt man vor lauter Bammel eine Gänsehaut, bei Stufe zwei bricht einem der kalte Schweiß aus. Stufe drei markiert schließlich den Punkt, an dem man alle Kräfte mobilisiert, damit man vor Angst nicht am ganzen Körper zittert. Das einzig bekannte Heilmittel gegen eine Faktor-Drei-Bammelsituation ist, dass man sie überlebt und im Beifall seiner Freunde badet, wenn man ihnen die Geschichte erzählt. Dieselben Freunde wechseln aber schnell das Thema, sobald man auf die unvergessliche, lebensverändernde Erfahrung zu sprechen kommt, wie man dem Tod eins ausgewischt hat.

Bereits als ich in die Stromschnelle einfuhr, machte sich bei mir Faktor zwei bemerkbar. Ich paddelte wie wild, um möglichst viel Schwung mitzunehmen – als ich mich aber darauf vorbereitete, dass der Zorn der heftigsten Stelle über mir zusammenschlagen würde, teilten sich die Wellen und die tosenden Strudel wie das Rote Meer in der Bibel. Es war wirklich verwunderlich. Als ich die Passage durchquerte, in der ich extremste Wildwasserbedingungen erwartete, bekam ich kaum einen Tropfen ab.

Brian war 40 Meter hinter mir und rechnete, da er mich beobachtet hatte, vermutlich mit denselben Bedingungen. Als ich jedoch um die Biegung fuhr, tauchte eine riesige Stromschnelle vor mir auf. Gischt schoss so hoch in die Luft, dass nur gigantische Strudel dafür verantwortlich sein konnten. Ich steuerte geradewegs auf sie zu, und mein Bammelfaktor schoss auf zweieinhalb hinauf, als ich auf der linken Flussseite das einzige winzige Kehrwasser entdeckte und um mein Leben paddelte. Glücklich dort angelangt, warf ich einen Blick flussabwärts. »Mein Gott!«, entfuhr es mir in einer Mischung aus Ehrfurcht und Schock: Vor mir ragte der mit Abstand größte Fat Bastard auf, den ich jemals gesehen hatte.

Der gischtspeiende König der Fat Bastards hatte einen Wellenhang von ungefähr neun Metern Höhe und war von einer verhältnismäßig bescheidenen sich brechenden Spitze von etwa anderthalb Metern gekrönt. Der Felsbrocken, der dieses Ungetüm verursachte, sorgte auf der anderen Seite vermutlich für einen Strudel von der Größe eines Hauses, den ich allerdings nicht sehen konnte. Mir blieb kaum die Zeit für ein »Verdammt«, denn im gleichen Augenblick schoss Brian um die Kurve. Er sah ziemlich angeschlagen aus und machte noch mehrere Paddelschläge, schaffte es aber nicht zu dem Kehrwasser, in dem ich wartete. Der Kajak blieb in der Mitte des 80 Meter breiten Flusses, und Brian hatte keine andere Wahl, als sich geradewegs ins Chaos zu stürzen.

Mit Entsetzen beobachtete ich, wie Brian in rasantem Tempo auf die tosenden Wassermassen zuschoss. Aus meiner Perspektive war keine sichere Route zu erkennen. »Oh, nein«, flüsterte ich. Mir blieb nichts anderes übrig, als hilflos zuzusehen, während ich mich anstrengte, dass ich nicht aus meinem kleinen Kehrwasser hinausgetrieben wurde und Kurs auf dasselbe Schicksal nahm.

Brian wusste, was er zu tun hatte: Seine einzige Chance war zu kämpfen. Was als Nächstes geschah, habe ich noch heute klar und deutlich vor Augen. Er richtete sich mit Hilfe seines Paddels für einen Moment im Kajak auf, um die beste Route auszukundschaften, und schrie dann eher entschlossen als verängstigt: *»Fuck!«* Er beugte sich vor, gab sich einen Ruck und rammte sein Paddel ins Wasser, um Kurs auf den König der Fat Bastards zu nehmen.

Ich starb fast vor Angst. Als Brian näherkam, fragte ich mich, ob es überhaupt möglich war, genug Schwung zu holen, um eine Welle dieser Größe zu überwinden, und machte mir ernsthafte Sorgen, was ihn dahinter erwarten würde. Brian paddelte aus dem Wellental etwa neun Meter unter mir immer weiter am Wellenhang nach oben, bis er den Wellenkamm ein Stück rechts von der Mitte durchstieß und auf der anderen Seite verschwand. Die Stromschnelle setzte ihr malmendes Tosen fort.

Ich schrie: »Shit!«, und suchte verzweifelt das Wasser flussabwärts ab. Brian war nirgendwo zu sehen, und ich überlegte hin und her, ob ich ihm in den Abgrund folgen sollte. Eine der wichtigsten Regeln der Wildwasserrettung lautet jedoch, dass zwei Todesopfer schlimmer sind als eines, weshalb Retter sich niemals in akute Gefahr begeben sollten, sofern eine hohe Wahrscheinlichkeit besteht, dass sie dadurch in die gleiche Situation geraten wie das Opfer. Dabei konnte ich nicht einmal mit Sicherheit sagen, ob ich dort unten ein Opfer finden würde oder ob Brian sich gerade bei seinem Schutzengel für sein Glück bedankte. Zu meiner Linken ragte eine Felswand auf, die, realistisch betrachtet, ohne Kletterausrüstung nicht zu erklimmen war. Zu meiner Rechten befand sich eine Stromschnelle, die mindestens genauso schlimm aussah wie der König der Fat Bastards, wenn nicht schlimmer. Ich hatte keine Wahl. Etwa sechs Sekunden, nachdem Brian den Fat Bastard skalpiert hatte, verließ ich das Kehrwasser.

Mit einem Bammelfaktor, der gegen drei tendierte, paddelte ich in das Wellental. Im Gegensatz zu Brian steuerte ich auf die linke Seite des Fat Bastard zu, in der Hoffnung, ich könnte zumindest einen Teil dessen sehen, was mich flussabwärts erwartete. Ich paddelte energisch, und vom Wellental des Fat Bastard aus bedurfte es neun hektischer Paddelschläge, um den Wellenhang zu erklimmen und den Wellenkamm zu durchstoßen, während ich mich auf das Schlimmste vorbereitete. Zur meiner großen Erleichterung erwartete mich flussabwärts nichts Lebensbedrohliches, und ich sah Brian in ruhigeres Wasser paddeln. Wir waren beide noch ziemlich durcheinander, als ich ihn einholte.

»Hast du das gesehen, Mann?« Brians Augen waren weit aufgerissen, und seine Lippen bebten.

»Wahnsinn! Hatten wir ein Glück, Mann«, sagte ich und schüttelte den Kopf, als mir bewusst wurde, dass das Schicksal es gut mit uns gemeint hatte. Die Energie war elektrisierend.

Brian rückte den Kinnriemen seines Helms zurecht. »Der erste Abschnitt hat mir die übelste Klatsche verpasst. Ich bin kein einziges Mal gekentert, habe aber trotzdem nicht einmal das Tageslicht gesehen.« Er stellte pantomimisch dar, wie ständig Wasser auf ihn eingestürzt war. Ich wusste genau, wovon er sprach. Das Skalpieren des Königs der Fat Bastards war ein Moment, den wir noch viele Jahre in Erinnerung behalten würden.

Am Spätnachmittag kehrten die Stürme zurück, die den Fluss hinauffegten, und riefen Erinnerungen an die furchterregenden Momente in Tibet wach. Während wir paddelten, setzte der Gegenwind ein, und es dauerte nicht lange, bis er so stark war, dass er das Wasser aufwirbelte. Um uns vor den Tropfen zu schützen, die uns wie Messerstiche ins Gesicht trafen, mussten wir unsere Sonnenbrillen aufsetzen.

Zwar bemühten wir uns, möglichst schnell voranzukommen, als wir uns jedoch einer großen Stromschnelle näherten, ergriff uns Ehrfurcht beim Anblick dessen, was vor uns lag. Der ganze Fluss hatte sich in einen riesigen, 70 Meter breiten und 200 Meter langen Strudel verwandelt. Der Wind riss massenweise Gischt von den Wellenkämmen, und überall waren Strudel und seichte Stellen, sodass man unmöglich sagen konnte, wo sie begannen und wo sie aufhörten – alles war weiß. Wie die Besessenen paddelten wir in Richtung Ufer und wären dabei mehrmals beinahe in einem der starken Strudel gelandet, weil die Sichtweite gegen null ging. Es war wirklich ein beängstigendes Erlebnis.

Jetzt war ich überzeugt, dass zumindest eine Person, die ich kannte, wusste, was ein Mekongsturm ist.

Wir brachten den 150 Kilometer langen Abschnitt nach der Yong-Ping-Brücke, für den das Team unter der Führung von Pete Winn 1995 zehn Tage gebraucht hatte, in nur zwei Tagen hinter uns. Vermutlich saßen wir viel mehr Stunden täglich im Boot als die damaligen Expeditionsteilnehmer, doch unser rasches Vorankommen verdeutlichte auch, dass sich der Flusspegel seinem natürlichen Höchststand näherte. Die entfesselte Mutter des Wassers schob uns mit einer Durchschnittsgeschwindigkeit von etwa zehn Kilometern in der Stunde voran, ohne dass wir paddeln mussten – sie war lebendig, wohlauf und strotzte vor Energie.

11
Schwankender Boden und die Flutwellen der Veränderung

Nachdem Brian und ich viele Tage lang durch die besten Stromschnellen gepaddelt waren, die wir jemals befahren hatten, kam der Mekong plötzlich zum Stillstand, und schnell stellte sich heraus, warum. Wir näherten uns der Baustelle für den Xiaowan-Staudamm, den demnächst weltgrößten seiner Art. Die Chinesen sind derzeit mit der Planung und Erbauung von acht Megastaudämmen am Mekong-Hauptstrom in Yunnan beschäftigt. Zwei sind bereits in Betrieb genommen, vier weitere, darunter auch der Xiaowan-Staudamm, sind momentan im Bau. Die Mekong-Staudämme sind eines der größten Bauwerke aller Zeiten. Das Ausmaß wird deutlich, wenn man bedenkt, dass bis 2017 unglaubliche 650 Kilometer oder mehr als 13 Prozent der Gesamtlänge des Mekong aufgestaut werden sollen, damit mitten in Südostasien ein veritables Meer entsteht. Das Großprojekt soll in erster Linie kostengünstige Energie für Chinas boomende Wirtschaft liefern.

Die Megastaudämme sind schon an sich äußerst umstritten, da sie die Dynamik des Flusssystems, in das sie gebaut werden, dauerhaft verändern und auf die komplexen und empfindlichen natürlichen Lebensräume einwirken. Die Mekongstaudämme werden in ihrem Gesamtausmaß nur noch von Chinas berüchtigtem Drei-Schluchten-Staudamm übertroffen (dem weltgrößten Staudamm und derzeit weltgrößten Bauvorhaben).

Brian und ich paddelten auf die größte menschengemachte Monstrosität zu, die ich jemals gesehen hatte. Nach einer Kurve in den Hauptbereich der Baustelle stießen wir auf eine gewaltige Stromschnelle der Kategorie VI, deren Ursache Hunderttausende

Tonnen Fels und Schutt darstellten, die weggesprengt und in den Mekong gestürzt waren. Es bestand kein Zweifel daran, dass die Felsbrocken den Fluss kilometerweit zurückstauten. Beide Seiten der riesigen Schlucht waren bis auf eine Höhe von 500 Metern zementiert. Auf der Baustelle schufteten Tausende von Bauarbeitern.

Wir verbrachten einige nervöse Minuten damit, zu entscheiden, welche Flussseite wir wählen sollten, da das Umfahren der gesperrten Baustelle uns auf beiden Seiten riskant erschien. Wir einigten uns auf die rechte Seite, denn dort verlief eine Zufahrtsstraße für Lastwagen, die eine Möglichkeit zum Umtragen bot, falls die Befahrung sich als zu gefährlich erweisen sollte. In der Ferne war eine Sirene zu hören, gefolgt von der heftigen Explosion einer Dynamitsprengung, die Hunderte Tonnen Fels auf der linken Flussseite ins Wasser stürzen ließ. Glücklicherweise hatten wir uns für die »rechte« Seite im doppelten Wortsinn entschieden.

Aus ungefähr 500 Metern Höhe an der linken Schluchtwand stieß ein großer Bagger Felsbrocken in der Größe von zwölf Meter langen Schiffscontainern in den Fluss. Halb rollend, halb fliegend stürzten sie die fast senkrechte Felswand hinunter und lösten gewaltige Wasserfontänen aus, als sie unten im Fluss landeten – ein spektakuläres Schauspiel. Die Arbeiter legten ihr Werkzeug beiseite und sahen den beiden verrückten Kajakfahrern zu, die oberhalb der langen Stromschnelle der Kategorie VI am Flussufer entlangpaddelten. Wir beeilten uns, da wir befürchteten, eine Explosion oder herabstürzende Felsbrocken könnten der Expedition ein abruptes Ende bereiten.

Allein die Größe der Baustelle wird mir in Erinnerung bleiben. In der Ferne gingen riesige Erdbewegungsmaschinen langsam ihrer Arbeit nach, die aussahen wie zwei Zentimeter hohe Kinderspielzeug-Miniaturen auf einem zehn Meter hohen Sandhaufen. Hunderttausende, möglicherweise sogar Millionen Tonnen Zement in

Form von Spritzbeton und Stützsäulen bedeckten die Berghänge im kühnen Versuch, sich der Natur zu widersetzen, die ganz offensichtlich bestrebt war, das steilwandige Tal in sich zusammenstürzen zu lassen. Mehrere Chinesen hatten uns gewarnt, keinesfalls die Baustelle zu fotografieren, da wir sonst womöglich verhaftet würden, also holten wir unsere Fotoapparate nicht hervor. Nachdem wir so weit wie möglich an die Stromschnelle der Kategorie Wildwasser VI herangepaddelt waren, stiegen wir aus unseren Booten und kletterten über Felshaufen zur Straße hinauf, über die riesige gelbe Muldenkipper ihre Ladung schleppten. Wir schulterten unsere Kajaks und marschierten flussabwärts, bis ein mit gelben Blinkleuchten und Überrollbügel ausgestatteter Toyota-Landcruiser neben uns anhielt.

Ein beunruhigt dreinblickender Chinese sprang aus dem Wagen und forderte uns mittels Zeichensprache auf, uns nicht von der Stelle zu rühren, während er sein Funkgerät hervorholte und jemandem unsere Position durchgab. Da es den Anschein hatte, als verständigte er das Sicherheitspersonal, schulterten wir prompt unsere Kajaks und marschierten weiter. Er bedeutete uns noch einmal, dass wir warten sollten, bis jemand kam, und ich gestikulierte zurück: »Wir haben keinen Hunger. Wir essen weiter flussabwärts zu Mittag, aber trotzdem vielen Dank!« Mit einem Lächeln setzten Brian und ich uns schleunigst in Bewegung. Die Tatsache, dass die Leute kein Englisch sprachen, war ausnahmsweise einmal von Vorteil für uns.

Wir marschierten flussabwärts an der Stromschnelle vorbei, bis es nicht mehr weiterging, und baten dann ein Diamantenbohrteam, uns dabei zu helfen, unsere Kajaks am unteren Ende der Stromschnelle der Kategorie VI zu Wasser zu lassen. Ich wäre gern noch geblieben, um mich mit den Arbeitern zu unterhalten, da ich einmal eine kurze Zeit lang bei Versuchs-Diamantenbohrungen im australischen Outback mitgearbeitet hatte und mich für ihre Arbeit interessierte, überlegte es mir allerdings anders, denn unser aufgeregter Verfolger beobachtete uns noch immer von weiter oben und sprach dabei in sein Funkgerät. Die so hilfsbereiten wie erstaunten Bohrarbeiter hielten meinen Kajak auf einem Felsen fest, während ich die Spritzdecke befestigte. Dann ließen sie ihn auf mein Kommando los und, begleitet von einem kollektiven Jubelschrei, rutschte ich vom Felsen und landete drei Meter weiter unten in der kräftigen Strömung. Wir paddelten flussabwärts, und ich steuerte ein großes Kehrwasser an, wo ich anhielt und eine Weile die gigantische Baustelle betrachtete. Die riesigen Erdbewegungsmaschinen auf der gegenüberliegenden Seite des weiten Tals sahen jetzt aus wie Ameisen, und ich glaubte, die obersten Höhenmarkierungen des Staudamms ausmachen zu können, die sich gut 310 Meter über mir befanden.

Die gewaltige Stromschnelle flussaufwärts konnten wir jetzt deutlich sehen. Ein Wall aus gesprengten Felsen, die von oben herabgestürzt waren, hielt Millionen Kubikmeter Wasser zurück. Theoretisch hätte er jeden Moment bersten können, und als ich sah, mit welcher Gewalt das Wasser durch die Stromschnelle stürzte, und spürte, wie die Felsbrocken sich unter der Oberfläche mahlend bewegten, nahm ich an, dass das mit hoher Wahrscheinlichkeit tatsächlich irgendwann passieren würde. Die neun Meter hohe Wasserwand, die der Damm aus Schutt zurückhielt, würde allerdings verblassen neben der 300 Meter hohen, 170 Kilometer breiten Wasserwand, die der Xiaowan-Damm demnächst aufstauen würde, oder neben dem 650 Kilometer langen überfluteten Gebiet, das insgesamt von den Dämmen aufgestaut werden würde. Bei diesem Gedanken lief mir ein Schauder über den Rücken.

China hält den traurigen Rekord, mehr Staudammkatastrophen erlebt zu haben als jedes andere Land auf unserer Erde. Patrick

McCully weist in seinem sorgfältig recherchierten Buch *Silenced Rivers,* das 1996 erschien, darauf hin, dass es in China offiziellen Statistiken zufolge bislang mehr als 3200 Staudammbrüche gegeben hat. Das heißt, ungefähr vier Prozent der 80000 Dämme im Land haben der Belastung nicht standgehalten. Somit ist es nicht weiter überraschend, dass die verheerendsten Staudammunglücke der Welt in China stattgefunden haben. Eine katastrophale Serie von Dammbrüchen in der Provinz Henan im Jahr 1975 forderte rund 230000 Todesopfer und zerstörte das Leben von Millionen Menschen. Bis vor kurzem wurden diese Ereignisse von den Behörden vertuscht.

Die dubiose Staudammstatistik in China ist eine Sache, doch wenn man zusätzlich noch die extrem instabilen seismischen Bedingungen im Westen des Landes betrachtet, erscheint der Bau der Mekong-Staudämme in einem völlig neuen Licht.

Da Yunnans Westen häufig von starken Erdbeben erschüttert wird, wurde die Region zum internationalen Testgelände für Erdbebenvorhersage auserkoren. Nordamerika, einschließlich der San-Andreas-Störung, ist ruhig im Vergleich zu Westchina, wo allein im vergangenen Jahrhundert über 100 größere Erdbeben mit einer Stärke von sieben oder mehr auf der Richterskala verzeichnet wurden.

Dem staatlichen chinesischen Amt für Seismologie zufolge starben im vergangenen Jahrhundert 553000 Menschen – das sind etwa 53 Prozent aller Erdbebenopfer weltweit – in China, was verdeutlicht, wie heftig und verheerend die Erdbeben in dieser Region sind. In China lebt ungefähr ein Fünftel der Weltbevölkerung auf nur sieben Prozent der gesamten Landfläche der Erde; die Tatsache, dass über die Hälfte aller Erdbebenopfer auf einem so kleinen Teil der Oberfläche unseres Planeten ums Leben gekommen sind, gewährt einen beunruhigenden Einblick in die Risiken, die das Land eingeht.

Die Speicherkapazität der Mekong-Staudämme wird sich auf etliche Milliarden Kubikmeter Wasser belaufen. Nicht auszudenken, was geschehen würde, wenn die Dämme brächen. Die Wassermassen aus einem 650 Kilometer langen Stausee würden plötzlich durch ein beengtes Tal strömen, in dessen tief gelegenen Schwemmebenen südlich von China 30 Millionen Menschen leben. Eine Überschwemmung mit einer mehrere 100 Meter hohen Flutwelle würde eine Verwüstung anrichten, wie sie die Menschheit noch nicht gesehen hat. Sie würde sich ihren Weg durch die souveränen Staaten Südostasiens bis zum Meer bahnen, die Hauptstädte von Laos und Kambodscha (mit einer Gesamteinwohnerzahl von ungefähr drei Millionen) vollständig auslöschen und noch schlimmer wüten als der Tsunami im Jahr 2004 in der indonesischen Provinz Aceh. Ein Dutzend weitere Städte mit Einwohnerzahlen um die 100000 würde vom Erdboden verschwinden und die Überreste mehrerer tausend tief gelegener Dörfer würden im Südchinesischen Meer versinken. Kriege einmal ausgenommen, hatte kein menschengemachtes Desaster in der Geschichte der Menschheit jemals vergleichbar katastrophale Folgen.

Es machte mich tief betroffen, mit ansehen zu müssen, wie ein so großer, mächtiger Strom zu einem flachen, leblosen See gezähmt wurde. Während ich den Oberlauf des Mekong befuhr, hatte ich die Gelegenheit gehabt, das Temperament der Mutter des Wassers zu studieren – das von verspielter Tollerei im tibetischen Hochland bis hin zu jähzornigen Launen in den Schluchten im Süden Tibets und im Norden von Yunnan reichte. Ehrfurchtsvoll hatte ich Kilometer um Kilometer gigantischer Schluchten betrachtet und mir auszurechnen versucht, wie viele Milliarden Tonnen Fels und Erdreich der Fluss auf jedem 100 Kilometer langen Abschnitt fortgespült hatte.

Die bewegungslosen Wassermassen, die Brian und ich vor uns sahen, hatten nichts von der Persönlichkeit des Flusses, den ich kennengelernt hatte. Unterhalb des Xiaowan-Staudamms kam langsam wieder Leben in den Fluss, doch als er gerade wiedererwacht war, stießen wir auf die nächste leblose Strecke, den 70 Kilometer langen Manwan-Stausee. Dieses regungslose Wasserbecken wurde vom ersten am Mekong errichteten Megadamm aufgestaut.

Kurz vor unserer Befahrung des Abschnitts oberhalb der Staudämme Xiaowan und Manwan las ich meine E-Mails und erfuhr, dass die Länder am unteren Flusslauf unter einer schlimmen Dürre litten und der Mekong einen der niedrigsten jemals gemessenen Pegelstände hatte. Davon waren Millionen Bauern und Fischer aus der Region betroffen. Dort, wo wir uns aufhielten, nur ein paar hundert Kilometer nördlich von Thailand, Laos und Birma, erreichte der Pegel hingegen fast den Höchststand. Das Unglück bestand darin, dass trotz der Trockenheit stromabwärts riesige Mengen vorhandenen Wassers in China zurückgehalten wurden, um die beiden betriebsbereiten Stauseen zu füllen und den chinesischen Flusshandel zu unterstützen.

Brian und ich diskutierten lange über diese menschengemachte Katastrophe und beschlossen, als Zeichen des Protests gegen die verheerenden Auswirkungen, die die Errichtung von Staudämmen am Mekongoberlauf auf die am Unterlauf ansässigen Menschen hatte, nicht durch die Mekongstauseen in Yunnan zu paddeln. Kurz nach unserer Ankunft am Manwan-Stausee hielten wir einen vorbeifahrenden Frachtkahn an und überredeten den Kapitän, uns gegen Bezahlung auf die andere Seite des Sammelbeckens zu bringen.

Brian und ich genossen die Sonne, während der Frachtkahn den Manwan-Stausee überquerte. Zu meiner Überraschung ragten in der Mitte des Sees, etwa 40 Kilometer unterhalb der Stelle, wo der Fluss ursprünglich zum Stillstand gekommen war, große Schlamminseln aus dem Wasser. Theoretisch hätte das Staubecken dort Dutzende Meter tief sein sollen. Die außerordentlich starke Sedimentation zeigt, wie unsinnig der Bau solcher Staudämme im Südwesten von China ist.

Unterhalb des Manwan-Damms kehrten die Stromschnellen zurück. Da der Stausee gerade begonnen hatte überzulaufen, war der Wasserpegel unten ungefähr genauso hoch wie oben und sorgte für beängstigendes Wildwasser. Auf über vier Meter hohe Wellenzüge folgten imposante Strudel und Wirbel. Wenn wir gekentert wären, hätten sie uns mit Sicherheit so schnell nicht wieder ausgespuckt.

Was uns beim Paddeln durch China besonders auffiel, ehe wir zu den Staudämmen gelangten, war die Tatsache, dass die Menschen fast keine Beziehung zum Fluss hatten. Auf den ersten 1800 Kilometern des chinesischen Mekong hatte ich ungefähr zwölf Gruppen Angler gesehen; niemand von ihnen bediente sich traditioneller Methoden, und in keinem Fall handelte es sich um Bewohner der umliegenden Dörfer. Einmal beobachteten Brian und ich ein paar Leute, die Vorratsbehälter auf dem Rücken trugen und mit Spritzpistolen Cyanid in Steingärten versprühten. Ein andermal sahen wir Leute, die Dynamitstangen ins seichte Wasser warfen und anschließend mit einem Kescher ungefähr die fünf Prozent der toten oder sterbenden Fische einsammelten, die nicht von der starken Strömung fortgetrieben worden waren. Die übrigen Fischer waren offensichtlich Stadtbewohner, die moderne Angelruten benutzten. Es gab keine Gärten am Flussufer, man sah fast keine Boote, nur Fähren, die Menschen zum anderen Ufer brachten, und kaum jemand wusch seine Wäsche im Fluss. In einem großen Teil Chinas schienen die Menschen den Mekong fast vollständig zu ignorieren.

Erst auf den letzten 400 Kilometern, bevor der Fluss China verlässt, sahen wir Menschen, deren Alltagsleben mit der Wasserstraße in Beziehung stand. Die dort beheimateten Menschen sind in kultureller Hinsicht enger mit Thailändern und Laoten verwandt als mit den Han-Chinesen, Chinas mehrheitlicher ethnischer Gruppierung, die in der Regel das Sagen hat, wenn es um Großprojekte geht.

In meinen Augen war es der Gipfel der Ungerechtigkeit, dass die zerstörerischen Entscheidungen mit den verheerendsten Konsequenzen für den Mekong, für seine Anwohner und für die Lebensräume, die er versorgt, ausgerechnet von den Bürokraten des Mekong-Anrainerstaats getroffen werden, dessen Überleben am wenigsten davon abhängt.

12
Der Flötenmeister vom Mekong und ein neuer Lebensrhythmus

Der Frachtkahn setzte uns oberhalb des Manwan-Damms ab, wo Goldfinger auf uns wartete. Er fuhr uns auf die andere Seite des Staudamms zu einer Stelle, an der wir wieder aufs Wasser gehen konnten. Wir waren noch nicht lange unterwegs, als die natürliche Strömung des Flusses von einem weiteren menschengemachten Monolithen gebremst wurde, dem Dachaoshan-Staudamm. Er ist der zweite in Betrieb genommene Damm am Mekonghauptstrom und gleichzeitig der zweite fertiggestellte Damm des Großprojekts. Da unsere Visa bald abliefen, mussten wir die lange Autofahrt in die Stadt Baoshan auf uns nehmen, um sie dort verlängern zu lassen. Als ich nach unserer Ankunft Bargeld brauchte, stellte ich fest, dass mir jemand 600 US-Dollar gestohlen hatte, während wir mit dem Kajak den letzten Flussabschnitt zurückgelegt hatten. Der Diebstahl traf uns schwer, weil wir nun nicht mehr genug Geld bei uns hatten, um nach Jinghong zu kommen, der nächsten größeren Stadt im Süden von Yunnan.

Obwohl mir die Beweise dafür fehlten, wer das Geld aus meiner Tasche gestohlen hatte, die im Wagen verstaut gewesen war, während wir zum Manwan-Reservoir paddelten, lag es auf der Hand, dass es jemand gewesen war, der in unserer Abwesenheit Zugang zum Wagen gehabt hatte. Plötzlich nahm der Spitzname unseres Fahrers, »Goldfinger«, eine unangenehme neue Bedeutung an.

Brian musste sich nun gezwungenermaßen auf die frustrierende mehrtägige Fahrt machen, um Geld abzuheben, während ich allein vom Dachaoshan-Staudamm nach Jinghong paddelte, der letzten größeren Stadt auf unserem Weg durch China. Die Stimmung verschlechterte sich zusehends, denn Goldfinger merkte, dass etwas im Busch war. Wir sahen uns nach einem neuen Fahrer um, fanden jedoch niemanden. Somit befanden wir uns in der unerquicklichen Situation, einen Fahrer weiterbeschäftigen zu müssen, bei dem wir den starken Verdacht hatten, dass er ein Dieb war.

Unterhalb des Dachaoshan-Staudamms war der Mekong kaum wiederzuerkennen, da er nicht mehr die riesigen Wassermengen wie zuvor führte und sich in einen allenfalls mittelgroßen Fluss verwandelt hatte. Unserer Schätzung nach war die Wassermenge unterhalb des Damms um 50 bis 70 Prozent kleiner als oberhalb. Da die Trockenheit am unteren Mekong zu diesem Zeitpunkt weltweit Schlagzeilen machte, waren wir versucht, die Medien von dem in Kenntnis zu setzen, was wir gesehen hatten, denn der Zugang zu den chinesischen Staudämmen war streng reglementiert und, wenn überhaupt, nur wenige Außenstehende konnten sich Informationen über die Wassermenge vor und nach den Dämmen verschaffen. Damit wären wir allerdings das Risiko eingegangen, des Landes verwiesen zu werden, und in dem Fall hätten wir unsere Expedition abbrechen müssen. Es blieb uns daher nichts anderes übrig, als auf einen günstigeren Zeitpunkt zu warten.

Ich paddelte allein vom Fuß des Dachaoshan-Staudamms aus weiter, während Brian Goldfinger im Wagen begleitete. An diesem Nachmittag fuhr ich unter der Lincang-Brücke hindurch, an der die Expedition von 1997 geendet hatte. Unterhalb der Brücke begann der bis dahin letzte unbefahrene Abschnitt des Mekong in China. Die 120 Kilometer lange Strecke beinhaltete zwei schwierige Stromschnellen der Kategorie V sowie zahlreiche Stromschnellen der Kategorie IV, ehe das Gefälle des Flusses langsam abnahm.

Im Lauf der nächsten beiden Tage, an denen ich allein unterwegs war, begegneten mir immer mehr Menschen, die den Fluss nicht als Hindernis sahen, das es zu meiden galt, sondern ihn in ihren Alltag integriert hatten. Ich war mittlerweile im Kulturkreis der Tai im Süden Yunnans angelangt. Die Tai, die Vorfahren der heutigen Thailänder und Laoten, sind auf dem Fluss in einem Sampan ebenso zu Hause wie auf dem trockenen Land. In den ruhigen Abschnitten zwischen den Stromschnellen schwammen Kinder im Wasser und spielten am Ufer, während ihre Väter fischten und Frauen am Fluss ihre Wäsche wuschen. Es war ein gutes Gefühl, wieder unter Menschen zu sein, die mit dem Fluss verbunden waren.

Ich paddelte bis spät in den Nachmittag hinein durch terrassierte Täler, in denen Reis angebaut wurde, der im schwindenden Licht schimmerte, und durch wilde Bambuswälder, die in den unrhythmischen Windböen wogten. Für mein Nachtlager wählte ich einen breiten Sandstrand unterhalb von Getreidefeldern. Als ich anfing, mein Zelt aufzustellen, erschien ein Mann in den Vierzigern mit seinen beiden Söhnen, um sich mit eigenen Augen von dem seltsamen Ereignis zu überzeugen, dass ein Fremder in ihrem abgelegenen Tal sein Lager aufschlug. Mit einem Lächeln und mit Hilfe von Zeichensprache luden die drei mich in ihr Steinhaus weiter oben am Hang ein. Da dunkle Wolken und Donner drohten, den Strand in eine Schlammgrube zu verwandeln, nahm ich ihr Angebot bereitwillig an.

Als wir uns vom Ufer entfernten, wo der Mekong dafür sorgte, dass nur die schrillsten Vogelrufe zu hören waren, vernahm ich aus der Ferne eine Melodie, die mit der Brise kam und wieder verschwand. In der einsetzenden Dämmerung klang sie so leise und so friedlich, dass ich zunächst glaubte, ich hätte sie mir nur eingebildet, doch als wir uns den Weg weiter durch die Getreidefelder bahnten, wurden die Noten deutlicher. Ich hörte die Klänge einer Flöte.

Die wunderschöne Melodie, deren perfekt aufeinander abgestimmte Töne mit fließender Eleganz anstiegen und fielen, erklang, wie ich verwundert feststellte, in vollkommener Harmonie zu dem

Tal, durch das wir wanderten. Meine Neugier wuchs, wer die magische Melodie wohl spielte. Wir näherten uns einem robusten, aus Felsen gemauerten Haus, aus dem die Musik ertönte und wo mich als Erstes ein großer Hund anfiel. Mein Gastgeber und ich schrien und drohten dem Hund, um ihn auf Distanz zu halten. Daraufhin hörte die Musik auf, und die Bewohner des Hauses eilten nach draußen, um nachzusehen, was den Aufruhr verursachte.

Ein kleiner Junge von etwa zwölf Jahren erschien mit einer Flöte in der Hand auf dem Treppenabsatz und starrte verblüfft den Fremden an, der verzweifelt versuchte, sich seinen großen Mischlingshund vom Leib zu halten. Ich trat einen Schritt nach vorn, um mich dem Schöpfer der wunderbarsten Musik vorzustellen, die ich bislang in China gehört hatte.

Nachdem der Hund verscheucht war, lächelte ich alle Anwesenden an und begrüßte sie mit dem obligatorischen *nihou,* »hallo«, und einer leichten Verbeugung, ehe ich auf die Flöte des Jungen deutete und eine Runde Applaus zu Ehren seines offensichtlichen Talents spendete. Dann erst bemerkte ich, dass der Junge unter den schlimmsten Missbildungen im Gesicht litt, die ich jemals gesehen hatte, und zuckte unbewusst zusammen. Trotz seiner Verwachsungen, die ihn – wie ich bald herausfinden sollte – am Sprechen hinderten, sah ich ein Lächeln und ein Erröten auf seinem Gesicht.

Kurze Zeit später war ich im Haus meines Gastgebers und zog mir trockene Kleidung an. Ich gab der Dame des Hauses einige meiner Vorräte als Beitrag zum Abendessen, das sie zubereitete, und ging dann auf den Balkon hinaus, wo sich der Junge aufhielt. Als ich meine Taschen umräumte, merkte ich, dass er sich für meine Sachen interessierte und sie neugierig beäugte. Ich holte eine Landkarte und einen Kompass hervor und forderte ihn auf näherzukommen. Dann las ich die Namen einiger großer Städte auf der Karte von China vor, von denen er viele sofort erkannte, wie auch den Namen seines Flusses, Lancang Jiang. Er zeigte große Begeisterung für die Landkarte und deutete bald selbst auf verschiedene Städte, damit ich ihm die latinisierten Namen vorlas. Als er sich über die Karte beugte, sah ich, dass er einen Buckel hatte. Sein Verhalten und die Art und Weise, wie er sich mit mir austauschte, ließen jedoch keinen Zweifel bei mir aufkommen, dass er überaus intelligent war.

Da wir uns durch Sprache nicht verständigen konnten, gab ich bald ein paar meiner amateurhaften Zaubertricks zum Besten. So verbrachten wir einige Zeit miteinander, bis ich ihn bat, ein paar Lieder auf seiner Flöte zu spielen, die mich nach kurzer Zeit in einen Zustand friedlicher Selbstvergessenheit versetzten. Ich war schon immer der Ansicht, dass das Spiel eines Musikers Einblick in seine Seele gewährt. Nach den Flötenmelodien des Jungen zu schließen, musste seine Seele irgendwo im Ozean des Nirwana schwimmen. Ich hätte ihm gern die ganze Nacht zugehört, wäre nicht mein Hunger erwacht, als seine Mutter nach draußen kam und uns sagte, das Abendessen sei fertig.

Während der Mahlzeit aus selbst angebautem Getreide, Gemüsesuppe und Reis (meine Gastgeber hatten sich klugerweise dazu entschieden, meine Fischkonserven und meine Nudeln nicht zu verwenden) unterhielt sich die Familie anscheinend über Alltagsthemen. Obwohl sie einen Dialekt sprachen, mit dem ich nicht vertraut war, verriet ihre Körpersprache, dass sie einander nahestanden und sich gernhatten. Ich bin kein Romantiker, was die Realitäten der Selbstversorgung in abgelegenen Regionen betrifft, da ich in Zeiten schlechter Ernte oder Dürre schon genug Leid gesehen habe, doch als ich den Abend mit dieser Familie verbrachte, konnte ich mich nicht des Eindrucks erwehren, dass es auf der ganzen Welt keinen besseren Platz für sie gegeben hätte. Sie wirkten glücklich und vollkommen im Einklang mit sich selbst.

Früh am nächsten Morgen gab ich der Familie Geld und verabschiedete mich, ehe ich weiter flussabwärts paddelte. Ich hatte vor, bis nach Jinghong zu paddeln, meinem letzten bedeutenderen Zwischenhalt in China. Unterwegs stieß ich noch auf ein paar Stromschnellen, später beruhigte sich das Wildwasser. Unmittelbar nördlich von Simao begegneten mir erstmals kommerzielle Frachtkähne auf dem Mekong. Ich nutzte die Gelegenheit und surfte auf ihrer Bugwelle, doch nicht alle Kapitäne waren davon so begeistert wie ich. Einer kam sogar aus dem Ruderhaus gelaufen, schwenkte die geballte Faust und beschimpfte mich. Später am Nachmittag passierte ich Betonklötze, die aussahen wie die Fundamente mehrerer großer Brücken. Sie standen allerdings so dicht nebeneinander, dass sie einen anderen Zweck haben mussten. Ein Stück nördlich von Jinghong paddelte ich dann durch eine weitere gigantische Dammbaustelle. In nur wenigen Jahren würde das Heim der Familie, die mich mit einer solchen Selbstverständlichkeit bei sich aufgenommen hatte, überflutet werden und seine Bewohner müssten in eine ferne Großstadt umsiedeln. Würde die Musik des Jungen in einer Ellbogengesellschaft aus entwurzelten Menschen, die in einer ihnen fremden Welt um die Existenz kämpften, wohl weiterleben? Würde auf die besonderen Bedürfnisse dieser Familie Rücksicht genommen werden?

Die chinesischen Erbauer der Staudämme geben so wenige Informationen an die Öffentlichkeit, dass ich es vermutlich niemals herausfinden werde. Sicher, die Mitglieder dieser Familie genossen als chinesische Staatsbürger im Gegensatz zu den armen Seelen südlich der chinesischen Grenze einen Sonderstatus, der ihnen zumindest eine Entschädigung für ihren materiellen Verlust durch den Staudammbau garantierte. Trotzdem hatte der Frieden im Herzen dieses Jungen, der durch seine Musik so lebendig zum Ausdruck kam, keinen Zweifel bei mir aufkommen lassen, wohin er in dieser

Welt gehörte. Die Wirklichkeit des Mekong-Staudammprojekts würde hart zuschlagen.

Ich machte in Jinghong Halt, wo ich Brian und Goldfinger traf. Wir trafen Vorbereitungen für die letzte Etappe in China, bevor wir in die Region paddelten, die als »Goldenes Dreieck« bezeichnet wird – das Grenzgebiet zwischen Birma, Laos und Thailand auf halber Länge des Flusses. Brian und Goldfinger wollten direkt zur laotischen Grenze fahren und sich dort mit dem Unterstützungsteam von Green Discovery Travel für die Durchquerung von Laos treffen. Ich wollte mich ungefähr eine Woche später mit Brian in Luang Namtha treffen, einer Provinz im nördlichen Teil von Laos.

Im Hafen von Mengla erhielt ich mein chinesisches Ausreisevisum. Während ich die letzten Formalitäten erledigte, erzählte mir der Beamte, dass am Vortag eine Gruppe Ausländer vorbeigepaddelt sei. Es handelte sich um ein Team Neuseeländer, die ebenfalls vorhatten, das gesamte Mekongtal vollständig zu erkunden, indem sie den Weg auf dem Mountainbike, zu Fuß und mit dem Kajak zurücklegten. Soweit ich weiß, stellten ihre und meine Expedition seit der französischen Mekongexpedition von 1866 die einzigen Versuche dar, dem Flusslauf von der Quelle bis zur Mündung zu folgen.

Kurz nachdem ich Mengla verlassen hatte, wurden die herrlichen Terrassenfelder von riesigen wilden Bambuswäldern abgelöst. Überraschenderweise waren lange Flussstrecken völlig verlassen. Am Spätnachmittag erreichte ich die Region, in der der Mekong die Grenze zwischen China und Birma bildet, und eine neue Etappe meiner Reise begann. Da ich erst am nächsten Tag zur laotischen Grenze kommen würde, blieben mir noch 24 Stunden im Niemandsland.

Es war ein seltsam angenehmes Gefühl, einen Tag als Weltbürger zu verbringen, der in keiner Nation dieser Erde registriert ist. Mein neuer Status erheiterte mich, und ich genoss das Gefühl, mich in der aufziehenden Nacht lautlos durch die turbulenten Gewässer des Mekong zu bewegen. Es hatte etwas Spannendes und leicht Beunruhigendes, nicht zuletzt deshalb, weil die Region, in die ich mich begab, als eine der heikelsten in ganz Südostasien gilt.

Als ich während der Flüchtlingskrise von 1995 ein burmesisches Flüchtlingslager in Mae Sot in Thailand besuchte, wurde ich Zeuge des Elends der burmesischen Studenten und der Angehörigen ethnischer Minderheiten, die dorthin geflohen waren. Sie alle hatten die Brutalität des State Law and Order Restoration Council (SLORC), wie die burmesische Militärjunta sich damals gern nannte, am eigenen Leib erfahren müssen. Während ich mich in dem Lager aufhielt, war die Bombardierung des letzten Bollwerks der unterdrückten Minderheit der Karen zu hören, das sich nur 16 Kilometer entfernt auf der anderen Seite der Grenze befand. Dort waren etwa 400 Karen-Kämpfer von mehreren tausend Soldaten des SLORC umzingelt. Der Ausdruck auf den Gesichtern der Frauen und Kinder, deren Ehemänner und Väter auf diesem Berg in der Falle saßen, hatte mich tief bewegt.

Die Autonomieerklärungen verschiedener Völker in den Grenzgebieten führten zur Gründung mehrerer mächtiger Rebellenarmeen, die sich überwiegend aus dem Handel mit Edelsteinen, Bauholz und Rauschgift finanzieren. Die mächtigste dieser Gruppierungen ist die United Wa State Army. Die Wa sind die größten Opium- und Amphetaminproduzenten im Goldenen Dreieck und verfügen über eine private Armee von mehr als 20000 Mann.

Als ich an diesem Abend im Dunklen durch ihr Gebiet paddelte, ging mit wieder die schaurige Geschichte durch den Kopf, die mir meine Kajakkameraden Rubin Ghan und Carl Traehol erzählt hatten – 2001 hatten sie als erste Ausländer den gesamten burmesischen Abschnitt des Mekong mit dem Kajak befahren und auf der

Strecke, auf der ich gerade unterwegs war, zwei im Wasser treibende Leichname gesehen, von denen einer die Hände auf dem Rücken zusammengebunden hatte.

Die wahre Tragödie Birmas liegt darin begründet, dass das »goldene Land« über ein Natur- und Kulturerbe verfügt, das in der Region einzigartig ist. Aufgrund seiner Lage an der kulturellen Kreuzung von Indien, China und Südostasien ist das Land eine Schatztruhe mit Juwelen der Natur, die von den schneebedeckten Bergen des Himalaja im Norden bis zu den beeindruckenden Korallenriffen und den tropischen Inseln des Andamanischen Meers am südlichen Ende des Landes reicht.

Birma ist nicht nur der weltgrößte Teakholzexporteur und weltweit einer der bedeutendsten Lieferanten hochwertiger Edelsteine, sondern verfügt auch über beträchtliche Vorräte an fossilen Brennstoffen. Internationalen Beobachtern zufolge sind es die lukrativen Einkünfte aus dem legalen und illegalen Handel mit diesen Ressourcen, die die Militärjunta an der Macht halten.

In dieser Nacht schlief ich an einem Sandstrand auf der chinesischen Flussseite und wurde mehrere Male von Affen geweckt, die sich auf den Bäumen am anderen Ufer tummelten. Als ich im Mondlicht dalag, dachte ich daran, dass dies meine letzte Nacht in China war, und ich fragte mich, wie sich die Dinge in der Volksrepublik und jenseits ihrer Grenzen in den kommenden Jahrzehnten entwickeln werden.

13
Hoffnung und harte Realität: das untere Becken

Wenn man die Grenze zwischen China und Laos auf dem Mekong überquert, bekommt man bereits am Kontrollpunkt den ersten Kulturschock. Am Hafen von Mengla, dem letzten Halt in China, wird derzeit eine große Zoll- und Grenzübergangsstelle gebaut. Dort wird jedes Dokument genau geprüft, Daten werden in den Computer eingegeben und kontrolliert, und ein Wachposten folgt ausreisenden Ausländern bis zum Fluss, um sicherzustellen, dass sie tatsächlich an Bord des richtigen Bootes gehen und das Land verlassen.

Vom Wasser aus hätte ich die Holz- und Blechhütten, die von einem Bambusdickicht eingerahmt waren, fast nicht als den offiziellen laotischen Grenzübergang identifiziert. Erst als ich in Ufernähe eine Pegelmesslatte entdeckte und in der Ferne eine kleine laotische Fahne flattern sah, wurde ich gewahr, dass ich an einem »Amt« vorbeipaddelte. Wie ich beunruhigt feststellte, war der Pegel so niedrig, dass er an der dafür vorgesehenen Messlatte gar nicht ablesbar war, obwohl der Mekong nur 350 Kilometer weiter nördlich in China, oberhalb des Dachaoshan-Staudamms, fast seinen Höchststand gehabt hatte. Fürs Protokoll schoss ich ein Foto von der Messlatte. Dann machte ich mich auf die Suche nach den Grenzern, die in einer baufälligen Hütte aus Teakholz schliefen oder Karten spielten.

Sie spielten ihre Runde zu Ende, bevor sie endlich meine Anwesenheit zur Kenntnis nahmen und eine Diskussion begann, wer an der Reihe wäre, meinen Reisepass abzustempeln. Die kurze Debatte fand ein Ende, als einer der Kartenspieler sich zu einem tief schlafenden Kollegen hinüberbeugte, an dessen Hängematte rüttelte und ihn aufweckte. Dieser erhob sich langsam, streckte sich geräuschvoll, schlüpfte in seine Flipflops und schlurfte mit nacktem Oberkörper zu einem Schreibtisch, wo er sich ein Uniformhemd anzog, bei dem er jedoch nur den obersten Knopf schloss. Er nahm meinen Pass in die eine Hand, öffnete ein großes Notizbuch und notierte mit der anderen meine Daten. Mir fiel auf, dass im vergangenen Monat nur etwa 20 Ausländer eingereist waren, und vier davon waren die Neuseeländer gewesen. Er stempelte meinen Pass ab, gab ihn mir zurück und sagte mir mit einem breiten Lächeln auf Englisch *goodbye.*

Ich warf einen Blick auf das Visum und stellte fest, dass er vergessen hatte, das Datum meiner Einreise mit einem Stempel zu vermerken. Als ich ihn darauf aufmerksam machte, stimmte er mir zu, dass er den Pass fünfmal abstempeln müsste, wenn jemand in sein Land einreiste, und nicht nur viermal. Er stempelte also auch noch das Einreisedatum, überreichte mir den Pass und wünschte *sok dee,* »viel Glück«. Dann schlurfte er mit seinen Flipflops zurück und ließ sich scheinbar erschöpft wieder in seine Hängematte fallen. Offenbar hatte er einen harten Arbeitstag hinter sich.

Ich setzte mich wieder in meinem Kajak und paddelte durch lange Abschnitte mit Strudeln und Verwirbelungen. Plötzlich fiel mir etwas auf, das aussah wie ein Stock, der sich in der Strömung drehte. Tatsächlich handelte es sich jedoch um eine Kobra, die durch den Mekong schwamm. Da ich mir keine Gelegenheit zum Fotografieren entgehen lasse, paddelte ich so nahe wie möglich, ohne mich dabei in Gefahr zu bringen, zu ihr hin und holte meinen Fotoapparat hervor. Kobras sind gute Schwimmer – ich hatte früher schon des Öfteren welche gesehen, die durch Bäche und in einem Fall sogar quer durch einen See geschwommen waren – , doch diese Schlange war wirklich außergewöhnlich. Ich beobachtete, wie sie eine Serie großer Strudel überwand. Jedes Mal, wenn ein Strudel sie herumgewirbelt hatte, tauchte sie völlig unbeeindruckt wieder auf, befreite sich mit ein paar schnellen Schwanzschlägen und schwamm weiter, bis sie in den nächsten Strudel gezogen wurde.

Als ich meinen Fotoapparat auspackte, passte ich einen Augenblick lang nicht auf – im selben Moment wurde ich zusammen mit der Schlange in einen Strudel gesaugt. Sie verschwand unter meinem Boot, und ich wartete einige bange Sekunden, wo sie wieder auftauchen würde. Ihr Schwanz zuckte noch einmal rechts von meinem Kajak, dann war sie verschwunden, und der Strudel hatte mich erfasst. In einer so entlegenen Gegend wie dem Grenzgebiet zwischen Laos und Birma von einer Königskobra gebissen zu werden wäre tödlich gewesen, deshalb hielt ich die Ellbogen hoch und mein Paddel bereit, um die Schlange abzuwehren, falls sie mich angreifen sollte.

Zu meiner Erleichterung tauchte sie drei Meter vor mir auf: Sie stellte sich tot, als der Strudel sich auflöste. Eine wunderbare Gelegenheit, um sie zu fotografieren. Ich drückte auf den Auslöser. Gerade wollte ich den zweiten Schnappschuss machen, da drehte die Kobra sich um und schwamm geradewegs auf meinen Kajak zu. Ich hatte noch Zeit, ein zweites Mal auszulösen, dann hob sie den Kopf über den Bug. Schnell nahm ich den Kamerariemen zwischen die Zähne und griff nach meinem Paddel. Inzwischen hielt die Kobra den Kopf über meinen Bug und näherte sich mir bedrohlich. Mit einer reflexartigen Bewegung des Paddels stieß ich sie zurück ins Wasser, wo sie sofort wieder untertauchte. Obwohl sie keine Zischlaute ausgestoßen hatte, hatte ich einen Mordsschreck bekommen. Eine Weile hielt ich noch das Paddel abwehrbereit in den Händen, fürchtete ich doch, dass die Kobra aus dem Wasser geschossen kam und mich in die Kehle biss. Als ich sie das nächste Mal sah, war sie glücklicherweise in Richtung Ufer unterwegs, und ich fotografierte sie noch ein paar Mal, während sie sich weiter entfernte. Meiner

Schätzung zufolge war die Schlange über zwei Kilometer weit geschwommen und hatte den Fluss in einem Wildwasser überquert, in dem ein Mensch ohne Schwimmweste ertrunken wäre. Ich war beeindruckt.

In dieser Nacht campierte ich in einem kleinen laotischen Dorf, wo ich bei Kerzenlicht mit skeptischen Anwohnern Geschichten austauschte, die kaum glauben konnten, dass ich aus dem mehr als 2000 Kilometer entfernten Tibet bis nach Laos gepaddelt und ihrer Sprache mächtig war. Dass ich Laotisch sprach, machte es mir umso schwerer, die zahllosen Gläser Reisschnaps – oder Lao Lao, wie die Einheimischen ihn nennen – abzulehnen, die zur Abendessenszeit unweigerlich angeboten werden. Ich war zu Gast im Haus von Mr. Tee, einem Fischer in den Dreißigern, das er mit seiner Ehefrau, vier Kindern und seiner alten Schwiegermutter teilte. Davon abgesehen hielten sich ständig noch 20 Dorfbewohner aller Altersklassen im Haus auf, denn das ganze Dorf gab sich die Klinke in die Hand, damit einer nach dem anderen einen Blick auf den *falang* (laotisch für »Ausländer«) werfen konnte. Im Lichte zweier kleiner Red-Bull-Dosen, die zu Miniatur-Kerosinlampen umfunktioniert worden waren, saßen wir auf dem Teakholz-Fußboden um zwei handgeflochtene ovale Bambustische herum. Auf den Tischen türmten sich die Überreste einer – von mir lange ersehnten – laotischen Mahlzeit, die aus klebrigem Reis, gegrilltem Mekongfisch, kleinen, in Salz und *jeow* eingelegten Gurken, einem scharfen Chili-Brotaufstrich und Fischsoße bestand. Seit mehr als zwei Monaten hatte ich nicht mehr als ein oder zwei Biere getrunken, so dauerte es nun nicht lange, bis ich von leicht beschwipst über ziemlich betrunken in einen Zustand geriet, an den ich mich nicht mehr richtig erinnern kann. Ich freute mich, dass ich mich dank meiner unvollkommenen, zur Verständigung aber ausreichenden Laotischkenntnisse mit den Einheimischen unterhalten konnte. Die Laoten besitzen einen ausgeprägten

Sinn für Humor, und schon nach kurzer Zeit bogen wir uns vor Lachen, während das Glas mit Lao Lao die Runde machte. Ich kann nur vermuten, dass das Bootsrennen irgendwann im Lauf des Abends zwischen Volltrunkenheit und Besinnungslosigkeit vereinbart wurde, denn nach dem Chor von Schweinen und Hühnern, der um fünf Uhr morgens in das Pfahlhaus drang, hörte ich bald das Murmeln einer Schar Anwohner, die sich draußen versammelten und geduldig auf den Beginn des großen Ereignisses warteten.

Als ich die Augen öffnete, sah ich eine Anzahl Neugieriger, die dagesessen und mir weiß Gott wie lange beim Schlafen zugesehen hatten. Ich kroch mit hämmernden Kopfschmerzen aus dem Bett und erinnerte mich verschwommen daran, dass ich unvorsichtigerweise eingewilligt hatte, mich beim Wettpaddeln mit ein paar jungen Laoten auf dem Mekong zu messen. Nach einem leichten Frühstück mit Bambussuppe und klebrigem Reis gab es kein Entrinnen mehr. Ich musste mit drei muskulösen jungen Fischern in ihrer langen, schlanken Holzpiroge um die Wette paddeln. Diese traditionellen laotischen Fischerboote bestehen im Wesentlichen aus drei langen Planken Teakholz, die in der Mitte etwas breiter sind als an den Enden: eine für den Rumpf und jeweils eine für das linke und das rechte Dollbord. Die Planken werden zuerst zusammengenagelt und dann mit einem Harz aus drei verschiedenen Arten Hartholzbäumen eingelassen, deren Stämme angezündet werden, damit das Harz heraussickert. Die schmale Rumpfkonstruktion wird durch winzige Sitzbänke aus Holzleisten versteift, die zwischen die Dollborde genagelt werden. Da die Boote eher auf Geschwindigkeit und Effizienz als auf stabile Wasserlage ausgelegt sind, kentern sie erstaunlich leicht, was man allerdings niemals vermuten würde, wenn man die Einheimischen dabei beobachtet, wie sie von der Bugspitze aus Netze auswerfen, als könnte nichts, aber auch gar nichts, das Boot umwerfen.

Die Laoten lieben nichts mehr als ein gutes Bootsrennen, und sämtliche Dorfbewohner, ungefähr 120 an der Zahl, bauten sich am Fluss auf und sahen zu, wie ihre Jungs dem *falang* keine Chance ließen – sie konnten nicht fassen, dass ich diese Herausforderung angenommen hatte. Im Gegensatz zu der Piroge war mein Boot nicht auf Geschwindigkeit, sondern auf Wendigkeit im Wildwasser ausgelegt. Auf der 300 Meter langen Strecke zogen die Burschen ungefähr 20 Meter davon. Am Ende würgte es mich heftig, und fast hätte ich den klebrigen Reis vom Frühstück dem Fluss überantwortet. Die begeisterte Menge bejubelte ihre Jungen. Ich schnappte nach Luft und schwor mir, nie wieder nach einem Lao-Lao-Abend an einem Wettpaddeln teilzunehmen.

Später am Vormittag holte ich die Neuseeländer ein. Sie waren eine sympathische Truppe, und wir verbrachten etliche Stunden damit, Erlebnisse vom oberen Mekong auszutauschen, während wir durch eine Anzahl aufeinanderfolgender Strudel und Stromschnellen trieben. Genau wie mein Abenteuer hatte auch ihre Expedition gegen unvorhergesehene Probleme ankämpfen müssen, darunter die unzureichende Finanzbasis. In Tibet hatten sie das Mekongtal eine Zeit lang verlassen und ins Salweental wechseln müssen, da die Straßen, die den Agenten für Reisegenehmigungen zufolge mit dem Rad befahrbar waren, überhaupt nicht existierten.

Das war eine Enttäuschung für die Neuseeländer, aber Glück für mich, da es bedeutete, dass ich nicht mit ihnen zum Südchinesischen Meer um die Wette paddeln musste, um die Erstbefahrung des gesamten Mekongtals für mich in Anspruch zu nehmen. Allerdings hätte der sportliche Wettkampf zwischen Australien und Neuseeland sicherlich große Beachtung in den Medien gefunden. Wenn die Mitglieder des neuseeländischen Teams nicht gezwungen gewesen wären, das Mekongtal zu verlassen und vor mir an der Mündung angelangt wären, hätten sie für sich verbuchen können, als Erste aus eigener Kraft dem gesamten Flusslauf gefolgt zu sein, obwohl sie viele der gefährlicheren Schluchten auf Straßen zu Fuß oder mit dem Mountainbike umgangen hatten. Da ich nicht in einen Wettlauf mit den Neuseeländern eintreten musste, konnte ich mehr Zeit dafür verwenden, interessante Gebiete für den Dokumentarfilm zu erkunden, an dem Brian und ich arbeiteten.

Einen weiteren Rückschlag hatten die Neuseeländer erlebt, als sie in Jinghong volle drei Wochen warten mussten, bis ihre eingeführten Kajaks vom Zoll freigegeben wurden und sie die Genehmigung zur Grenzüberquerung nach Laos erhielten. Die Zollbehörde wollte ihnen den vollen Einfuhrzoll in Höhe von mehreren tausend Dollar für ihre Ausrüstung berechnen, obwohl sie nur vorhatten, mit ihren Kajaks von Jinghong bis zur zwei bis drei Tage entfernten Grenze nach Laos zu paddeln und dort China den Rücken zu kehren.

Da es ihnen nicht einmal mit den Empfehlungsschreiben verschiedener chinesischer Ministerien und der neuseeländischen Regierung gelang, die Zollbehörde zu überzeugen, blieb ihnen nichts anderes übrig, als ihre gesponserten Kajaks beim Zoll zu lassen und sich ein chinesisches Schlauchboot zu kaufen. Damit kamen sie nur noch etwa halb so schnell voran. Für mich war es ein Trost zu erfahren, dass ich nicht der Einzige war, dessen Expeditionstraum als Druckmittel für finanzielle Forderungen missbraucht wurde. Wir verabschiedeten uns voneinander. Selbst mit meinem langsamen Wildwasserkajak zog ich den Neuseeländern, die ihr überdimensioniertes Schlauchboot geduldig in qualvoll langsamem Tempo stromabwärts ruderten, bald auf und davon.

Als ich einen scheinbar verlassenen Flussabschnitt entlangpaddelte, tauchte aus dem Nichts ein Sampan auf, das mit zwei muskulösen Fischern bemannt war. Die beiden signalisierten mir, dass sie mit mir um die Wette paddeln wollten. Da ich das Bedürfnis hatte, mich nach meiner letzten miserablen Darbietung zu rehabilitieren, und mich sicher fühlte, weil niemand mich beobachtet hätte, wenn ich abermals vernichtend geschlagen würde, hob ich mein Paddel und beugte mich in Wettkampfstellung nach vorn. Die Fischer kamen sofort zu mir her und brachten unsere Buge auf eine Linie. Eine weitere Kraftprobe auf dem Mekong konnte beginnen.

Plötzlich ertönten am Ufer laute Jubelschreie. Aus dem dicken Gestrüpp tauchten mehrere Pirogen auf, in denen einheimische Frauen saßen und begeistert ihre Jungen anfeuerten. Nackte Kinder kamen über die Uferböschung zum Fluss heruntergerannt, und ein Sprechchor erhob sich: »Aye, aye, aye!«

Die Zuschauerschar stimmte in perfektem Einklang einen Chor an, und das rhythmische Klopfen von Paddeln auf den Dollborden der Boote untermalte den Sprechgesang. Ich hätte schwören können, dass auf der anderen Seite des Flusses Burmesen mit einstimmten, als überall immer mehr Menschen auftauchten. Anscheinend war die Nachricht von meiner Niederlage am Tag zuvor mir vorausgeeilt. Ein ganzes Dorf hatte einen Hinterhalt für den bemitleidenswerten Ausländer gelegt, der sich so sehr über sein verlorenes Rennen geärgert hatte, dass es ihn würgte und er sich krümmte.

Jetzt war es allerdings zu spät, sich zu drücken. Einer meiner Widersacher und ich tauschten einen herausfordernden Blick, und es ging los. Diesmal gab ich wirklich alles, spannte jeden Muskel an, um die beiden abzuhängen, und auf den ersten 40 Metern erarbeitete ich mir tatsächlich eine halbe Bootslänge Vorsprung. Dann wirkte sich allerdings die überlegene Effizienz ihres Bootes aus (so meine Theorie), sie holten rasch auf und zogen an mir vorbei. Nach den nächsten 100 Metern lagen sie schon eine volle Bootslänge in Führung. Ich musste mich geschlagen geben.

Die Menge spielte verrückt, als ich aufgab, aber diesmal verzichtete ich auf die heiß ersehnte Zugabe. Ich gab den Fischern das

Daumen-nach-oben-Zeichen, gefolgt vom größten Segen, den ein laotischer Wettkampfpaddler von seinem Konkurrenten erwarten konnte: *kheng heng*. (Frei übersetzt: »Du hast die Macht.«) Die Fischer erröteten, lachten verschämt und versuchten, mich mit den diplomatischen Worten *»Heua ni baw die laew, pen saa phort«* (»Dein Boot taugt nichts, es ist zu langsam«) zu trösten. Ich war zufrieden, dass sie mein Handicap anerkannten, winkte ihnen mit einem Lächeln zu und paddelte weiter, während sie als Helden Kurs aufs Ufer nahmen.

Ich nahm mir vor, zum Schutz meiner Würde als Paddler erst wieder an Wettkämpfen teilzunehmen, wenn ich in einem schnelleren, schlankeren Flachwasserboot saß. Eine Stunde später hielt ich in der Ortschaft Xieng Kok an, einer Ansammlung baufälliger Häuser, die sich ans östliche Mekongufer schmiegen. Bei dieser »Stadt«, die eher ein kleines Dorf ist, handelt es sich um die nordöstlichste laotische Ansiedlung am Mekong. Sie hat einen Hafen, in dem große chinesische Frachtkähne anlegen, die die Route zwischen Mengla in China und Chiang Saen in Thailand befahren. In Xieng Kok suchte ich mir eine Mitfahrgelegenheit in die Provinzhauptstadt Luang Namtha, wo ich mit Brian verabredet war, der eine strapaziöse fünftägige Fahrt hatte auf sich nehmen müssen, um sich dort mit mir zu treffen.

Luang Namtha, das an den südlichen Teil von Yunnan grenzt, ist die laotische Provinz mit den meisten Völkern. Zur Einzigartigkeit der Region trägt außerdem der ausgedehnte Nam-Ha-Nationalpark bei. Dieses 276000 Hektar große geschützte Gebiet beheimatet neben Tigern, Elefanten, Leoparden und Gibbons auch eine Vielfalt anderer gefährdeter Arten. Ich stieg zusammen mit einer Schar weiterer Mitfahrer verschiedener ethnischer Herkunft auf einen verdreckten Pick-up. Am meisten stachen mir drei Akha-Damen ins Auge, die aufwendige traditionelle Kleider mit farbenfrohen Stickereien und Perlen, Armreifen mit Waldsamen und auffälligen Kopfschmuck aus Bambus und antiken französischen Münzen trugen. Die Frauen hatten Säcke mit Kardamom bei sich, einem Pflanzensamen, der in den Wäldern gesammelt und als Gewürz sowie in der traditionellen chinesischen Medizin hoch geschätzt wird.

Ich hätte mich mit den Akha-Damen gern unterhalten, doch sie sprachen fast kein Laotisch und mein Akha-Vokabular von zwölf Wörtern war nach ungefähr einer Minute erschöpft. Neben mir saß ein Khmu-Ehepaar mit seinem Kind. Die beiden, Aon und Noy, waren ziemlich verwundert über meine Laotischkenntnisse, und so kamen wir ins Gespräch.

Das Volk der Khmu stammt von den Mon Khmer ab, die seit Tausenden Jahren in der Region leben und als die Ureinwohner von Laos gelten. Die Khmu verfügen über ein umfangreiches Wissen in Bezug auf den Wald und auf Heilpflanzen, und Noy kaute auf einer Betelnuss, die leicht beruhigend wirkt und die Zähne und Lippen schmutzigrot verfärbt. Das Ehepaar sprach Laotisch mit starkem nördlichen Khmu-Akzent. Aon und Noy erzählten mir, dass sie nach Xieng Kok gekommen waren, um Bambusschösslinge und das fleischige Innere von Rotangpalmenzweigen zu verkaufen und von dem Erlös Fisch, Reis und Öl zum Kochen zu erstehen.

Sie wohnten in einem Dorf, von dem man drei Stunden zu Fuß zur nächsten Straße gehen musste und wo Reis in diesem Jahr Mangelware war. Bis der nächste Bergreis, den die Khmu überwiegend anbauen, geerntet werden konnte, dauerte es noch zwei bis drei Monate. Reisknappheit hier nichts Außergewöhnliches. Das Ehepaar hatte neun Kinder; zwei waren in jungen Jahren gestorben. An ihren ausgemergelten Körpern und ihrer zerlumpten Bekleidung war zu erkennen, dass sie kein einfaches Leben hatten.

Aon freute sich darüber, dass er sich das erste Mal in seinem Leben mit einem Ausländer unterhielt, und überhäufte mich mit Fragen über mein Land und meine Lebensweise. »Aus wie vielen Personen besteht deine Familie? Was machst du hier? Essen Ausländer auch Reis? Wie kalt ist es in anderen Ländern?« Während wir uns unterhielten, holte Aons Frau klebrigen Reis und Fisch aus ihrer Tasche und bot mir, ohne zu überlegen, ebenso wie ihrem Mann und ihrem Kind etwas davon an. Ich bedankte mich, lehnte aber ab. Die selbstverständliche Großzügigkeit ländlicher Laoten, von denen viele weit unter der Armutsgrenze leben, beschämt mich immer wieder.

Wenn man durch ländliche Gegenden von Laos reist, vergeht kaum ein Tag, an dem man nicht von völlig Fremden zum Essen eingeladen wird, die im Gegenzug nicht mehr erwarten als freundliche Geselligkeit. Die einfachen, ungebildeten Bauern der Provinz Bokeo werden zu hoch qualifizierten Professoren, wenn es um Tugenden wie Großzügigkeit und Warmherzigkeit geht.

Nach nicht allzu langer Zeit stieg die Familie aus, und der Pick-up fuhr weiter über rötliche, schlammige Straßen durch Ortschaften und in die tropischen Wälder der Nam-Ha-Region. Schließlich näherten wir uns dem Nam-Ha-Fluss, wo ich weniger als ein Jahr zuvor mit Brian wild lebenden Tigern auf der Spur gewesen war – wir hatten versucht, dem rasch aussterbenden asiatischen Tiger mit der Kamera aufzulauern und den Bestand zu dokumentieren. Es war eine unvergessliche Reise gewesen, zu der kolossales Wildwasser und die Entdeckung eines abgelegenen Akha-Dorfs gehörten, von dessen Existenz nicht einmal die Provinzverwaltung wusste. Wir hatten zwar keine Tiger zu Gesicht bekommen, aber Beweise für ihre Existenz in Form von Spuren, Fellknäueln und Aussagen von Einheimischen gesammelt. Brian und ich rechneten diese Expedition zu unseren Favoriten.

Auf dem Rest der Strecke regnete es heftig. Ich kam um sieben Uhr abends bei einem Gasthaus namens Saikhonglongsak in Luang Namtha an, das sich an einer der vier asphaltierten Straßen der

Stadt befand. Dort traf ich Brian, der sich gerade eine Mahlzeit einverleibte und kaltes Lao-Bier genoss, ein einheimisches Gebräu. Wir tranken zusammen ein Bier und erzählten uns die Ereignisse der vergangenen fünf Tage, seit wir uns getrennt hatten. Gegenüber des Lokals waren einige kleine, untersetzte Laotinnen damit beschäftigt, Bierstände aufzubauen und *khai looke* aufzutischen, eine seit eh und je beliebte Delikatesse aus gedünsteten befruchteten Eiern, die mit scharfem Salz, Pfeffer und Chilipulver verzehrt werden. Die gedünsteten Eier gibt es in drei Entwicklungsstadien. Bei der ersten Variante handelt es sich nur um ein befruchtetes Ei, das sich nicht von einem unbefruchteten unterscheidet, die zweite Variante enthält einen federlosen Fötus mit weichen Knochen, der noch mit dem Dotter verbunden ist, und die dritte Variante beinhaltet ein voll gefiedertes, aber noch nicht geschlüpftes Küken, das bereits laufen könnte und Knochen und einen Schnabel besitzt. Ich zog Hähnchenkebab vor.

Den Strom in Luang Namtha lieferte ein einziger Generator mit Dieselmotor, der noch abgeschaltet war, und als die Dunkelheit hereinbrach, konnte man kaum glauben, dass wir uns in einer der größten Ansiedlungen im Norden von Laos befanden. Mit seinen ungefähr 2500 Einwohnern und seinen unbefestigten Zufahrtsstraßen wäre Luang Namtha auf einer chinesischen Landkarte überhaupt nicht als Stadt eingezeichnet. Im dünn besiedelten Nordwesten von Laos spielt es jedoch eine wichtige Rolle als ausgewachsene Provinzhauptstadt. Wir hatten geplant, ein paar Tage lang Dörfer im Nationalpark zu besuchen, die von Angehörigen ethnischer Minderheiten bewohnt waren, doch die starken Regenfälle und die schlechte Wettervorhersage für die kommenden Tage machten uns skeptisch, ob es überhaupt möglich sein würde zu filmen. Als es am nächsten Nachmittag noch immer wie aus Kübeln schüttete, beschlossen wir, zum Mekong zurückzukehren, und fuhren deshalb durch den Nam-Ha-Nationalpark zum Fluss. Die Straße befand sich in einem fürchterlichen Zustand und sorgte für eine abenteuerliche Fahrt, bei der unser nur zweiradgetriebenes Fahrzeug von einer Spurrille in die nächste rutschte und schlitterte.

Der Nam Ha, der mitten durch das Naturschutzgebiet fließt, unterscheidet sich kaum von den Hunderten anderer kleinerer Flüsse, die in der bewaldeten Gebirgslandschaft von Laos als lebensspendende Wasseradern dienen, doch er ist ein Nebenfluss des Mekong, den ich gut kannte. Im Rahmen meiner Arbeit für das Nam-Ha-Ökotourismusprojekt der UNESCO hatte ich von 2001 bis 2003 Einheimische als Touristenführer bei Kajak- und Raftingexkursionen im Naturschutzgebiet ausgebildet. Ziel dieses Unterfangens war, den Anwohnern, die sonst von der Jagd und der Landrodung für den Getreideanbau lebten, neue Einkommensquellen zu eröffnen. Ich half mit, über 20 Flussführer auszubilden, die verschiedenen ethnischen Minderheiten angehörten und fast alle knapp vier Jahre später noch immer als Führer in der Region arbeiteten.

Die Möglichkeit, viel Zeit in Gesellschaft mit Angehörigen der Volksgruppen zu verbringen, die an den Nebenflüssen des Mekong zu Hause sind, trug einen großen Teil dazu bei, dass ich meine Arbeit im Mekongbecken so faszinierend fand. Meine Erfahrungen mit dem Volk der Lanten vom Nam Ha ist ein typisches Beispiel. Die Lanten werden von den laotischen Flachland-Reisbauern als *Lao hoey,* »Bach-Laoten«, bezeichnet, da sie sich vorwiegend an kleinen Flüssen im Hochland niederlassen. Die Kultur der Lanten stammt aus der tibetischen Steppe und unterscheidet sich stark von der Kultur der buddhistischen laotischen Mehrheit. Vor einigen Jahrhunderten legten die Lanten den weiten Weg durch ganz China zurück, um dem Krieg und der Verfolgung zu entkommen. Ihr Zug, der in der tibetischen Steppe begann, führte sie quer durch das »Himmelreich« zum Südchinesischen Meer, wo sie Boote bauten und auf der

Suche nach einem friedlichen Ort, an dem sie sich niederlassen konnten, zur Insel Hainan Sheng segelten.

Noch immer nicht zufrieden, machten sie sich abermals auf eine weite Reise, diesmal westwärts durch das Tal des Roten Flusses (das größte Flussbecken im Norden Vietnams), wo viele von ihnen beschlossen, ins Mekongbecken überzusiedeln, und sich im Norden von Laos niederließen. Heute leben dort mehrere tausend Lanten als Subsistenzbauern. Die »Bach-Laoten« praktizieren eine einzigartige Mischung aus Animismus, Ahnenkult und Schamanismus, und wichtige, das Dorf betreffende Entscheidungen werden von einem Ältestenrat getroffen. Die enge Bindung der Lanten zur Natur hat mich oft in Erstaunen versetzt.

Lanten-Frauen sind an ihren fehlenden Augenbrauen, die ihnen von der Pubertät an vollständig ausgezupft werden, zu erkennen. Ihr Haar ist immer in der Mitte gescheitelt, glatt zurückgekämmt und am Hinterkopf zu einer Schlinge geformt, die mit einem aufwendig gearbeiteten silbernen Kamm fixiert wird. Das indigoblaue Kleid und die kurzen Hosen, die alle Frauen tragen, kontrastieren mit einer leuchtend violetten Schärpe und auffälligem Silberschmuck. Die Männer greifen heutzutage anstatt zu ihrer indigogefärbten traditionellen Bekleidung immer häufiger zu T-Shirt und Shorts, während die Kinder eine Kombination aus traditioneller und moderner Kleidung tragen.

Wer Zeit mit den am Nam Ha ansässigen Lanten verbringt, bekommt einen faszinierenden Einblick in die Strapazen und Widrigkeiten der Existenz als Selbstversorger. Überleben hat oberste Priorität, und in den meisten Familien tragen die Frauen die Verantwortung dafür, dass Essen auf dem Tisch steht.

Die Lanten-Frauen sammeln in den Gewässern um ihre Dörfer vielfältige Nahrungsmittel. Krabben, Garnelen, allerlei Arten Fisch, Brunnenkresse, Schnecken, Frösche, Schlangen, Aale, essbare Flussalgen und verschiedenste wirbellose Tiere, die über mehrere Monate im Jahr mehr als die Hälfte des Proteinbedarfs der Dorfbewohner decken; Berg- und Feldreis werden oft gleichzeitig angebaut. Die Produktion von Opium, traditionelles Schmerzmittel und Partydroge der Älteren, ist in der Regel auf den lokalen Bedarf beschränkt.

Während die Männer auf die Jagd gehen, arbeiten die Frauen am Flussufer, wässern biodynamisch angebautes Gemüse mit Hilfe von Bambuseimern und färben ihre Stoffe in Holzfässern mit Indigowurzeln, die sie in den umliegenden Wäldern sammeln. Verschiedene einfallsreich aus Bambus geflochtene Fischfallen garantieren den Proteinnachschub während der Regenmonate. Die Hängebrücken, die den Nam Ha überspannen, bestehen aus Kletterpflanzen und Bambus und ermöglichen es den Bewohnern, auch bei saisonal steigendem Wasserstand ans andere Flussufer zu gelangen.

Was mich in Lanten-Dörfern jedes Mal aufs Neue fasziniert, sind die hydraulischen Reisstampfer, die mit einer Machete, Holz und etwas altmodischem Einfallsreichtum angefertigt werden. Dazu wird aus einem zwei bis drei Meter langen Holzbalken ein überdimensionierter Löffel geschnitzt, in dessen Griffende ein hammerähnlicher Keil getrieben wird. Das Ganze wird dann auf einem Lager in der Mitte ausbalanciert, wobei das Ende mit dem Keil etwas schwerer ist als der Löffel. Das Löffelende wird unter fließendes Wasser gelegt, sodass es sich schnell mit mehreren Litern Wasser füllt und schwerer wird als das Ende mit dem Keil. Das Keilende der Wippe bewegt sich nach oben, während sich das Löffelende zu Boden senkt, bis es eine Neigung erreicht, bei der das Wasser aus dem Löffel läuft. Daraufhin bewegt sich das Löffelende nach oben und lässt das Keilende zu Boden sausen. Unter dem Keil befindet sich eine hölzerne Mörserkeule, unter die ungeschälter Reis geschüttet wird. Dann wird der Reis so lange gestampft, bis sich seine Schale so weit gelöst hat, dass sie später ausgesiebt werden kann.

Allerdings machen selbst geniale Einfälle das Überleben in den abgeschiedenen Wäldern von Laos nicht einfach. Die Lanten sind ebenso wie mehrere andere Völker in entlegenen Dörfern mit einem gefährlichen Wechsel zwischen Phasen des Überflusses und Phasen der Entbehrung konfrontiert. Wenn ich in Jahren, in denen der Ertrag bei der Reisernte deutlich unter dem Durchschnitt lag, den Nam Ha hinunterpaddelte, sah ich abgemagerte Kinder mit aufgedunsenen Bäuchen – ein Zeichen chronischer Unterernährung – und verzweifelte Eltern, die darum kämpften, ihre Familien bis zur nächsten Reisernte durchzubringen. Da für so viele Menschen das Überleben auf Messers Schneide steht, können schon kleinste Veränderungen, die Einfluss auf die reiche Fülle eines natürlichen Lebensraums haben, ganze Gemeinden existenziell gefährden.

Der malerische Nam Ha ist nur ein winziger Zufluss im Mekong-Flusssystem, doch seine Ökologie und Vitalität sind stark von der Gesundheit des Hauptstroms abhängig. Als Brian und ich auf dem Weg zum Mekong den idyllischen, in Wälder eingebetteten Nam Ha überquerten, erschien es uns bizarr, dass die Menschen, die an seinen Ufern leben, unter den energiepolitischen Entscheidungen zu leiden haben, die im über 5000 Kilometer entfernten Peking, der boomenden, unter starker Luftverschmutzung leidenden Beton- und Glasmetropole, getroffen werden.

Wir fragten uns, ob die Folgen der Stauung des Mekong diese Menschen letztendlich aus dem Tal vertreiben würden. Falls die Dämme das natürliche Gleichgewicht kippen und dafür sorgen, dass die Lanten ihr Tal verlassen müssen, wird sich an Hunderten anderen Nebenflüssen und in Tausenden Dörfern im ganzen Mekongsystem wahrscheinlich das Gleiche abspielen. Wohin sollen all diese Menschen umsiedeln? Da China bislang keine Untersuchungen nach internationalen Standards durchgeführt hat, um die möglichen Auswirkungen der Staudämme auf die Anrainer zu erforschen, die wie die Lanten von den miteinander verbundenen Wasserwegen des Mekongsystems leben, bleibt leider nichts anderes übrig als abzuwarten. Bislang sind sich die Lanten – wie auch die große Mehrheit der übrigen voraussichtlich am stärksten betroffenen Anrainer – der Entwicklungen, die ihr Leben vermutlich für immer verändern werden, überhaupt nicht bewusst.

Brian und ich kehrten bei Xieng Kok zum Mekong zurück. Wir setzten unsere Fahrt flussabwärts zwischen Laos und Birma fort, wo der Fluss die Grenze zwischen den beiden Ländern bildet. Unterwegs versuchten wir mehrmals, uns mit burmesischen Fischern zu unterhalten; da wir jedoch keinen Übersetzer dabeihatten, beschränkte sich die Kommunikation auf Lächeln und Winken. In Birma sahen wir entlang des Mekong auffallend wenige Ortschaften.

Seit etlichen Jahren werden Minderheiten aus ihren traditionellen Siedlungsgebieten in Gegenden umquartiert, die unter der strengen Kontrolle des Militärs von Yangon (ehemals Rangun) stehen, und wir fragten uns, ob die burmesischen Mekongregionen von dem erbarmungslosen Massenräumungsprogramm betroffen waren oder ob sie nur zufällig menschenleer sind. Wir hielten in einer kleinen Hafenstadt an, die nicht in unseren Karten eingezeichnet war, um uns bei den Einheimischen zu erkundigen. Grimmig dreinblickende Hafenarbeiter luden Vorräte aus einem großen chinesischen Frachtkahn auf Lastwagen. Die meisten hatten einen ernsten Gesichtsausdruck, der vermutlich sowohl auf ihre harte körperliche Arbeit als auch auf ihre eingeschränkte Freiheit zurückzuführen war. In Birma ist es an der Tagesordnung, dass die Landbevölkerung zu körperlicher Arbeit ohne Entlohnung gezwungen wird. Auf der anderen Seite des Flusses in Laos hatten alle Menschen ein Lächeln auf den Lippen. Brian und ich hätten nur allzu gern einige Arbeiter interviewt, da allerdings bewaffnete Aufpasser zugegen waren und wir keine Dreherlaubnis hatten, nahmen wir davon Abstand.

Wir gingen zu Fuß zur Ortschaft Ban Thaat, wo wir ein Jahr zuvor bei unserer Tiger-Suchexpedition am Nam Ha einen Abend verbracht hatten. Unser damaliger Besuch war mit dem alljährlichen Dorffest zusammengefallen und gleichzeitig der letzte Abend unserer Expedition gewesen. Die Bewohner hatten uns wie alte Freunde aufgenommen, doch aufgrund ihrer Entschlossenheit, uns Unmengen von Lao Lao einzuflößen, kann ich mich nur noch an ein paar auserlesene Szenen des Abends erinnern. Ich habe noch das Bild von Brian vor Augen, der auf Bongos spielt und mit ein paar pubertären Mönchen im Schlepptau einen Public-Enemy-Song skandiert: *»Bring the noise, bring the noise.«* Abgesehen davon erinnere ich mich noch daran, wie wir volltrunken eine Menschenpyramide auf dem Dorfoberhaupt bildeten. Als der Mann schließlich unter uns allen hervorkroch, sah er aus, als hätte ihn ein Lastwagen überfahren.

Wir trafen sofort ein paar bekannte Gesichter, die uns ebenfalls wiedererkannten, im Handumdrehen eine Flasche Lao-Bier öffneten und uns zum Plausch einluden. Zum Glück für alle Beteiligten hatten wir es diesmal mit einer abgeschwächten Version früherer Ereignisse zu tun, bei der es keine Verletzten gab. Wir freuten uns, zu hören, dass das Oberhaupt sich vollständig von der Menschenpyramide erholt hatte und dass die Mönche anstelle von Brians Rap wieder traditionelle Tempelrhythmen spielten.

Wir kamen gut voran und näherten uns bald unserem ersten größeren Zwischenstopp auf der burmesischen Seite des Flusses, der Paradise-Casino-Ferienanlage im Goldenen Dreieck. Da die Betreiber dieser Anlage mit Blick auf den Mekong zu unseren Sponsoren zählten, durften wir dort so lange bleiben, wie wir wollten. Brian und ich sprachen wenig und paddelten, was das Zeug hielt. Wir legten ungefähr 90 Kilometer am Tag in unseren Wildwasserkajaks zurück, die eigentlich nicht auf effizientes Vorankommen ausgelegt waren, sondern auf Wendigkeit und schnelles Wiederauftauchen. Erst in Thailand würden wir in Touringkajaks umsteigen. Nach unserer Ankunft in der Ferienanlage nahmen wir sofort unsere erste Dusche seit mehreren Tagen, ehe wir uns wie wilde Hunde auf das Büffet stürzten. Nachdem wir uns mehr als drei Monate lang fast ausschließlich von lokalem Essen und von Konserven ernährt hatten, hatten wir ungeheure kulinarische Fantasien entwickelt. Wir müssen ein ziemlich interessanter Anblick gewesen sein in unserer heruntergekommenen Paddelkleidung, die wir seit zwei Wochen nicht mehr gewaschen hatten, und mit unserem an Wahnsinn grenzenden Heißhunger. Nach dem sechsten Mal Nachfassen waren wir endlich satt und zogen uns in unsere Zimmer zurück, die uns im Vergleich zu unseren sonstigen Unterkünften wie Paläste vorkamen. Ich telefonierte mit Yuta, die sich inzwischen vollständig von ihrer Operation erholt hatte und sich auf meine Ankunft in der 900 Kilometer flussabwärts gelegenen Hauptstadt von Laos freute.

In der Nacht wachte ich mehrmals auf, weil mir die Hände eingeschlafen waren. Das scheußliche Kribbeln vergeht nur, wenn man sich im Bett aufsetzt und die Hände ausschüttelt. Die Überbelastung meiner Handgelenke, die davon herrührte, dass ich bis zu zehn Stunden am Tag immer wieder das Paddel durchs Wasser zog, forderte langsam ihren Tribut. Wir hatten aber erst die halbe Strecke unserer Mekongbefahrung geschafft, und der Rest der Befahrung würde sich lange hinziehen, wenn ich meine Hände nicht richtig gebrauchen könnte. Deshalb nahm ich mir viel Zeit, um meine Handgelenke zu massieren.

Als ich an unserem zweiten Tag in der Ferienanlage zum Frühstücksbüffet ging, fand ich Brian zusammengesunken auf einem Stuhl sitzend vor. Vor ihm auf dem Tisch standen drei leere Teller. Er hatte schon seit Wochen keinen so zufriedenen Eindruck mehr gemacht. Im Lauf des Tages aßen Brian und ich drei Mahlzeiten, und zwischendurch stahl ich mich noch einige Male zum Büffet, um von den köstlichen Königskrabben und von dem leckeren Thai-Curry und Sushi zu naschen. Brian saß jedes Mal mit einer neuen Ansammlung leerer Teller und einem Gesichtsausdruck vollkommener Glückseligkeit am selben Platz. Als ich am Abend wieder zum Büffet ging, um mir mein Abendessen zu holen, fragte ich Brian, was er den ganzen Tag getan habe, worauf er antwortete: »Mein Gott, Micko, ich bin heute noch nicht aus diesen Raum rausgekommen.« Meinen verdutzten Gesichtsausdruck bemerkend, fügte er zu seiner Verteidigung hinzu: »Ich kann nichts dafür, Mann. Ich bin zum Frühstück hergekommen, dann kamst du, und ich musste mit dir essen. Als Nächstes kam Todd, um mit mir zu plaudern, und anschließend Ton. Ich wollte nicht unhöflich sein, deshalb habe ich mit euch allen gegessen. Und dann war Mittagessenszeit, und schon kamen alle wieder. Als das Sushi fürs Abendessen aufgetischt wurde, konnte ich auch nicht gehen, also saß ich hier fest.« Angesichts dieser bemerkenswerten Leistung wurde mir bewusst, dass die Zwei-Minuten-Nudeln und die Fischkonserven, von denen wir uns ernährten, den armen Brian offenbar nicht ganz zufriedenstellten.

Todd Leong und Chris Bohren von Admotiv Media, unsere Sponseringagenten, hatten uns Touringkajaks von Feelfree KaJaks besorgt und es geschafft, dass der Großteil unserer Reisekosten in Thailand übernommen wurde. Todd stellte uns Ton vor, den Besitzer der Ferienanlage, einen der abergläubischsten und unterhaltsamsten Menschen, die ich jemals kennengelernt habe. Ton unterhielt uns in den nächsten Tagen mit anschaulichen Geschichten über geschäftliche und politische Aktivitäten in Birma und Thailand, die wir mit gutem australischem Wein und Unmengen köstlichen Essens hinunterspülten. Unsere Mekongbefahrung wurde immer mehr zu einer Reise der extremen Kontraste.

Ton hatte gehofft, er könnte uns eine Sondergenehmigung für einen Ausflug in die ländliche Umgebung mit einer Eskorte des Militärgouverneurs der Provinz beschaffen, doch aufgrund der jüngsten Rebellenbewegungen in der Nähe wurde die Genehmigung in letzter Minute verweigert. Die Ferienanlage selbst stand unter Bewachung durch eine Militärgarnison, aber außerhalb konnte niemand für unsere Sicherheit garantieren. Das war wirklich schade, doch wir hätten in Begleitung einer Militäreskorte ohnehin kaum eine Chance gehabt, freimütige Interviews mit Einheimischen zu filmen.

Vom Büffetraum aus, in dem Brian und ich enorm viel Zeit verbracht hatten, konnte man sehen, dass der Pegel des Mekong in unglaublichem Tempo weiter anstieg. Ein Blick auf Wetterstatistiken zeigte, dass der Anstieg nicht auf immense Monsunregenfälle flussaufwärts zurückzuführen war – für uns bestand kein Zweifel daran, dass die Chinesen beschlossen hatten, einen Teil des Wassers abzulassen, das sie am Manwan- und am Dachaoshan-Damm aufgestaut hatten. Innerhalb der vier Tage, die wir uns in der Ferienanlage aufhielten, stieg der Pegel um fast zwei Meter an.

Nach ein paar Tagen Ausruhen, Entspannen und Schlemmen verabschiedeten wir uns am 17. Juli von unserem Gastgeber und von Birma. Inzwischen waren 101 Tage vergangen, seit ich in China zu meiner Expedition aufgebrochen war. Jetzt paddelten wir nach Süden zu einem neuen Abschnitt des Mekong, der einen großen Teil der Grenze zwischen Laos und Thailand bildet.

14
Kontrastprogramm: das laotische und das thailändische Mekongufer

Auf einer Strecke von ungefähr 200 Kilometern bildet der Mekong die Grenze zwischen Birma und Laos, dann fließt er nach Süden weiter und trennt Laos von Thailand ab. Dort heißt er Mae Nam Khong oder »Khong, die Mutter des Wassers«. Die Laoten nennen ihn Nam Khong, »Khong-Fluss«. Wie die ähnlichen Namen vermuten lassen, sind Thailand und Laos sowohl in sprachlicher als auch in kultureller Hinsicht eng miteinander verwandt. Der Großteil der Bevölkerung beider Länder stammt von den Tai in China ab (nicht zu verwechseln mit den Thai, die Nachfahren der Tai sind), die der chinesischen Geschichtsschreibung zufolge bereits seit dem sechsten Jahrhundert vor Christus in Yunnan leben. Gleichwohl herrschen in den beiden Ländern völlig unterschiedliche politische, gesellschaftliche und wirtschaftliche Verhältnisse, die auf den ausländischen Einfluss in Südostasien sowie auf kulturelle Eigenheiten und nationale Errungenschaften zurückzuführen sind.

Zwischen dem französischen und dem britischen Kolonialreich gelegen, hatte Thailand das Glück, dass es als einziges Land Südostasiens niemals von westlichen Mächten kolonialisiert wurde. Seit dem 18. Jahrhundert, als sich die britischen Kolonien von Malaysia und Birma Richtung Thailand ausdehnten und die französischen Kolonien von Kambodscha und Laos aus, diente das Land als praktischer Pufferstaat, der die oftmals feindseligen Widersacher voneinander trennte. Offen und aufgeschlossen gegenüber der Außenwelt, was sich zum Teil mit der Abwesenheit ausländischer Vorherrschaft im vergangenen Jahrhundert begründen lässt, verbündete sich Thailand während des Vietnamkriegs mit den Vereinigten Staaten. Auch in den letzten Jahrzehnten hat das Land seine Tore stets für die Außenwelt geöffnet, mit dem Ergebnis, dass es heute zu den am stärksten boomenden Ländern der Welt gehört.

Laos hingegen wurde nach dem raschen Niedergang des mächtigen Lane-Xang-Königreichs am Ende des 17. Jahrhunderts stets gezwungen, sich den Forderungen stärkerer Nationen zu beugen. Die Burmesen, Thailänder, Vietnamesen, Khmer, Chinesen und Franzosen oktroyierten in den vergangenen Jahrhunderten dem strauchelnden Staat Laos, mal mehr, mal weniger, ihren Einfluss auf. Das Ausmaß des Verfalls wird deutlich, wenn man sich vor Augen führt, dass derzeit etwa fünfmal so viele Laoten außerhalb der laotischen Grenzen (überwiegend in Thailand) leben wie innerhalb.

Nach der Unabhängigkeit 1954 geriet das Land abermals in den Teufelskreis der Gewalt, als zwischen dem kommunistischen Pathet Lao und der königlichen Armee ein Untergrundkrieg entbrannte, dem die Genfer Laoskonferenz von 1962 ein vorläufiges Ende setzte, die Laos zum neutralen Staat erklärte. Trotzdem wurde das Land in einem zweiten Bürgerkrieg zum Nebenschauplatz des Vietnamkriegs – der militärische Nachschub für den Vietcong erfolgte über laotisches Territorium, und die USA begannen 1964 einen verheerenden Bombenkrieg gegen den Pathet Lao. Dieser Bruch internationaler Abkommen sowohl durch die USA als auch durch Vietnam hat dazu geführt, dass Laos nach wie vor zu den ärmsten Ländern Asiens zählt.

Wenn man auf dem Mekong zwischen Thailand und Laos paddelt, sieht man immer noch die Folgen dieser historischen Umstände. Der heutige Unterschied zwischen den beiden Ländern fällt besonders schwer ins Gewicht, wenn man bedenkt, dass sie bis Anfang der 1960er-Jahre in Bezug auf Wirtschaft, Politik, Infrastruktur und Bildung einen vergleichbaren Entwicklungsstand aufwiesen, ja dass alle größeren laotischen Orte entlang des Mekong damals wesentlich entwickelter waren als ihre thailändischen Schwesterstädte und -dörfer.

Heute findet man auf der thailändischen Flussseite Supermärkte, ein Nahverkehrssystem, das sich mit dem der meisten westlichen Länder messen kann, und politische Strukturen, die, nach der Machtübernahme durch das Militär, neuerdings wieder demokratische Wahlen gewährleisten. Blickt man hingegen zum Ostufer, ins kommunistische Laos, sieht man überwiegend Anwohner, die von der Landwirtschaft für den Eigenbedarf leben. Sie wohnen in Dörfern mit Strohdachhütten, gehen auf unbefestigten Straßen und leiden unter einer hohen Analphabetenquote, einer deutlich geringeren Lebenserwartung und einem Einparteiensystem, das Kritik aus dem eigenen Land an seinen Entscheidungen und Handlungen nicht zulässt. Das sind die Konsequenzen der Außenpolitik mächtiger Nationen, die beschließen, ihre Kriege auf dem Rücken schwächerer Länder auszutragen.

In der Stadt Chiang Khong, im Norden von Thailand, stieß Hutch Brown zu uns, ein Freund von Brian, der für den Rest der Expedition als Kameraassistent für uns tätig werden sollte. Hutch war zum ersten Mal in Asien, und ich hatte zunächst Bedenken, als Brian ihn für den Job vorschlug. Brian hatte aber schon jahrelang mit Hutch auf nordamerikanischen Flüssen zusammengearbeitet und versicherte mir, dass er wegen seiner großen Erfahrung beim Kajakfahren und Filmen der richtige Mann für die Aufgabe sei und, was am allerwichtigsten war, dass er mit den Höhen und Tiefen einer Expedition umgehen könne. Da ich mich bislang immer auf Brians Urteil verlassen konnte, willigte ich ein, Hutch mit an Bord zu nehmen. Hutch zeichnet sich durch eine gelassene Art aus, die er sich sicherlich bei seiner Tätigkeit als freiberuflicher Flussführer angeeignet hatte, und ich fühlte mich binnen Minuten wohl in Gesellschaft unseres Neuzugangs. Ferner schloss sich Jan unserem Team an, ein laotischer Freund von mir, der eine Zeit lang für meine Firma als Führer gearbeitet hatte und jetzt freiberuflich tätig war. Jan folgte uns in einem von Green Discovery Travel gesponserten Zodiac-Schlauchboot, um uns beim Filmen zu unterstützen.

Jan war der erste Laote überhaupt, mit dem ich Freundschaft geschlossen hatte. 1998 pflegte er mich nach einer akuten, durch einen Machetenschnitt am Bein verursachten Blutvergiftung wieder gesund. Fast eine Woche lang, bis ich wieder gehen konnte, versorgte er mich geduldig mit Essen, Wasser und anderen Annehmlichkeiten und hielt zusammen mit den Krankenschwestern mein Bein fest, während ein Arzt mit Hilfe eines chirurgischen Scheuerschwamms, der wie ein Topfkratzer aussah, länger als eine Minute ohne Betäubung die infizierte Wunde reinigte. Ich war Jan zwar nicht sofort für seine Dienste dankbar, denn ich schrie vor Schmerzen, bin es aber seitdem.

Da sich die Lieferung von dreien unserer vier gesponserten Kajaks verzögerte, paddelte ich auf dem Mekong in einem schnellen, schlanken Perception-Contour-Touringkajak weiter, während Hutch und Brian, die mir in ihren langsamen Wildwasserkajaks folgten, zwischendurch immer wieder mit Jan im Zodiac mitfuhren, um Anschluss zu halten. Bevor wir Chiang Khong verließen, segnete ein Mönch am Flussufer die neuen Boote. Die wunderschöne kleine Zeremonie wurde im frühen Morgenlicht über dem Mekong abgehalten. Die Thailänder und Laoten, mit denen wir uns unterhielten, machten sich Sorgen um uns, weil wir vorhatten, die berüchtigten Khone-Fälle im Süden von Laos zu befahren. Die Khone-Fälle sind die mit Abstand wasserreichsten aller südostasiatischen Wasserfälle, womöglich sogar aller Wasserfälle der Welt. In der Regenzeit führen sie ungefähr achtmal so viel Wasser wie die Niagarafälle. Da der Pegel Ende Juni seinen Höchststand erreicht, standen wir vor einer großen Herausforderung.

50 Kilometer südlich unseres Standorts entfernt sich der Mekong von Thailand, ehe er auf dem Weg nach Luang Prabang, der alten Königsstadt von Laos, in östlicher Richtung mitten durch den Norden des Landes fließt. Wir rechneten damit, dass wir für die 380 Kilometer lange Strecke vier Tage brauchten. Mit einem nun wieder vollständigen Team und dem Segen des Mönchs war ich guter Dinge, dass alles nach Plan laufen würde. Nach drei endlosen Tagen auf dem Fluss machten wir in einem abgelegenen Dorf Halt, um zu übernachten. Allem Anschein nach hatten dort noch niemals zuvor Ausländer die Nacht verbracht. Es war immer ein Vergnügen, wenn wir als erste Ausländer in ein Dorf kamen, vor allem wegen der Reaktion der Kinder, die sich scharenweise um uns versammelten. Misstrauisch beobachteten sie jede unserer Bewegungen, flüsterten miteinander und forderten sich gegenseitig zu der Mutprobe heraus, auf die Fremden zuzulaufen und sie zu berühren.

Dann ahmten sie unsere Stimmen nach, als wir uns miteinander unterhielten. Um die Stimmung ein wenig anzuheizen, tat ich so, als wollte ich sie fangen, und machte ein paar Schritte auf die Meute zu. Das rief entsetzte Schreie hervor, die Kinder stoben in alle Himmelsrichtungen davon, scharten sich bald aber erneut um mich. Wieder lief ich ein paar Schritte auf sie zu, erntete nun jedoch lautes Gelächter, denn inzwischen hatten sie gemerkt, dass ich ihnen nicht nach dem Leben trachtete.

Um mir die Zeit bis zum Abendessen zu vertreiben, brachte ich Hutch ein paar Brocken Laotisch bei. Äußerst sprachbegabt, eignete er sich in kürzester Zeit einen Grundwortschatz an. Am schwersten fiel es ihm – wie den meisten Ausländern –, mit den fünf verschiedenen Betonungen zurechtzukommen, die im Laotischen existieren. So klingen zum Beispiel die laotischen Wörter für »ich« und für »Penis« für das ungeübte Ohr beinahe identisch. Kurz nach der Lektion ging Hutch zu den Bewohnern und versuchte zu sagen:

»Hallo, ich heiße Hutch.« Zur allgemeinen Belustigung sagte er jedoch: »Hallo, Penis heißt Hutch.« Erst bei der nächsten Lektion brachte ich ihm bei, genauer auf die unterschiedlichen Intonationen zu achten. Seine Bemühungen boten den Dorfbewohnern so viel Unterhaltung, dass ich ihnen nicht den Spaß verderben wollte.

Jan erkundigte sich im ganzen Dorf nach frischem Gemüse für das Abendessen, kehrte aber mit fast leeren Händen zurück. Er zog es deshalb vor, abzuwarten, ob unsere Gastgeber etwas auftischen würden, und machte sich in der Zwischenzeit am Außenbordmotor des Zodiacs zu schaffen. Schließlich bekamen wir ein Abendessen serviert, das aus einer seltsam schmeckenden Schleimsuppe, Stielen einer Kletterpflanze und Fleisch unbestimmbarer Herkunft bestand. Beim Essen der Schleimsuppe verfingen sich Fellstücke in meinen Zähnen. Hutch deutete an, dass er irgendetwas Knuspriges im Mund hatte. Bei genauerer Betrachtung stellte sich heraus, dass es sich um den Kopf einer Fledermaus handelte.

Noch vor drei Tagen hatten Brian und ich australischen Wein, Königskrabben und Satellitenfernsehen genossen, jetzt mussten wir uns mit Fledermausinnereien, gekochtem Mekongwasser und Bambusmatten als Bett begnügen. Hutch dagegen, der erst seit vier Tagen in Asien weilte, fühlte sich offensichtlich schon ganz zu Hause. Er lehnte sich auf seinem Teakholzstuhl zurück und nagte zufrieden an der Fledermausnase. Brian und ich sahen ihm zu, wie er die Säfte aus den Nasenlöchern der Fledermaus saugte, und blickten einander an. Plötzlich wurde es Brian zu viel.

»Mein Gott, Hutch, bist du von allen guten Geistern verlassen? Du kannst doch nicht den Fledermausrotz essen!«

Hutch verstand nicht, was die Aufregung sollte: »Was denn? Man muss doch mal was Neues ausprobieren, Mann. Das ist doch nur eine Fledermaus, und sie schmeckt gar nicht mal übel«, erwiderte er. In gewisser Weise bewunderte ich seine furchtlose Experimentierfreudigkeit. Als ich mir aber noch ein weiteres Stück Fell aus den Zähnen pulte, war meine kulinarische Abenteuerlust für diesen Abend an ihre Grenzen gekommen, und ich erlöste meine Geschmacksnerven mit dem gewohnten Schuss Reisschnaps nach dem Abendessen.

Das freundliche Lächeln und die Gastfreundschaft der Einheimischen, mit denen wir Bekanntschaft schlossen, ließen die Etappe zu einem denkwürdigen Erlebnis werden. Die meisten waren Fischer oder Bauern, die vom Mekong selbst oder von seinen Ufergebieten lebten.

Die meisten Familien decken einen Großteil ihres Proteinbedarfs mit Fisch aus dem Mekong. Alle waren sich darin einig, dass es von Jahr zu Jahr schwieriger wird, Fische zu fangen. Als wir uns nach der Ursache dafür erkundigten, erhielten wir oft unterschiedliche Antworten; auf einem Flussabschnitt zwischen Laos und Birma wussten Fischer aber offenbar genau, weshalb ihre Fänge stark zurückgegangen waren. Der 57-jährige Kham, Vater von sieben Kindern, war außer sich, als er uns erzählte, er könne nur mit Mühe genug Fische fangen, um seine Familie zu ernähren. »Die sind hierhergekommen und haben Felsen gesprengt und die Fische gleich mit. Die Regierung hat uns gesagt, dass wir nicht mit Sprengstoff fischen dürfen, aber die haben trotzdem alles in die Luft gejagt. Die Fische sind alle hinüber.«

Was Kham so wütend machte, war die von der chinesischen Regierung veranlasste Sprengung etlicher Felsvorsprünge entlang des Mekong zwischen Laos, Birma, China und Thailand. Um den Fluss für größere Frachtschiffe passierbar zu machen, die Handelsgüter zwischen dem chinesischen Hafen Mengla und dem thailändischen Chiang Saen transportieren, haben die Chinesen zahlreiche Felsriffe gesprengt und damit einen wichtigen Lebensraum für Fischschwärme vernichtet.

Die meisten laotischen Fischer, mit denen wir sprachen, berichteten, dass das Monsunhochwasser heutzutage viel später im Jahr käme als früher. Im Gegensatz zu uns wussten sie allerdings nicht, dass dies mit dem Auffüllen der Staubecken in Yunnan zusammenhängt, in denen sich das Wasser sammelt, das sonst während der ersten Monsunmonate nach Laos fließen würde. Was die Fischer auch nicht wussten, war, dass der Mekong in ihrer Region vermutlich niemals wieder so viel Wasser führen wird wie in den vergangenen Jahrtausenden und welche Folgen dies für das Ökosystem und den Fischbestand hat.

Nach Inbetriebnahme der riesigen Staubecken, wie zum Beispiel des 170 Kilometer langen Reservoirs von Xiaowan, wird die Wassermenge, die von China aus flussabwärts fließt, ganzjährig reguliert und der Wasserstand somit immer auf mittlerer Höhe gehalten werden. Der alljährliche Flutzyklus – der den größten Einfluss auf das Ökosystem hat – wird sich dauerhaft verändern, und der alljährliche Nachschub an fruchtbaren Ablagerungen am Flussufer, wo die Anwohner ihr Gemüse anbauen, wird stark zurückgehen.

Dass die Fischer nicht wussten, was mit ihrem Fluss geschieht und was auf ihre Gemeinden zukommt, ließ erkennen, wie isoliert die Bewohner der kleinen ländlichen Gemeinden am Mekong in Laos leben. In allen Ortschaften, die wir besuchten, gab es weder Bücher, Zeitschriften noch Radios. Die Menschen verwenden ihre gesamte Zeit und Energie darauf, genug Nahrung und Ressourcen herbeizuschaffen, um ihre Familien durchzubringen.

Wenn der Fischbestand rapide zurückgeht und die Uferbereiche ihre Fruchtbarkeit verlieren, müssen die Menschen neue Überlebensmöglichkeiten finden. Die Wälder der Umgebung bieten reichlich Nahrung, aber damit einhergehen wird eine Bedrohung für die vielen gefährdeten, wild lebenden Tierarten der Region. In Anbetracht dessen, dass Millionen von Menschen, die im unteren Flussbecken leben, täglich Fisch aus dem Mekong essen, kann man sich ausrechnen, wie viele Säugetiere nach dem Rückgang der Fischbestände jedes Jahr geschlachtet werden müssten, um die lebenswichtige Proteinquelle zu ersetzen. Es wird nicht nur weniger Fische geben, sondern auch die Tierwelt in den Wäldern der Region wird als Nahrungsquelle irgendwann versiegen.

Ein weiteres Umweltproblem ergibt sich daraus, dass die Anwohner auch weiterhin Gemüse in den Gebieten anbauen, die bislang alljährlich mit nährstoffreichen Ablagerungen aufgefüllt wurden. Um dieselben Erträge zu bekommen, die ihnen die Natur in der Vergangenheit beschert hat, müssen die Bauern in Zukunft aber chemischen Dünger verwenden. Die Chemikalien, die dadurch in den Fluss gelangen, werden stromabwärts beträchtliche Spuren hinterlassen. In Vietnams produktivster landwirtschaftlicher Region, dem Mekongdelta, machen sich schon heute die Auswirkungen von saurer Erde und starkem Algenwachstum bemerkbar, und wenn die Thailänder, Laoten und Kambodschaner vermehrt Dünger einsetzen, um den durch die Staudämme verursachten Rückgang der Sedimentierung auszugleichen, könnte sich das derzeit noch auf bestimmte Stellen beschränkte Algenwachstum ausweiten.

Nach einer Strecke von etwa 50 Kilometern, wo der Mekong die Grenze zwischen Laos und Thailand bildet, biegt er nach Osten ab, und von hier aus paddelten wir rasch an dicht bewaldeten, smaragdgrünen Gebirgszügen vorbei. Zwei Tage nach der Fledermausmahlzeit kamen wir in Luang Prabang an. Aufgrund ihrer geschichtsträchtigen Vergangenheit und ihrer einzigartigen Mischung aus königlich-laotischer und kolonialfranzösischer Architektur wurde die Stadt 1995 zum Weltkulturerbe erklärt. Vergoldete Tempel sind dort ebenso zahlreich anzutreffen wie gute Restaurants, Nobelhotels und florierende nächtliche Basare, auf denen Angehörige verschiedenster Völker ihr wunderschönes Kunsthandwerk zum Verkauf anbieten. Obwohl Luang Prabang inzwischen von einer Vielzahl Touristen besucht wird, hat es sein Flair als ländliche Stadt mit einem Hauch königlicher Eleganz bewahren können.

Wir verbrachten drei Tage mit der Besichtigung von Wasserfällen, Tempeln und historischen Sehenswürdigkeiten in der Umgebung von Luang Prabang. Besonders beeindruckend waren die Pak-Ou-Höhlentempel, eine berühmte buddhistische Pilgerstätte am Zusammenfluss von Mekong und Nam Ou. Die Pak-Ou-Höhlentempel, die in vorbuddhistischer Zeit der Verehrung der Flussgötter dienten, bestehen aus zwei großen Höhlenkammern voller alter Buddhafiguren, die dort im Lauf mehrerer Jahrhunderte versammelt wurden. Die Bewohner von Luang Prabang unternehmen jedes Jahr während der buddhistischen Fastenzeit, auch »Rückzug vom Regen« oder *Phansa* genannt, eine Pilgerfahrt zu den Höhlen, der sich in vorkommunistischen Zeiten auch der König anschloss. Die buddhistische Fastenzeit beginnt am ersten Tag des abnehmenden Mondes im achten Mondmonat und ist dem Lernen und der Meditation gewidmet. Der herrliche Ausblick über den Mekong auf Kalksteinfelsen am anderen Flussufer verleiht den Höhlen vor allem in der Dämmerung eine besondere Atmosphäre, wenn sich ein orangefarbenes Leuchten auf dem Fluss ausbreitet und die Silhouetten einheimischer Fischer zu erkennen sind, die im schwindenden Licht ihre Netze auswerfen.

Von Luang Prabang machten wir uns auf den Weg zur laotischen Hauptstadt Vientiane, die auf dem Flussweg gut 400 Kilometer von der Königsstadt entfernt ist. Ab Luang Prabang fließt der Mekong in südsüdöstlicher Richtung zurück nach Thailand. Brian und Hutch folgten mir noch immer in ihren langsameren Wildwasserkajaks, holten mich mit Hilfe des von Jan gesteuerten Zodiacs aber immer wieder ein. Am dritten Tag paddelte ich allerdings voraus und bekam die anderen den ganzen Tag nicht mehr zu Gesicht.

Irgendwann erspähte ich im Wasser etwas, das aussah wie eine tote Kuh, doch bei genauerer Betrachtung stellte sich heraus, dass es eine aufgedunsene Leiche war, die auf dem Bauch dahintrieb. Vermutlich handelte es sich bei dem Toten um einen Fischer, der in einer Stromschnelle oder bei starker Strömung aus seiner Piroge gefallen war. Ungefähr eine Stunde später stieß ich vor einem Dorf auf mehrere Fischer, denen ich von der Leiche berichtete. Auf meine Frage, ob sie schon öfter Leichen im Fluss gesehen hätten, erwiderten sie, die Bewohner ihres Dorfes würden jedes Jahr ein paar aus dem Wasser bergen. Ein Fischer namens Ti sagte: »Meistens sind es Opfer von Schnellbootunfällen.«

Auf dem Mittellauf des Mekong verkehren zahlreiche klapprige Sperrholz-Schnellboote mit V6-Motoren. Da sie mit über 60 Stundenkilometern unterwegs sind, besteht für sie auf Flussabschnitten mit vielen Stromschnellen besonders hohe Unfallgefahr. Auf solchen Strecken haben halb versunkene Bäume oder Baumstämme dieselbe Wirkung wie Eisberge, da sie von Strudeln und von der Strömung in den Stromschnellen unter die Wasseroberfläche gezogen werden, ehe sie irgendwo flussabwärts wieder auftauchen. Wenn sie genau zum falschen Zeitpunkt aus der Tiefe an die Oberfläche schießen, kann es passieren, dass ein vorüberfahrendes Schnellboot hochgehoben wird, mit verheerenden Folgen. Ich war froh, mit Paddelkraft unterwegs zu sein.

Bei Anbruch der Dämmerung war noch immer nichts von den anderen zu sehen, was ich mir damit erklärte, dass sie vermutlich Probleme mit ihrem Außenbordmotor hatten. Ich machte in der laotischen Hafenstadt Pak Lai Halt, meldete die von mir gesichtete Leiche bei der Hafenbehörde und mietete mich für die Nacht in eine einfache Pension am Flussufer ein. Brian, Hutch und Jan waren am nächsten Morgen noch immer nicht aufgetaucht, aber ich paddelte trotzdem weiter. Falls sie eine Panne hatten, konnten sie sich bis nach Pak Lai treiben lassen und dort den Außenborder reparieren lassen oder, sollte das nicht möglich sein, an Bord eines Motorboots gehen. Auf sie zu warten, hätte unser Vorankommen unnötig verzögert, und wir waren ohnehin schon knapp bei Kasse. Außerdem freute ich mich ungemein darauf, Yuta wiederzusehen. Abends hatte ich die Gegend unmittelbar nördlich von Vientiane erreicht, wo ich meine Verlobte in die Arme schloss.

Zwei Tage später tauchten Hutch, Brian und Jan an einem Pier in Vientiane auf. Sie sahen müde aus, litten unter einem Sonnenbrand und äußerten ihren Unwillen darüber, dass ich ihnen in solch einer mörderischen Geschwindigkeit vorausgefahren war. Da sie mich einholen mussten, hatten sie nicht alles Interessante filmen können. Ich gab ihnen im Grunde recht, führte zu meiner Entschuldigung aber an, dass wir uns beeilen mussten. Bekämen wir nämlich keine weitere finanzielle Unterstützung mehr für die Expedition, könnten wir uns auf den letzten 1000 Kilometern nichts zu essen kaufen. Da der Außenbordmotor des Zodiacs den Geist aufgegeben hatte, blieb uns nichts anderes übrig, als uns von Jan zu verabschieden, der wieder in seine Heimatstadt Luang Prabang zurückkehrte. Den Rest der Fahrt durch Laos mussten wir somit ohne ein motorisiertes Beiboot auskommen.

Vientiane, eher eine größere Ortschaft als eine Stadt, diente uns als Basislager. Hier ruhten wir uns aus und filmten Interviews und Treffen mit Vertretern der Mekongkommission sowie mit Umweltexperten. Auf der anderen Flussseite, in Thailand, hielten wir eine Pressekonferenz ab.

Genau rechtzeitig zum Kerzenfest kamen wir im thailändischen Nong Khai an. Bei diesem Fest wird mit einer Kerzenprozession der Beginn der Fastenzeit gefeiert. Über Generationen hinweg ist aus der ehemals einfachen Zeremonie eine Prozession mit aufwendig gestalteten, überwältigend schönen Kunstwerken geworden. Lastwagen transportieren fast vollständig aus Bienenwachs gefertigte Festwagen mit riesengroßen Kerzen. Auf manchen Festwagen, die wir sahen, saßen Kinder, die als Figuren aus der thailändischen Variante des Ramayana verkleidet waren, einem Epos, das vom mythischen Kampf religiöser und moralischer Gesetze gegen das Böse und die Anarchie handelt. Andere Festwagen waren dem *Naga* gewidmet, der Buddha begleitete und ihn beschützte, als er die Region bereiste und sein Wissen an Laien weitergab. Yuta führte uns durch ihre Heimatstadt am Mekong, wo sie ihre Kindheit verbracht hatte. Im berühmtesten buddhistischen Tempel der Stadt, dem Wat Luang Prophrasai, segnete uns ein älterer Mönch in einer kurzen, aber ergreifenden Zeremonie mit Gesang. Dabei ergriff er einen Mayom-Zweig (den Zweig eines Stachelbeerstrauchs, der bei vielen religiösen Zeremonien verwendet wird) und beträufelte uns mit dem Weihwasser aus dem Tempel.

In Thailand an einem Fest teilzunehmen ist immer ein Erlebnis. Essensverkäufer, Straßenhändler, Spenden sammelnde Mönche und Tanzensembles tauchen wie aus dem Nichts auf, und alle Menschen strömen auf die Straße, wo sie auf halb religiöse, halb karnevaleske Art und Weise feiern und trinken. Dabei wird offensichtlich, dass Essen der liebste Zeitvertreib der Thailänder ist. Es wird eine endlose Vielfalt von Delikatessen feilgeboten, von gebratenen Skorpionen, Heuschrecken und Tausendfüßlern bis hin zu jedem süßen oder scharfen Gericht, das man sich vorstellen kann.

Am selben Abend fand eine kleine Pressekonferenz statt, auf der wir Mr. Rattaproom Youprom oder Thong, wie er lieber genannt wurde, kennenlernten, Thailands berühmtesten und unerschrockensten Paddler. Thong hatte erst ein paar Wochen zuvor eine Soloexpedition im Seekajak über 3000 Kilometer längs der gesamten thailändischen Küste erfolgreich zu Ende gebracht. Er kam auf mich zu, schüttelte mir die Hand und sagte: »Mick, ich hab von deinem Trip auf dem Mekong erfahren, da musste ich dich einfach kennenlernen.« Der spitzbärtige Thong hatte einen entspannten Charme und eine sanfte, warmherzige Art. Bevor der Abend zu Ende ging, hatten wir uns angefreundet. Hutch, Brian und ich waren uns einig, dass wir begeistert wären, wenn Thong sich uns für einen möglichst großen Teil der restlichen Strecke anschließen würde.

Als wir am folgenden Morgen unsere Fahrt wiederaufnahmen, wurden wir von einer Flotte von acht Kajakfahrern begleitet, die aus Thong und sieben Mitgliedern des Bangkok's Feelfree Kajak Club bestand. Zur Erleichterung von Hutch und Brian waren endlich unsere Touringkajaks geliefert worden, sodass wir während der nächsten Expeditionsetappe zusammenbleiben konnten. Wir mobilisierten alle unsere Kräfte und legten an diesem Tag über 70 Kilometer bis nach Ban Khen zurück. Am Abend verabschiedeten wir uns von den anderen Kajakfahrern mit Ausnahme von Thong.

Von Ban Khen ab flussabwärts bekamen wir immer häufiger Geschichten über ein bizarres Phänomen zu hören, das die Einheimischen *bung fai payanaak* nennen, die »Feuerbälle des *Naga*«. Jedes Jahr, so heißt es, steigen während der Fastenzeit bei Vollmond große leuchtende Lichtkugeln aus den schlammigen Tiefen des Mekong empor und entschweben in die Atmosphäre. Dieses Phänomen, das auf einer Strecke 40 bis 120 Kilometer flussabwärts von Vientiane zu beobachten ist, wird seit vielen Generationen an Tempelwänden und in Dorftagebüchern festgehalten.

Frühere Generationen glaubten, die Lichtkugeln stammten vom gleichermaßen gefürchteten wie verehrten *Naga*, der in der Gegend, wie man sagt, seinen Wohnsitz hat. Weniger abergläubische Menschen sind hingegen der Ansicht, dass die Kräfte des Mondzyklus ein Gasgemenge freisetzen, das in den Tiefen des Mekong durch Gärung entsteht. Eines ist allerdings sicher: An Leuten, die behaupten, die Feuerbälle gesehen zu haben, fehlt es nicht.

»Die Feuerbälle existieren, seit meiner Kindheit habe ich sie jedes Jahr gesehen«, erzählte uns Boonmee, einer der Dorfbewohner, mit denen wir uns auf dem thailändischen Abschnitt des Flusses südlich von Nong Khai unterhielten. Unbeirrt deutete er vom Balkon seines Hauses auf den Mekong. »Jeder hier weiß, dass es sie gibt. Die Leute kommen von überallher, nur um sie zu sehen.«

»Es spielt keine Rolle, dass manche Leute nicht an sie glauben, denn sie sind ebenso echt, wie ich es bin«, sagte Som, ein 30-jähriger Fischer in einer Teakholzpiroge etwas weiter flussabwärts. Als ich den Gedanken ins Spiel brachte, es könnte sich um eine Finte der Einheimischen handeln, um Touristen anzulocken, erwiderte Som im Brustton der Überzeugung: »Touristen? Ich bin Fischer, ich habe gar nichts von Touristen. Ich sage euch, dass es die Feuerbälle gibt, weil ich sie schon viele Male gesehen habe. So ist es eben.«

Anfangs war ich mehr als skeptisch und stempelte die Feuerbälle als Folklore ab. Nachdem ich jedoch mit vielen gesprochen hatte, die Boonmees und Soms Schilderungen bestätigten, erwachte mein Interesse. Um endgültige Gewissheit zu erlangen, bleibt mir nur die Möglichkeit, den Schauplatz der Feuerbälle kommendes Jahr im August zu besuchen. Dann kann ich mich mit eigenen Augen von der Wahrheit überzeugen.

Unsere Tage bestanden aus langen Paddelstrecken, Zwischenstopps, die wir zum Gespräch mit Anwohnern nutzten, Unterhaltungen über Ereignisse aus unserem Leben und ausgiebigen Mahlzeiten, die unabdinglich waren, wenn wir der extremen körperlichen Anstrengung gewachsen sein wollten. Lange sprach ich mit Thong über seine Expedition längs der gesamten thailändischen Küste.

»Ich habe das für meine Mutter getan«, sagte er ernst und ließ den Blick über die riesige bräunliche Wasseroberfläche schweifen, während wir Richtung Meer trieben. »Sie liebte das Meer, hatte aber nie die Chance, am Meer zu wohnen, und dann wurde sie ermordet.« Nach dieser Bemerkung erzählte er mir in ruhigem Ton seine tragische Geschichte.

»An jenem Tag habe ich meine Mutter viele Male angerufen. Ich bin verrückt geworden vor Sorge, weil sie nicht abgehoben hat. Also bin ich zu ihr nach Hause gefahren, da lag sie in einer Blutlache auf dem Fußboden. Irgendwer hatte sie erschossen. Dann lag da mein kleiner Neffe, auch ermordet. Ich bin durchgedreht und habe mir geschworen, den Mörder zu finden und zu töten.«

Thongs Verwandte waren einem Killer zum Opfer gefallen, der sie mit jemand anders verwechselt hatte. Bei dem Mörder handelte es sich um einen Kindheitsfreund Thongs, der drogensüchtig und kriminell geworden war. Thong hatte seine Expedition aus dem Bedürfnis heraus unternommen, den inneren Frieden wiederzufinden, nachdem seine Welt in Trümmern lag. Er wurde von Hass, Schmerz und dem Wunsch nach Rache beherrscht, und ihm war bewusst, dass ihn diese Gefühle verzehren oder ihm ein Leben hinter Gittern bescheren würden, sollte er die düsteren Pläne, die sein Denken bestimmten, in die Tat umsetzen.

Um seine geistige Integrität und seine Seele zu retten, suchte er Zuflucht auf dem Meer. Sieben Monate lang paddelte er die thailändische Küste entlang und lebte wie ein Zigeuner auf See. Dabei verließ er sich in buddhistischer Tradition auf die Großzügigkeit der Anwohner, die daran glauben, dass sie Verdienste für das nächste Leben erwerben, wenn sie andere bei der Suche nach innerem Frieden unterstützen. »Ich vermisse meine Mutter noch immer, aber ich habe gelernt, meine Wut und meinen Hass hinter mir zu lassen, damit ich nicht so werde wie der Mann, der sie getötet hat.«

Mit jedem Tag, der verstrich, wuchs der Respekt, den Brian, Hutch und ich Thong entgegenbrachten. Nichts konnte ihn nervös machen oder aus der Ruhe bringen. Es ermutigte mich, dass Thong es nach dem so schrecklichen Ereignis geschafft hatte, seiner Dämonen Herr zu werden. Für mich war er der Inbegriff eines Menschen, der mit sich selbst und der Welt im Reinen ist.

Thong ist derzeit damit beschäftigt, in Thailand eine Stiftung für Gewässer ins Leben zu rufen, um Geld für die Rettung der kostbaren Ressourcen zu sammeln. Er gehört einer neuen Generation Thailänder an, die sich der Herausforderung stellen, ihr Naturerbe vor Missbrauch zu schützen. Anders als Laoten, Burmesen, Vietnamesen und Chinesen betrachten die meisten Thailänder es als ihr politisches Recht, sich gegen Bauprojekte zu wehren, die ihren Lebensunterhalt gefährden. Somit ist es kein Zufall, dass der einzige Mekong-Anrainerstaat, der den Bau größerer Wasserkraftwerk-Staudämme innerhalb seiner Grenzen nicht mehr erlaubt, dasselbe Land ist, in dem die Menschen sich öffentlich für ihre Rechte einsetzen können. Ich hoffe, dass eines Tages auch die Ansprüche der Mekongvölker aus den anderen fünf Nationen artikuliert und gehört werden, ohne dass dies Vergeltungsmaßnahmen hervorruft. Sobald sich diese Betroffenen nämlich politisch artikulieren können, werden sie – davon bin ich überzeugt – dasselbe Urteil über die ungeheuerlichen Dammbauprojekte fällen wie der Rest der freien Welt: Sie werden sie ablehnen und nur in den seltensten Fällen darauf vertrauen, dass sie rentabel sind. Leider liegt dieser Tag für die meisten Mekong-Anrainerstaaten noch in weiter Ferne, und bis er kommt, werden die Menschenrechte der Völker, deren Überleben von den Ressourcen des Mekong abhängt, wahrscheinlich nur von Menschen wie Thong und der besorgten internationalen Gemeinschaft eingefordert werden. Es war uns eine Ehre, Thong im Expeditionsteam zu haben, wenn auch nur für kurze Zeit.

Wir unterbrachen unsere Fahrt zwischen Laos und Thailand immer wieder, um Dörfer und Städte auf beiden Seiten des Flusses zu besuchen. Unterwegs kamen wir an Orten vorbei, wo Nebenflüsse in den Mekong mündeten, die ich im Lauf der Jahre im Kajak oder Schlauchboot erkundet hatte. Dazu zählten der Nam Ngum, auf dem ich die ersten mehrtägigen Wildwasser-Rafting-Trips veranstaltet hatte, der Nam Leuk, der aus den dichten Wäldern des Buffalo-Horn-Mountain-Nationalparks fließt, und der wilde Nam Theun oder Nam Kading, der vom Nakai-Plateau herabstürzt und dabei zehn Tage Wildwasserfahrten in der Wildnis bietet.

Nach vier langen Paddeltagen südlich von Vientiane kam auf der Ostseite des Mekong eine Karst-Gebirgskette in Sicht, das Annamgebirge. Dieser zerklüftete Gebirgszug, der einen großen Teil der Grenze zwischen Laos und Vietnam bildet, ist durch seine strategische Bedeutung bekannt geworden, die er in einem der blutigsten Konflikte des vergangenen Jahrhunderts erlangt hat. Als der Vietnamkrieg Anfang der 1960er-Jahre an Heftigkeit zunahm, wurde es für die kommunistischen Streitkräfte Nordvietnams immer wichtiger, ihre Kameraden im Süden angemessen zu versorgen. Dabei bot es sich an, Soldaten und Ausrüstung von Nordvietnam nach Laos einzuschleusen, sie dann im Schutz des Annamgebirges nach Süden zu transportieren und anschließend vom südlichen Laos aus oder noch südlicher von Kambodscha aus nach Südvietnam zu bringen.

Was einst ein Durcheinander aus kreuz und quer verlaufenden Pfaden und zugewachsenen Feldwegen gewesen war, entwickelte sich bald zu einer der bekanntesten militärischen Versorgungsrouten, die durch Kambodscha, Vietnam und Laos verlief – dem Ho-Chi-Minh-Pfad. Den USA blieb nicht verborgen, dass es sich bei der Route um die größte strategische Waffe der Kommunisten handelte, und sie beschlossen die Bombardierung. Angesichts der vehementen Kritik am Vietnamkrieg hielten es die politischen Entscheidungsträger in den Vereinigten Staaten nicht für opportun, der amerikanischen Öffentlichkeit mitzuteilen, dass ihre Regierung den Krieg auf weitere Nationen in Südostasien ausweitete; vielmehr gingen sie im Geheimen, ohne Kriegserklärung an Laos oder Kambodscha, in die Offensive.

Unter der Schirmherrschaft der CIA begann in der Demokratischen Volksrepublik Laos die größte und teuerste paramilitärische Operation der Geschichte – mit verheerenden Konsequenzen für die Menschen, die im Osten des Landes lebten. Von 1968 bis 1972 warfen die USA über Laos mehr Bomben ab als an den beiden Hauptschauplätzen des Zweiten Weltkriegs (dem Pazifik und Europa), nämlich insgesamt ungefähr 1,9 Millionen Tonnen Sprengkörper. Trotz der intensiven Bombardierung gelang es nicht, die Versorgungsroute, die aus einem komplexen Netzwerk von Straßen, Wegen, Bunkern, Lazaretten, Vorratsdepots, Treibstoffpipelines, Waffenlagern und Stützpunkten bestand, zu zerstören.

In Nakhorn Phanom verabschiedete sich Thong von uns, denn er musste wegen der Beerdigung eines Verwandten nach Bangkok aufbrechen. Hutch, Brian und ich waren traurig, dass uns unser Begleiter verließ, und wir wünschten ihm viel Erfolg bei der Umsetzung seiner Vorhaben. Dann genehmigten wir uns ein paar Biere auf der thailändischen Seite des Flusses, wo Ho Chi Minh in den 1920er-Jahren fünf Jahre seines Lebens verbracht und, außerhalb der Reichweite der französischen Kolonialverwaltung, die Revolution vorbereitet hatte. In der Dämmerung blickten wir über den Mekong zu den Bergen, genossen die würzige ostthailändische Küche, und ich fragte mich, ob Ho Chi Minh geahnt hatte, dass der Gebirgszug, auf den er vom selben Flussabschnitt aus in den 1920er-Jahren geblickt haben muss, einmal nach ihm benannt werden würde.

Es ist erhellend, die thailändische Stadt Nakhorn Phanom mit der laotischen Provinzhauptstadt Tha Khaek auf der anderen Flussseite zu vergleichen. Tha Khaek war zu Beginn des Vietnamkriegs ein geschäftiges Provinzzentrum; Straßen mit verfallenen französischen Kolonialvillen und Ladenfassaden zeugen heute von dem Wohlstand, der noch vor wenigen Jahrzehnten in der Stadt herrschte. Nakhorn Phanom war zur selben Zeit eine kleine Ortschaft mit unbefestigten Fußwegen, ohne nennenswerte regionale Bedeutung; außergewöhnlich war nur die 20 Kilometer südlich gelegene historische Stätte des Wat-Phra-That-Phanom-Stupa. Der verschlafene Ort erlebte ein jähes Erwachen, als unmittelbar vor seinen Pforten das Hauptquartier der siebten US Air Force mit einer großen Start- und Landebahn errichtet wurde. Von diesem und anderen Stützpunkten aus flogen die US-Luftstreitkräfte die verheerenden Luftangriffe auf das Annamgebirge, die das Schicksal von Laos für immer veränderten.

Als die Zahl der Todesopfer unter der laotischen Zivilbevölkerung von Zehntausenden auf Hunderttausende anstieg, wandte sich die Bevölkerung der ländlichen Regionen von Laos, die sich von ihrem König an die Vereinigten Staaten verkauft fühlte, mehr und mehr dem kommunistischen Pathet Lao zu, und so gingen 700 Jahre Monarchie in Laos durch eine »kommunistische Revolution« zu Ende, die zum Teil auf kommunistischen Idealen beruhte, vor allem aber vom Willen beseelt war, sich gegen den Bombenkrieg zur Wehr zu setzen. Die wirtschaftliche Infrastruktur, die Tha Khaek im Vergleich zu ihrer thailändischen Schwesterstadt wohlhabend gemacht hatte, wurde vom Krieg und von der archaischen Politik des frühen laotischen Kommunismus zerstört.

Die Tatsache, dass sich Laos seit jenen dunklen Tagen der Revolution nur langsam weiterentwickelt hat, ist ein Paradebeispiel für das Versagen des Kommunismus in wirtschaftlicher Hinsicht. Erst in jüngster Zeit hat die Wiedereinführung der freien Marktwirtschaft die ökonomische Entwicklung beschleunigt.

An dem Tag, nachdem wir uns in Nakhorn Phanom von Thong verabschiedet hatten, paddelten wir am Fai vorbei, der am laotischen Ufer in den Mekong mündet und zu den beeindruckendsten Flüssen zählt, die ich jemals befahren habe. Der gemächlich mäandernde Fai, der aus dem Grenzgebiet Vietnams durch steile Schluchten und zwischen schroffen Karstbergen hindurch zu den Schwemmebenen des Mekong fließt, ähnelt in vielerlei Hinsicht anderen Mekong-Nebenflüssen in dieser Region – eines aber macht ihn einzigartig: Auf einer Strecke von sechs Kilometern unterquert er einen Gebirgszug. Von der Existenz der Höhle hatte ich zuerst durch laotische Freunde erfahren, ein paar Monate später veranlassten mich meine Freunde Nat Stone und Marcus Rhinelander, die die Höhle anlässlich der Arbeit an einem Dokumentarfilm über den Ho-Chi-Minh-Pfad durchfahren hatten, dass ich sie mir mit eigenen Augen ansah.

Keiner der Anwohner, die in Dörfern lebten, die während des Vietnamkriegs schwer bombardiert worden waren, hatte die Höhle jemals betreten, da man die mächtigen Geister fürchtete, die angeblich in ihr wohnten, und die Leute bestanden darauf, dass wir vorher ein Schwein opferten. Zu meiner Freude erwies sich die Höhle als riesengroß. Sie besteht aus Tunneln, die sowohl in der Breite als auch in der Höhe zwischen 40 und 100 Metern messen. Leider verfügten unsere Lampen nicht über die Reichweite, um sie vollständig auszuleuchten, und so war es oft schwierig, ihre tatsächliche Größe zu bestimmen. Die Fai-Höhle beherbergt zahlreiche Fledermaus- und Vogelkolonien und dient als Laichgebiet von Fischen, die sich dort in Schwärmen versammeln, um sich am Kot der Vögel und Fledermäuse gütlich zu tun.

Ich war so beeindruckt von der Größe der Höhle, dass ich professionellen Höhlenforschern davon erzählte, denen ich später mit meiner Reiseagentur jegliche Unterstützung zukommen ließ. Ein

Team unter der Leitung des britischen Höhlenforschers John Pollack versuchte, die Dimensionen der Höhle mit Hilfe von Lasern zu messen, gelangte aufgrund ihrer gewaltigen Ausmaße jedoch zu keinen genauen Messdaten. Die Forscher nehmen an, dass es sich um die größte Höhle der Welt handelt, in der sich zudem die weltgrößte Säulenformation befindet. Derzeit ist eine Expedition dabei, diese These zu verifizieren.

Die Fai-Höhle ist nur eine von mehreren Flusshöhlen im Annamgebirge. Manche erstrecken sich vermutlich bis zu 30 Kilometer weit in die Berge, und die allermeisten sind noch gar nicht erkundet. Langsam verschwand der Fai hinter mir aus dem Blickfeld, und während meiner Mittagspause trieb die Mutter des Wassers mich fort von den Kalksteinbergen, die sicherlich noch weitere der größten bislang unentdeckten Wunder dieser Welt bergen.

Leider halfen mir die Wunder der Natur nicht über die körperlichen Anstrengungen einer so langen Reise hinweg. Nach vier Monaten Expedition fühlte ich meine Kräfte schwinden. Wir näherten uns dem Höhepunkt der Regenzeit, folglich betrug die Luftfeuchtigkeit konstant über 95 Prozent, und drei- bis viermal täglich suchten uns heftige Wolkenbrüche heim. Wenn wir uns morgens auf den Fluss begaben, waren wir binnen Minuten nass geschwitzt. Den größten Schaden richtete jedoch die Sonne zwischen den Gewittern an: Die sengenden Sonnenstrahlen wurden von der reflektierenden Wasseroberfläche verstärkt, und ihren Auswirkungen war auch mit Sonnenschutzmitteln nicht beizukommen. Hutch und ich verloren so viel Haut, dass wir schließlich in eine Art Wettkampf eintraten. Wenn Hutch mir zeigte, dass sich die Rückseite seiner Ohren schälte, wies ich auf meine Schienbeine. Während wir durch Laos paddelten, ging uns an den Füßen, an den Unterarmen, an den Lippen, am Hals, am Bauch, an den Knöcheln und sogar am Brustkorb die Haut ab.

Yuta und ich hatten jeden Penny zusammengekratzt, um die Expedition zu finanzieren, und waren nun völlig abgebrannt. Infolgedessen mussten wir ein mörderisches Tempo vorlegen und täglich bis zu elf Stunden auf dem Fluss verbringen, sonst hätten wir das durchschnittliche Tagespensum von 90 Kilometern nicht geschafft, das wir aber hinter uns bringen mussten, wenn wir am Südchinesischen Meer ankommen wollten, ehe uns das Geld ausging. 100 Tage waren vergangen, seit ich den ersten Schritt von der Quelle flussabwärts gegangen war, und mit jedem Tag fiel es mir schwerer, mich körperlich dazu zu zwingen, die erforderliche Strecke zu paddeln. Die mangelnde Durchblutung meiner Hände, verursacht durch die ständige Anstrengung, sorgte dafür, dass ich nachts immer wieder von einem Kribbeln geweckt wurde. Das Südchinesische Meer war noch immer etwa 1500 Kilometer weit entfernt, und ich fragte mich langsam, ob meine Kräfte bis zum Ziel reichen würden.

15
Geheime Kriege und beglichene Rechnungen

Wir paddelten vier Tage lang weiter nach Süden und gerieten in eine Reihe kurzer, aber kräftiger Monsunplatzregen, als wir uns Khong Chiam näherten, der letzten größeren thailändischen Ortschaft am Mekong, bevor der Fluss dem Land den Rücken kehrt. Auf diesem Abschnitt fließt der Mekong zwischen einem laotischen und einem thailändischen Nationalpark hindurch, und Dörfer sind dünn gesät. Stattdessen stießen wir auf Schluchten mit Wasserfällen, die von den Felswänden in den Hauptstrom stürzten.

In Khong Chiang besorgten wir uns, ohne dass wir offiziell in das Land eingereist waren, in einem schwimmenden thailändischen Restaurant ein paar Singha-Biere oder »Beer Sing«, wie die Einheimischen sagen. Kurze Zeit später erreichten wir die südlaotische Provinz Champasak und ihre Hauptstadt Pakse. Dort trafen wir Hans und Claude, die im Auftrag der belgischen Regierung für das UXO-Lao-Projekt tätig waren. Sie berieten laotische Mitarbeiter, die den zweifelhaften Job haben, die Millionen Blindgänger zu orten und zu entfernen, die von der US-amerikanischen Bombardierung während des Vietnamkriegs übriggeblieben sind.

Wir suchten das Projektbüro auf, wo Mitarbeiter der Blindgängersuchteams uns mit dem Spektrum an grausamen Sprengkörpern vertraut machten, mit denen das Land vor drei Jahrzehnten bombardiert wurde. Unglücklicherweise sind zwischen zehn und dreißig Prozent der Millionen Tonnen Bomben, die über Laos abgeworfen wurden, beim Aufprall nicht explodiert. Noch heute sterben jedes Jahr ungefähr 200 Laoten an diesen Massenvernichtungswaffen.

Während wir auf einen der Projektleiter warteten, verbrachte ich einige Minuten damit, eine entschärfte MK81-Rakete in dem staubigen Regal zu inspizieren. Der Anblick der Rakete rief mir ein Erlebnis in Erinnerung, das ich am 12. September 2001 in Laos gehabt hatte (in Nordamerika war zu diesem Zeitpunkt noch der 11. September gewesen). Ich saß mit ein paar Freunden in Vientiane bei einem kühlen Bier zusammen, als mein Kumpel Alan Boatman aufgeregt hereinstürmte und rief: »Die Twin Towers in New York und das Pentagon sind angegriffen worden. Wir müssen irgendwohin, wo es einen Fernseher gibt.«

Wir ließen ihn zunächst abblitzen, dachten wir doch, er wollte uns einen Bären aufbinden. Als er aber mit ernster Miene sagte: »Ich mache keine Witze. Zwei Freunde von mir arbeiten in den Twin Towers«, eilten wir in die Bar um die Ecke, wo die Liveübertragung lief. Wir kamen gerade rechtzeitig, um die surreale Szene zu sehen, als der zweite Twin Tower einstürzte, und wollten unseren Augen nicht trauen. 20 Minuten lang sagte niemand ein Wort, dann fingen wir an, über die Ereignisse zu diskutieren. Andy, ein englischer Freund von mir, der seit Langem in Laos lebt, sagte: »Das ist tragisch, aber sie sollten sich nicht wundern, dass jemand die Rechnung begleichen will.« Ehe wir darauf antworten konnten, drehte sich ein Amerikaner, der in der Nähe saß, zu unserem Tisch um: »Was, zum Teufel, soll das heißen?« Er war sichtlich aufgebracht. »Tausende unschuldiger Zivilisten sind brutal umgebracht worden. Womit haben sie das verdient?«

Andy erwiderte gelassen: »Das haben sie in keiner Weise verdient, aber wenn Sie wissen wollen, warum so etwas passiert, brauchen Sie sich nur anzusehen, worauf Sie sitzen.«

Alle blickten auf den Stuhl des Amerikaners. An den vier Beinen des Stuhls, auf dem er saß, waren US-amerikanische MK81-Raketen angeschweißt worden. Sie gehörten zu den Abermillionen Sprengkörpern, die vom US-Militär fast ein Jahrzehnt lang aus großer Höhe auf das international als neutral anerkannte Laos abgeworfen worden waren und Zehntausende, womöglich sogar Hunderttausende Zivilisten getötet hatten.

Die Bar hieß »The B-52 Bar«. Sie war mit Sprengkörpern dekoriert, die man in der Umgebung gesammelt hatte. Die Tische bestanden aus Splitterbombenwerfern, und als Aschenbecher dienten entschärfte Sprengkapseln. Dem Amerikaner verschlug es die Sprache, und seine Unterlippe bebte, als er nach einer guten Antwort suchte. Da ihm nichts einfiel, was er hätte sagen können, blieb ihm nichts anderes übrig, als einfach dazusitzen und in sein Bier zu murmeln.

Die Situation war ein absoluter Klassiker, und wenn sie auf der ganzen Welt ausgestrahlt worden wäre, hätte sie den 11. September und die Fragen, die er bezüglich Sinn und Zweck einer invasiven Außenpolitik aufwarf, in ein klareres Licht rücken können.

Christopher Robbins beschreibt in seinem aufschlussreichen Buch *The Ravens,* wie die zunächst geheimen Bombardierungen der USA in Laos vonstattengingen. Soldaten des US-Militärs meldeten sich freiwillig zum Einsatz am »anderen Schauplatz«, wie der Codename für Laos lautete, wo sie ihre Uniformen ablegten, um nicht erkannt zu werden. Da die Vereinigten Staaten ihren Verstoß gegen internationales Recht geheim halten wollten, trugen die Freiwilligen in Laos Zivilkleidung und »jeder Pilot verpflichtete sich, eine kleine, vom CIA entwickelte Kapsel mit tödlichem Schaltiergift bei sich zu tragen, um sie im Fall einer Gefangennahme durch den Feind einzunehmen«. 400 amerikanische Freiwillige, die geheime CIA-Aufträge in Laos ausführten, kamen während des Konflikts ums Leben, und weitere 400 gelten als verschollen.

Mir sind schon oft Suchmannschaften des Joint POW/MIA Accounting Command begegnet, die von der US-Botschaft in Vientiane aus die sterblichen Überreste dieser inoffiziellen Militärangehörigen ausfindig machen. Es sind nette Leute, die noch immer die Scherben eines schmachvollen Teils jüngerer Geschichte einsammeln, der den meisten Amerikanern vollkommen unbekannt ist.

Vom verstaubten Lagerhof des laotischen UXO-Büros fuhren wir per Mitfahrgelegenheit zum Bolaven-Plateau, das früher Teil eines sehr aktiven vulkanischen Gebiets war und jetzt von dichten Wäldern bewachsen ist, in denen sich tosende Wasserfälle befinden. Die Anwohner bauen dort heute überwiegend Kaffeebohnen an, die aufgrund ihres einzigartigen Aromas, ihres Geschmacks und der geringen Mengen, in denen sie produziert werden, zu den begehrtesten und teuersten ihrer Art zählen. Die Region wird seit jeher von ethnischen Minderheiten wie den Alak, Laven und Nge bewohnt und war früher Teil des Ho-Chi-Minh-Pfads.

Nach zwölf Kilometern Fahrt kamen wir an einem Dorf mit mehreren Schmieden vorbei, das sich als interessanter Fleck auf der Landkarte erwies. Die Handwerker stellten dort mit Hilfe von großen traditionellen Hämmern und Kohleöfen Macheten und landwirtschaftliches Werkzeug her. Ihre Ambosse hatten sie aus ehemaligen Bombengehäusen gegossen, und bei dem Stahl, den sie schmiedeten, handelte es sich überwiegend um Kriegsabfälle von Bombengehäusen über Schrapnell bis hin zu Sprengkapseln. Selbst die Luftpumpe, die dazu diente, das Feuer mit Sauerstoff zu versorgen, war eine Sonderanfertigung aus dem Gehäuse eines Hubschrauber-Raketenwerfers.

Wenn man in diesen Gegenden Leute trifft, ist es ganz besonders beeindruckend, sich mit den barschen Veteranen zu unterhalten, die sich noch an die dunklen Jahre erinnern, als sie ununterbrochen um ihr Leben fürchteten und mit ansehen mussten, wie viele unschuldige Dorfbewohner starben. Sobald die Alten eine gewisse Menge Lao Lao intus hatten, verloren sie ihre sonstige Zurückhaltung und gaben eine Geschichte nach der anderen zum Besten. »Sie sind hergekommen und haben angefangen, uns zu töten, also haben wir uns gewehrt. Wir haben vom Dorf aus eines ihrer Flugzeuge abgeschossen, das dort drüben abgestürzt ist«, erzählte Toon, 55 Jahre alt, und zeigte mir die zahlreichen Granatsplitterwunden auf seinem Rücken, an seinen Armen und Beinen.

»Sie haben unser Getreide vernichtet, unsere Häuser zerbombt und unsere Leute getötet. Wir haben getan, was wir konnten, um es ihnen heimzuzahlen«, berichtete Aon, ein 65-jähriger Bauer aus der Provinz Khammuane.

Zahlreiche ähnliche Geschichten von unerschrockenen, aber überraschend ehrlichen und freundlichen Veteranen aus dem gesamten Pfadgebiet ließen keinen Zweifel bei mir aufkommen, dass niemand von ihnen begreift, weshalb Amerika fast ein Jahrzehnt lang ihre Dörfer und ihr Ackerland bombardiert hat. Sie hatten sich den Angreifern, die unbeschreibliche Gewalt in ihre Welt brachten, einfach nur widersetzen wollen.

Von Pakse, das 190 Kilometer flussaufwärts von der kambodschanischen Grenze liegt, paddelten wir Richtung Süden. Etwa vier Paddelstunden südlich der Stadt ließen wir unsere Kajaks am Flussufer, um die zum Weltkulturerbe gehörenden Ruinen von Wat Phou zu besichtigen. Dieser alte Khmer-Tempel diente als Vorbild für das Setting des Zeichentrickfilms *Das Dschungelbuch* und zeugt von einer der ersten bedeutenden Zivilisationen, die zwischen dem sechsten und dem elften Jahrhundert im Mekongbecken aufblühten.

Wat Phou schmiegt sich an einen Berghang und bietet einen Panoramablick über das Mekongtal. Der Tempel birgt zahlreiche seltene Beispiele für präangkorianische Kunst, die einen starken hinduistischen Einfluss erkennen lässt und vorwiegend die Gottheiten Vishnu, Garuda und Ganesh als Sandsteinskulpturen abbildet. Was Wat Phou einzigartig macht, ist die Tatsache, dass die Tempelanlage nicht wie die meisten anderen bedeutenden Khmer-Stätten auf einer Ebene oder auf einem Hügel errichtet, sondern in einen Berghang hineingebaut wurde. Wenn man durch die kunstvoll gearbeiteten Paläste der unteren Ebenen geht, die für rituelle Waschungen genutzt wurden, und über die von Jasminbäumen gesäumten Treppen nach oben zum Sanktuarium mit Blick über den Mekong steigt, fällt es einem leicht, die Gedanken zurück in eine Zeit wandern zu lassen, als die Zivilisationen entlang des unteren Mekong zu den mächtigsten und fortschrittlichsten weltweit zählten.

Nach Wat Phou, gut 100 Kilometer nördlich der kambodschanischen Grenze, beginnt das Gebiet der »Viertausend Inseln«, einer der schönsten Abschnitte des Mekong. Auf einer Breite von bis zu 14 Kilometern teilt sich der Strom in mehrere Flussläufe auf und bildet Tausende unterschiedlich großer Inseln, die insbesondere in der Trockenzeit einen einzigartigen Feuchtland-Lebensraum bieten, wie man ihn sonst nur an wenigen Orten wie beispielsweise im Amazonasbecken findet. Auf den Inseln stehen Kokospalmen und strohgedeckte Hütten, und man könnte denken, es hätte sich über Jahrhunderte nichts verändert. Allerdings wird die friedliche Stimmung bald von einem gewaltigen Naturschauspiel unterbrochen. Kurz bevor der Mekong die Grenze nach Kambodscha überwindet, stürzt er auf einer Breite von mehr als zwölf Kilometern über eine natürliche Verwerfungslinie gut zehn Meter senkrecht in die Tiefe. Die Khone-Fälle sind nicht so hoch wie die Niagarafälle in Amerika oder die Viktoriafälle in Afrika, doch es stürzt wesentlich mehr Wasser über ihre Kante, was sie zu jeder Jahreszeit zu einem äußerst schwierigen Wildwasserhindernis macht.

Wir steuerten eine große bewohnte Insel namens Don Khon an, die inmitten der Khone-Fälle liegt. Da wir in unserer Eile, nach Süden voranzukommen, mehrere Drehgelegenheiten ausgelassen hatten, wollten wir drei Tage in der spektakulären Umgebung der Wasserfälle bleiben, um die faszinierende Gegend für unseren Dokumentarfilm aufzunehmen. Bei den Khone-Fällen leben Fischer, die zu den tapfersten und geschicktesten der Welt zählen. Die Anwohner haben die Kunst des Fischens an den gefährlichen Wasserfällen perfektioniert, um Fische der vielen verschiedenen Arten zu fangen, die dort reichlich vorkommen. Wir freuten uns, diese erfindungsreichen, inspirierenden Menschen kennenzulernen und einen Einblick in ihre außergewöhnlich enge Beziehung zum Mekong zu gewinnen.

»Seit Menschengedenken fangen die Anwohner der Khone-Fälle Fische auf dieselbe Weise«, erklärte uns Mr. Boon, der 74-jährige Besitzer der Pension, in der wir übernachteten. Er deutete auf eine *lee,* eine traditionelle Fischfalle aus Bambus, die in schwarzem Schwefelgestein verkeilt war, worüber Gischt spritzte. »Die beste Zeit ist während der ersten Regenfälle im Juni, wenn der Pegel steigt«, fügte er hinzu. Mr. Boon dachte gern an diese Zeit, ist die alljährliche Laichwanderung doch die wichtigste Einnahmequelle für die Dörfer in unmittelbarer Nähe der Wasserfälle.

Wenn der monsunale Pegel des Mekong steigt, ziehen die Fische aus dem großen Tonle-Sap-See und aus anderen Bereichen des kambodschanischen Mekong zum Laichen flussaufwärts zu den laotischen Khone-Fällen. Hunderte Millionen Fische begeben sich auf diese Reise, und zu den besten Zeiten ist es nicht ungewöhnlich, dass die Fischer der Khone-Fälle mit ihren traditionellen, nur fünf Meter breiten Holz- und Bambusfallen über 100 Kilogramm Fisch am Tag fangen. Die Laichwanderung verdeutlicht die zyklische Natur der Flussökologie, die keine Landesgrenzen kennt. Der Mekong fließt durch sechs Nationen – wenn der Fischbestand stromabwärts in Kambodscha zurückgeht, leidet darunter auch der Fischbestand in Laos und so weiter und so fort.

Obwohl Brian, Hutch und ich über viel Wildwassererfahrung verfügen und auf Flüssen oft große Risiken eingegangen sind, waren wir doch beeindruckt, als wir sahen, wie sich junge Männer an Seilen über gefährliche Stromschnellen schwangen und ohne Schwimmweste in dem unvorstellbar turbulenten Wasser riesige Fischfallen aufstellten.

Wir beschlossen, einen der Fischer zu begleiten, der nach seinem Fang sah, und standen um fünf Uhr morgens auf, um die *lee* und die Netze von Mr. Phon zu inspizieren, einem drahtigen 45-Jährigen, der seit seiner Kindheit Bambus- und Rotangpalmen-Fischfallen in den Stromschnellen der Khone-Fälle aufstellt.

»Viele, die aus anderen Gegenden hierherkommen, halten uns für verrückt, aber für die Leute aus unserem Dorf ist das die ganz normale Art zu fischen«, erklärte Mr. Phon, als er mich in seinem sechs Meter langen, stabil gebauten Teakholzkanu zu einen kräftigen Kehrwasser in der Nähe der Stelle paddelte, wo er sein Netz ausgeworfen hatte. Mit der Präzision eines olympischen Slalomkajaksportlers las er die Strömung und die Kehrwasserlinie und manövrierte uns flussaufwärts zu seinem Netz. Ich paddelte ebenfalls, um ihn zu unterstützen, doch das Boot war in der tosenden Strömung so kippelig, dass es bei jedem Paddelschlag schwankte und zu kentern drohte.

Ich musste mich konzentrieren, um die Balance zu halten, und als wir uns am strudelgesäumten Rand einer kräftigen Kehrwasserlinie in Position brachten, verfluchte ich mich dafür, dass ich nicht daran gedacht hatte, eine Schwimmweste anzuziehen. Die Kehrwasserlinie und die Strudel waren so stark, dass wir höchstwahrscheinlich schon beim allerkleinsten Fehler aus dem Kanu geworfen worden wären. Ohne den Auftrieb einer Schwimmweste hätte das einen harten Überlebenskampf bedeutet, denn die Strudel hatten durchaus die Kraft, einen Menschen für eine unkalkulierbare Zeitspanne unterzutauchen, eventuell sogar für zwei bis drei Minuten. Wenn Adrenalin ausgeschüttet wird und das Herz unkontrolliert rast, braucht man mindestens doppelt so viel Sauerstoff wie unter normalen Umständen, und bei einer solchen Belastung tritt der Tod innerhalb von ein bis zwei Minuten ein. Ich atmete bewusst schnell ein und aus, um mein Blut mit Sauerstoff anzureichern, wie ich es auch tue, bevor ich mit dem Kajak eine gefährliche Stromschnelle befahre. Dann schnappte ich mir ein kleines Hartholzpaddel und half mit, das Boot im richtigen Winkel zur Strömung zu halten, damit es nicht von der Seite erfasst und umgeworfen wurde. Zu meiner Bestürzung erhob sich Phon genau in dem Augenblick, als wir meiner Meinung nach kurz vor dem Kentern waren, und bewegte sich behände nach vorn zum Bug. Ich spürte einen Adrenalinstoß, als ich mich bemühte, die Instabilität auszugleichen, die durch Phons Bewegungen entstand. Von der Bugspitze griff er mit einer Hand nach dem Netz, während er das Boot mit der anderen gegen einen halb versunkenen Ast zog.

Das sorgte für ein gewisses Maß an Stabilität, und er warf mir mit funkelnden Augen einen beruhigenden Blick zu, der mir sagte, dass all das für ihn zu einem ganz normalen Arbeitstag gehörte. Nach diesem Erlebnis, das mir einen Adrenalinstoß bescherte, wie ich ihn sonst bei der Erstbefahrung einer Stromschnelle der Kategorie Wildwasser V bekomme, war ich froh, auf der Insel Don Khon wieder festen Boden unter den Füßen zu spüren.

Die Bootsleute von den Khone-Fällen sind die mit Abstand geschicktesten Paddler, die mir jemals begegnet sind. Obwohl wir an diesem Morgen nichts gefangen hatten, hegte ich eine außerordentliche Bewunderung für Mr. Phons Selbstvertrauen und Können im Wildwasser. Zu unserem Glück kehrten andere Fischer mit Fischen zurück, die etwa vier Kilo pro Stück wogen, und gaben uns einen davon zum Abendessen.

Am selben Tag luden uns auf der Insel Don Khon laotische Freunde ein, an der Beerdigung einer Frau teilzunehmen, die an einem mysteriösen Fieber verstorben war. Anders als im Westen ist eine Bestattung in Laos eine entspannte, unterhaltsame und sogar beinahe fröhliche Angelegenheit, die sich über mehrere Tage hinzieht. Es ist durchaus üblich, Freunde mitzubringen, auch wenn diese den Verstorbenen nicht gekannt haben. Hutch, Brian und ich tauchten mit einem großen Fisch als Geschenk auf, wurden von den Angehörigen willkommen geheißen und verbrachten den Großteil des Tages damit, zu essen und uns mit den anderen Gästen zu unterhalten. Hutch schaffte es sogar, ein paar Sätze auf Laotisch zu sagen, ohne Gelächter hervorzurufen, und Brian führte den Anwesenden seinen Sonnenbrand vor, worüber die verhältnismäßig dunkelhäutigen Südlaoten sich köstlich amüsierten.

Bei unserer Erstbefahrung des Mekong waren die Khone-Fälle das letzte größere Wildwasser und gleichzeitig die gefährlichste Einzelstromschnelle der gesamten Expedition. Die Fälle hatten mir schon Wochen vorher Sorgen bereitet. Sicher, ein paar Fahrrinnen in den Fällen hatte ich schon befahren, unter anderem im November 2000, als ich zusammen mit professionellen Kajakfahrern an der ersten vollständigen Wildwassererkundung der Khone-Fälle beteiligt gewesen war, doch meine bisherigen Befahrungen hatten bei niedrigem bis mittlerem Wasserstand stattgefunden. Die Khone-Fälle befinden sich schon bei niedrigem Wasserpegel am äußersten Ende der Skala – jetzt aber führte der Fluss seine maximale Wassermenge. Nachdem wir alles gefilmt hatten, was uns interessant schien, hatten wir nicht mehr viel Zeit, eine Kajakroute durch die Wasserfälle auszukundschaften. Uns blieb nur ein Vormittag bis zum vereinbarten Treffen mit unserem Führer und Übersetzer Chanta, der unmittelbar unterhalb der Fälle am laotisch-kambodschanischen Grenzübergang auf uns wartete.

Wir inspizierten eine Fahrrinne, dann die nächste, dann noch eine – sämtliche Passagen, die wir in Augenschein nahmen, waren so gefährlich, dass ein Desaster wahrscheinlich war, sollte nicht alles perfekt nach Plan laufen. Eigentlich war ich fest entschlossen, die Khone-Fälle zu befahren, doch trotz stundenlangen Suchens fanden wir keine Stelle, an der ich mein Vorhaben hätte realisieren können, ohne dabei mein Leben aufs Spiel zu setzen. Der vereinbarte Zeitpunkt unseres Treffens mit Chanta war längst verstrichen, da erst stießen wir auf eine mögliche Route: die Liphi-Fälle. Bei dem hohen Wasserpegel war der gewaltige Liphi-Kanal etwa 200 Meter breit, und das Wasser floss in den schnellsten Abschnitten mit einer Geschwindigkeit von ungefähr 30 Stundenkilometern. Der einzige sichere Weg durch die Fälle führte durch die ungefähr zehn Meter breite Kanalmitte. Begrenzt wurde sie zur Linken und zur Rechten durch so mächtige Strudel und Verwirbelungen, dass ich nicht damit rechnen konnte, mein Leben zu retten, falls ich vom Kurs abkam. Das Problem bestand darin, dass von oben, bevor ich die Fälle in Angriff nahm, in keiner Weise zu erkennen war, ob ich auf die zehn Meter breite sichere Zone zupaddelte oder leicht vom Kurs abgekommen war und ins Verderben steuerte.

Ich vergegenwärtigte mir immer und immer wieder die erforderlichen Bewegungen und Entfernungen, besprach jedes Detail der Befahrung mit Hutch und Brian und wog die Risiken ab – trotzdem war ich mir unsicher, ob ich es schaffen konnte. Eine lebensgefährliche Wildwasserbefahrung, die verlangt, dass man an die Grenzen seiner Fähigkeiten geht, erfolgreich hinter sich zu bringen, das ist eine Kunst. Körperliche Kraft, technisches Können und Entschlossenheit spielen dabei eine untergeordnete Rolle. Erfolg oder Scheitern hängt vielmehr von der Fähigkeit ab, einen »zenartigen« mentalen Zustand absoluter Konzentration, perfekter Koordination und effizienter Zusammenarbeit von Geist und Körper zu erreichen. Ich blickte auf die Route, ich atmete gleichmäßig ein und aus, um den Zen-Zustand zu erreichen, ohne den ich meine Absicht nicht in die Tat umsetzen konnte.

In meinem Unterbewusstsein war irgendetwas nicht ganz in Ordnung, wenn ich auch nicht hätte sagen können, was. Irgendetwas, das ich einfach nicht abschütteln konnte, machte mir zu schaffen, und so sehr ich mich auch bemühte, ich gelangte nicht an den Punkt, wo ich das Gefühl hatte, dass mental alles passte. Irgendetwas warnte mich davor, jetzt mein Leben aufs Spiel zu setzen. Meine Gedanken wanderten zurück zu den bisherigen Herausforderungen der Expedition, und mir kam zu Bewusstsein, dass ich mir eine Menge Unannehmlichkeiten hätte ersparen können, wenn ich am Beginn jeder Etappe mehr auf mein Gefühl gehört hätte. Ich entschied mich dafür, einen Abschnitt der Liphi-Fälle zu umtragen und ungefähr in der Mitte der Gefällstufe wieder einzusetzen, anstatt ganz oben zu starten. Schließlich hatte ich die Wasserfälle schon mehrmals befahren und musste mein Schicksal nicht erneut herausfordern.

Diese Entscheidung fiel mir nicht leicht, handelt es sich bei den Khone-Fällen doch um einen Meilenstein der Mekongbefahrung, aber sie war richtig. Außerdem wies die untere Hälfte der Fälle noch eine Wildwasserstrecke der Kategorie V auf, die mir einen Adrenalinstoß verabreichen würde. Hutch schloss sich mir an und schaffte es, geradewegs in einen außergewöhnlich großen Strudel zu paddeln, doch das Glück war auf seiner Seite, und er wurde ebenso schnell wieder ausgespuckt, wie er unter einem Riesenberg schäumenden Wildwassers verschwunden war.

Unmittelbar unterhalb der Schluchten fuhren wir durch bizarre überschwemmte Wälder, in denen die Bäume aufgrund der extrem starken Strömung, die sie fast das ganze Jahr über umspült, buchstäblich waagrecht wachsen. Als die Turbulenzen nachließen, kamen wir in das Reich der seltenen Irrawaddy-Delfine.

Die scheuen dunkelgrauen Kreaturen leben in den bis zu 40 Meter tiefen Löchern unter den Wasserfällen, wo sie die meiste Zeit im Rudel jagen. Da die Sichtweite im rötlich-braunen Wasser des Mekong fast ganzjährig gegen null tendiert, sind die Delfine auf ihr Sonar angewiesen. Sie brauchen viel länger als ihre Artgenossen im Meer, um jeden Tag genug Nahrung aufzuspüren. Die Irrawaddy-Delfine im Mekong erinnern aufgrund ihres stumpfnasigen Kopfes eher an Tümmler als an die spitznasigen Delfine, die man normalerweise kennt. Man macht sie ausfindig, indem man auf die markanten Zischlaute hört, die sie ausstoßen, wenn sie zum Luftholen an die Oberfläche kommen.

Am Fuß der Wasserfälle kann man die Delfine auch heutzutage noch sehen, doch ihre Zahl ist aufgrund der rückläufigen Fischbestände, des Sprengstofffischens auf der kambodschanischen Seite der Grenze sowie der Netze, in denen sie sich verfangen, stark zurückgegangen. Ian Baird, der Biologe und Experte für Fische im Mekong, der viele Jahre auf Don Khon gelebt hat, wo er die Delfine erforscht und den gesamten Fischbestand in der Region untersucht hat, nimmt an, dass die Delfine in den nächsten zehn bis zwanzig Jahren wohl aussterben werden, denn die Inbetriebnahme weiterer chinesischer Megastaudämme wird sich auf sie ebenso negativ auswirken wie auf den Großteil des Fischbestandes im Hauptstrom.

Als ich am letzten Tag der Expedition in Laos an dem Lebensraum der Delfine vorbeipaddelte, sah ich, wie die verkümmerten Rückenflossen einer Mutter und ihres Kalbs die Wasseroberfläche durchbrachen. Kurz darauf erhaschte ich vor dem traumhaften Hintergrund der kambodschanischen Mekonginseln einen flüchtigen Blick auf den Kopf der Mutter. Ich wurde von einer Welle der Energie durchflutet, und der Grund, weshalb mich der Fluss so fasziniert, erschien greifbar, beinahe dreidimensional. Meine Euphorie endete, sobald mir die missliche Lage der Irrawaddy-Delfine des Mekong in den Sinn kam und mir ein Satz aus einem neueren Artikel von Milton Osborne einfiel, dem australischen Historiker und Mekongkenner: »Die Zukunft des Flusses als bedeutende Lebensader des südostasiatischen Festlands steht auf Messers Schneide.« Ich war ganz seiner Meinung.

16
Kambodscha und das schlagende Herz des Mekong

An der kambodschanischen Grenze wurden wir von unserem Führer und Übersetzer Chanta erwartet, einem 36-jährigen Khmer, der sich mit seiner sachlichen, professionellen Art und seinem trockenen Humor bald unseren Respekt verdiente. Chanta fackelte nicht lange, wenn es darum ging, Probleme zu lösen.

»Ihr sagt mir, was ihr vorhabt, und ich kümmere mich darum«, sagte Chanta, als ich ihm zur Begrüßung die Hand schüttelte. »Das Wasser ist mächtig – wenn ihr ertrinkt, gibt es Probleme. Ist euch das bewusst?« Mir gefiel seine Offenheit, und ich versicherte ihm, dass die berühmten Sambor-Stromschnellen, auf die wir bald stoßen würden, für Wildwasserfahrer ziemlich harmlos waren.

Unser Schlachtplan sah vor, dass Brian und Hutch im Schnellboot vorausfahren sollten, um in einem Zentrum für Landminenopfer Interviews für unseren Dokumentarfilm zu drehen, während ich den Rest des Tages allein flussabwärts paddeln würde.

Bei steigendem Pegel werden Hunderte von Quadratkilometern alter Wälder von den schnell strömenden Wassermassen überschwemmt. So entstehen ein Laichgebiet für Fische und ein Nistgebiet für unzählige Vogelarten. Da mich die Strömung lange Zeit lautlos unter dem Baldachin aus Bäumen dahintrieb, konnte ich unterschiedlichste Vögel aus nächster Nähe beobachten. In den Abschnitten, in denen mich nicht allzu viele Hindernisse aufstörten, legte ich mich auf den Rücken und beobachtete, wie das Licht durch das Blattwerk fiel.

An diesem Nachmittag bekam ich drei verschiedene Spezies von Nashornvögeln, zwei Kranicharten, Spechte, Eisvögel, Sittiche,

Fischadler und mindestens neun weitere Vogelarten zu Gesicht. Östlich der gefluteten Wälder liegen die abgeschiedenen, dicht bewaldeten Berge von Dangkrek und der ausgedehnte Virichay-Nationalpark, durch den Tiger, Gibbons und andere wild lebende Tiere streifen.

Kürzlich tauchten aus dem Park zweimal Leute auf, die mit Baumrinde bekleidet waren und nach Laos wanderten, wo sie verhaftet wurden. Sie hatten sich über 20 Jahre lang im Wald versteckt, in der Meinung, die Roten Khmer herrschten noch immer im Land. Diese Begebenheit verdeutlicht, wie abgeschieden der Nordosten Kambodschas ist.

Ich fragte mich, ob die Bewohner dieser Gegend aufgrund ihrer Nähe zur Grenze Laotisch sprechen, und fragte mehrere Leute, doch die Reaktion war ganz anders, als ich erwartet hatte. Die ersten Einheimischen, die mir begegneten, waren mit kleinen Holzbooten unterwegs. Noch bevor ich den Mund öffnete, riefen sie sich etwas zu und paddelten wie wild in den gefluteten Wald, um sich dort zu verstecken. Etwas Ähnliches passierte auch beim nächsten Mal, als ich mich ein paar Frauen näherte, die am Ufer Fischnetze inspizierten. Sie ließen alles liegen und stehen und stoben in Panik davon. In Grenznähe ansässige Laoten hatten mir vor meiner Einreise nach Kambodscha oft Geschichten darüber erzählt, wie die Roten Khmer die Bewohner dieser Region terrorisiert hatten. Angesichts des ungewöhnlichen Verhaltens dieser Menschen erschienen die Geschichten nun in einem neuen Licht.

Während ich allein dahinpaddelte, legte sich eine beinahe unheimliche Stille über den Fluss, und ich stellte mir vor, dass bewaffnete Banditen aus dem Wald kamen und mich überfielen. Bei meinem dritten Versuch, Kontakt mit den Einheimischen aufzunehmen, gelang es mir, mit einem argwöhnisch dreinblickenden Fischer ins Gespräch zu kommen. Da er glücklicherweise Laotisch und Khmer sprach, konnte ich ihm ein paar Fragen stellen. In den meisten Dörfern, so sagte er mir, lebten Laoten, die beide Sprachen beherrschten. Als ich mich bei ihm erkundigte, warum sie bei meinem Anblick die Flucht ergriffen hatten, erwiderte er kurz und bündig: »Sie haben Angst.« Als ich weiterfragte, weshalb, sah er mich an, als wäre ich nicht ganz bei Trost, weil ich eine so dumme Frage stellte.

»Sie haben noch nie einen Ausländer in einem roten Boot fahren sehen.« Ich fragte ihn, ob es mit den Roten Khmer noch immer Probleme gebe.

»Lange Zeit war es sehr schlimm, aber inzwischen sind sie fort. Jetzt sind wir hier ziemlich sicher. Es gibt immer noch Menschen mit schwarzem Herzen, aber es ist nicht mehr so gefährlich.« Ich bedankte mich bei ihm, dass er mit mir gesprochen hatte, und fuhr weiter. Kurz vor Sonnenuntergang traf ich mich mit Brian, Chanta und Hutch auf dem östlichen Flussarm. Wir steuerten ein kleines Dorf auf einer der zahlreichen Inseln an, die den Fluss in verschiedene Kanäle teilen.

Die Bewohner dieser Insel waren erst vor kurzem in die Region zurückgekehrt, nachdem die Bevölkerung Ende der 1970er-Jahre vom Pol-Pot-Regime dezimiert worden war. Obwohl sie in extremer Armut leben, sind sie stolz darauf, ehrliche Bauern zu sein, und wissen den Frieden zu schätzen, den sie jetzt auf der Insel genießen. Wir unterhielten uns mit einem energiegeladenen alten Mann namens Tou, der nach den schrecklichen Ereignissen als Erster wieder auf die Insel zurückgekehrt war. Wie er uns erzählte, konnte er sich noch an die letzten ausländischen Paddler erinnern, die sein Dorf passiert hatten – eine Gruppe Australier, die 1969 auf einem Bambusfloß unterwegs gewesen waren. Ich erkundigte mich, wie viele Fremde seitdem sein Dorf besucht hätten, und erhielt als Antwort, dass niemand mehr da gewesen war.

Mit dem charismatischen, charmanten Tou unterhielten wir uns eine ganze Weile über das Leben bei ihm zu Hause und über die Veränderungen, die er miterlebt hatte, doch als wir auf die Diktatur der Roten Khmer zu sprechen kamen und ihn nach seiner Meinung dazu fragten, kehrte er sofort zu angenehmeren Themen zurück. Chanta, der für uns übersetzte, erklärte uns, dass Tou nicht über die Roten Khmer sprechen wollte, weil er zu große Angst vor einem Nachspiel hatte – eine beunruhigende Vorstellung. Ich stellte noch eine letzte Frage, ehe ich das Thema wechselte: »Ich will nicht wissen, was Sie über die Roten Khmer denken, aber haben die Dorfbewohner unter ihrer Politik gelitten?«

Tou sah mich einen Moment lang an, doch sein Blick ging durch mich hindurch. Er machte Anstalten zu sprechen, brachte jedoch keinen Ton heraus. Für den Bruchteil einer Sekunde spürte ich, wie sich ein Schub quälender Energie aus seinem geistesabwesenden Blick auf mich übertrug. Als Tous Gedanken aus der dunkelsten Zeit seines Lebens in die Gegenwart zurückzukehren schienen, schloss er die Augen, schüttelte langsam den Kopf und blickte zu Boden, ohne ein Wort zu sagen.

Ich hatte das Gefühl, dass ich in diesem mir unvergesslichen Augenblick ebenso viel über die Diktatur der Roten Khmer und den Vietnamkrieg gelernt hatte wie aus vielen Büchern und meinen weitreichenden Reisen durch die Region.

Das Dorf gehörte zu den ärmsten, die wir auf unserer Reise besuchten, und einige Kinder hatten aufgrund von Unterernährung aufgedunsene Bäuche. Das Problem besteht nicht nur darin, dass die Jagd auf wild lebende Tiere verboten ist und die Ernährung wegen der drastisch rückläufigen Fischbestände zu wenig tierisches Protein enthält. Hinzu kommt, dass in regelmäßigen Abständen Affen, Rotwild, Wildschweine und Vögel über die Getreidefelder herfallen. In dieser Saison waren den Dorfbewohnern die Reisvorräte bereits ausgegangen, weshalb ihnen nichts anderes übrigblieb, als wieder auf die Jagd zu gehen. Aufgrund der mageren Ernte im

Vorjahr hatten sie auch den Reis verzehrt, den sie eigentlich in der nächsten Saison zur Aussaat gebraucht hätten, und sich Saatreis zu Wucherzinsen borgen müssen, wodurch sie in einen Teufelskreis der Verschuldung geraten waren. Dieses Jahr war schon das zweite in Folge, das Verluste beim Reisanbau gebracht hatte. Die Aussichten für das Dorf waren düster.

Selbst im Fall einer Rekordernte würde es ihrer Schätzung zufolge vier Jahre dauern, bis sie ihre Schulden abzahlen könnten. Entlang des kambodschanischen Mekong leben viele Menschen, die in einer ähnlichen Situation sind und es sich nicht leisten können, dass ihre natürlichen Ressourcen durch Einwirkung von außen gefährdet werden, und doch wird Kambodscha von Chinas Staudämmen am stärksten betroffen sein.

Ich paddelte weiter flussabwärts zur Khmer-Hauptstadt Phnom Penh. Unterhalb der Khone-Fälle sahen die Boote auf dem Fluss völlig anders aus. Die von Land eingeschlossenen Laoten nördlich der Khone-Fälle bauen leichte und schlanke Boote, die auf Geschwindigkeit ausgelegt sind, sich perfekt für das Paddeln gegen die Strömung eignen und leicht um Hindernisse herum durchs Wasser gezogen werden können. Die Khmer-Zivilisation ist hingegen von ihrer Nähe zum Meer geprägt. Als die ersten westlichen Besucher vor über 400 Jahren am Mekong stromaufwärts reisten, benutzten die Khmer Boote, die auf den kombinierten Einsatz auf Meeres- und Flussgewässern ausgelegt waren und besser den nautischen Herausforderungen beider Umgebungen entsprachen. Solche Boote finden noch heute Verwendung.

Die kleinen Hartholzboote mit v-förmigem Rumpf besitzen hohe Dollborde, was sie besser gegen Eindringen von Wasser schützt, eine merklich gekrümmte Unterseite (wie die Kufen eines Schaukelpferds) zur besseren Manövrierfähigkeit und Segel, die den Kraftaufwand bei der Fortbewegung verringern. Wir kamen in einen anderen Kulturkreis und lernten eine weitere Facette des vielfältigen Mekongtals kennen. Ich fand den Gedanken faszinierend, dass all die verschiedenen Ethnien, denen wir begegneten – von den nomadischen Hirten des tibetischen Hochlands bis zu den Khmer-Fischern der gefluteten Wälder –, in ein und demselben durchgehenden Tal leben.

Chanta, Hutch und Brian fuhren im Schnellboot los, um ein paar Tage in den schwimmenden Städten des Tonle-Sap-Sees zu verbringen, während ich Richtung Phnom Penh paddelte. Ich hatte weitere drei Tage allein vor mir, ehe ich mich wieder mit ihnen treffen würde, und legte täglich 90 Kilometer zurück. Zwei Tage später überdehnte ich mir auf einer zweistündigen Paddelstrecke eine Sehne am rechten Ellbogen. Von da an vernahm ich bei jedem Paddelzug ein schmerzhaftes Schnalzen. Es wurde höchste Zeit, dass ich eine Pause einlegte. Da ich nur noch 80 Kilometer von Phnom Penh entfernt war, wo wir ohnehin fünf Tage verbringen wollten, hielt ich es für das Beste, bis dorthin weiterzupaddeln. Die Schmerzen wurden aber so stark, dass ich mich im Kajak ausruhen und mich den Rest der Strecke von der lebhaften Strömung treiben lassen musste, um meine Arme zu schonen. Da die Strömungsgeschwindigkeit vier bis fünf Stundenkilometer betrug, schätzte ich, dass ich ungefähr bis Mitternacht im Boot sitzen bleiben musste, dann würde ich Phnom Penh erreicht haben.

Ich hatte ein paar spannende Bücher dabei und brachte ohne große Probleme die ersten acht Stunden hinter mich, indem ich abwechselnd las und schlief. Bei Sonnenuntergang legte sich eine friedliche Stimmung über den Fluss, und als ich in seiner Mitte dahintrieb, war, abgesehen von gelegentlichen Windböen, die über das Wasser strichen, und den Schreien von Fledermäusen und Vögeln am Himmel, über mir kaum ein Geräusch zu hören. Überrascht stellte ich fest, dass es von der Landeshauptstadt flussaufwärts kaum größere Orte gab. Irgendwann schlief ich wieder ein und erwachte jäh, als ich mit einem Hausboot kollidierte, das an einer kleinen Insel in der Flussmitte festgemacht war. Glücklicherweise trug keines der beiden Boote größeren Schaden davon, sodass ich weiterfahren konnte.

Die Nacht war mondlos, und schon aus 20 Kilometern Entfernung sah ich die Lichter von Phnom Penh. Ein Gefühl innerer Ruhe überkam mich, während ich in meinem Kajak saß und in langsamen Kreisen und Bögen von der Strömung dahingetrieben wurde, ganz nach Lust und Laune des Flusses. Die Mutter des Wassers würde mich zum Südchinesischen Meer bringen, ob ich in der Lage war zu paddeln oder nicht. Gelegentlich ertönten die Stimmen von Hausbootbewohnern, die sich miteinander unterhielten, ohne sich meiner Gegenwart bewusst zu sein, während ich in der Dunkelheit an ihnen vorbeifuhr. Ich fühlte mich eins mit dem Fluss, und die Sanftheit seiner Strömung hatte etwas Zeitloses. Mehr als ein Prozent der gesamten Weltbevölkerung hielt sich an diesem Abend an den Ufern und in der Umgebung des Mekong und seiner Nebenflüsse auf, und die meisten dieser Menschen hatten gerade eine Mahlzeit zu sich genommen, die auf die eine oder andere Art ein Geschenk der Mutter des Wassers darstellte. Einen Moment lang spürte ich die ganze Bedeutung ihrer Rolle, die sie mit sanftmütiger Eleganz und Anmut erfüllte. Ich nickte abermals für eine halbe Stunde ein, und als ich wieder aufwachte, schien das Leuchten von Phnom Penh westlich von mir auf. Da ich verschlafen hatte, lag jetzt ein großes Gebiet mit Inseln und Sumpfland zwischen der Hauptstadt und mir. Die nächsten zwei Stunden brachte ich damit zu, mich durch Spinnweben und Sümpfe zu kämpfen, weil ich eine Abkürzung ins Zentrum von Phnom Penh nehmen wollte. Als ich den Sumpf endlich durchquert hatte, musste ich feststellen, dass ich den Siem-Reap-Fluss, der durch die Innenstadt fließt, verpasst hatte und mich schon auf dem Weg nach Vietnam befand. Gegen 1.30 Uhr nachts erreichte ich den südlichen Stadtrand. Eine Dreiviertelstunde hielt ich vergeblich nach einem Taxi oder Tuk-Tuk Ausschau und übernachtete schließlich im Kajak.

Nach einer unruhigen Nacht hielt ich ein vorbeifahrendes Boot an, das mich stromaufwärts auf dem Tonle-Sap-Fluss bis zum Sisowath Quay mitnahm, der Uferpromenade im Stadtzentrum von Phnom Penh. Von dort aus machte ich mich auf den Weg zum Büro von Asian Trails Cambodia, die uns logistisch unterstützten. Die freundliche Belegschaft organisierte für mich im Handumdrehen eine Mitfahrgelegenheit auf einem großen Schnellboot, das den Tonle-Sap-See überquerte und mich zu der schwimmenden Ortschaft Kampong Louang brachte, wo Hutch, Brian und Chanta auf mich warteten.

Der Tonle-Sap-See (»Großer See«) ist aufgrund seiner einzigartigen Ökologie, die sich den starken Wasserstandsschwankungen des Mekong in der Regen- und Trockenzeit verdankt, einer der fischreichsten Seen der Welt. Von Oktober bis August bezieht der Tonle-Sap-See sein Wasser wie die meisten Seen: Das lebenswichtige Element fließt aus dem umliegenden Hochland herab, ehe es schließlich an anderer Stelle wieder abfließt – im Fall des Tonle-Sap-Sees über den gleichnamigen Fluss, der in den Mekong mündet.

Der saisonal stark schwankende Wasserstand ist für ein äußerst ungewöhnliches Phänomen verantwortlich. Wenn die Mutter des Wassers sich im Juni ihrem Höchststand nähert, übersteigt dieser den Pegel des Tonle-Sap-Sees, und die Schwerkraft sorgt dafür, dass beträchtliche Wassermengen aus dem Mekong in den See fließen. Dadurch kehrt sich im 110 Kilometer langen Tonle-Sap-Fluss die Strömungsrichtung um, sodass er den See nicht entleert, sondern füllt. Binnen weniger Monate erhöht der Mekong das Gesamtvolumen des Sees um etwa 62 Prozent, wodurch sich dessen Fläche ungefähr verfünffacht und mit rund 8000 Quadratkilometern etwa ein Drittel der landwirtschaftlichen Kulturfläche Kambodschas einnimmt. Im Grunde genommen funktioniert der See wie eine riesige Zisterne, die das Flutwasser des Mekong bei Hochwasser speichert und in trockeneren Jahreszeiten wieder freigibt.

Wenn der See sich füllt, überflutet er Tausende Quadratkilometer Wald und stellt so einer Fülle von Fischarten Laichplätze zur Verfügung. Jährlich werden über 230000 Tonnen Fisch im See gefangen. Die Fischerei ist sowohl für die zwei Millionen Menschen, deren Haupteinnahmequelle sie darstellt, als auch für die gesamte verarmte Nation, denen sie als wichtigster Lieferant für tierisches Protein dient, von unschätzbarer Bedeutung. Tonle Sap umfasst das größte zusammenhängende Gebiet mit Savannen-Sumpfwald und Schwemmwald (normaler Wald, der saisonal geflutet wird) in ganz Asien, in dem Hunderte von Vogel- und Fischarten beheimatet sind, und wurde deshalb 1997 von der UNESCO zum Biosphärenreservat erklärt. Viele Fisch- und Hydrologieexperten bezeichnen den Tonle Sap daher als das »schlagende Herz des Mekongbeckens«.

Nach der voraussichtlichen Inbetriebnahme des Xiaowan-Staudamms am Mekong in China im Jahr 2012 wird der Flut- und Ebbezyklus dieses herrlichen Sees in Kambodscha dauerhaft Schaden nehmen. Der Mekong wird nicht mehr den natürlichen Höchstpegel erreichen, der jedes Jahr die Wälder in der Umgebung des Sees überschwemmt und die Laichgebiete entstehen lässt, die für die Ökologie von so großer Bedeutung sind. Obwohl die Gegend um den Tonle Sap bereits heute zu den ärmsten Regionen Asiens zählt, wird der Überlebenskampf in naher Zukunft noch viel härter werden, und Experten zufolge muss mit einer weitreichenden Hungersnot gerechnet werden, sollte der Fischbestand drastisch zurückgehen.

Vom Königspalast in Phnom Penh aus brachte mich eine fünfstündige Fahrt, während der zum Teil nirgendwo Land zu sehen war, über die riesige Wasserfläche des Sees nach Kampong Louang, wo ich mich mit dem Rest des Teams traf. Während der nächsten zwei Tage interviewten wir einheimische Fischer und ihre Familien für unseren Dokumentarfilm über das Leben am See. Kampong Louang, ein Ort mit 3000 Einwohnern, hatte alles zu bieten, was ein erschöpfter Kajakfahrer sich nur wünschen kann, unter anderem schwimmende Pubs, Lebensmittelgeschäfte, Restaurants, Haushaltswarenläden und sogar ein schwimmendes Gefängnis. In Kampong Louang leben Khmer, Vietnamesen und Cham ziemlich harmonisch auf dem Wasser zusammen. In der Trockenzeit lassen die Bewohner den gesamten Ort zur Mitte des Sees treiben, damit sie es nicht so weit zu den Fischgründen haben, in der Regenzeit wird Kampong Louang hingegen am Seerand festgemacht, wo unzählige Fische in den gefluteten Wäldern laichen. Es erübrigt sich zu erwähnen, dass Fischen die beliebteste Freizeitbeschäftigung am See ist. Als wir uns mit den Bewohnern unterhielten, wurde aber klar, dass sich dies womöglich bald ändert.

Der Staudammbau flussaufwärts, der steigende Druck durch das Bevölkerungswachstum, die expandierende Landwirtschaft, die Überfischung und die Entwaldung haben allesamt dazu beigetragen, dass der Fischbestand in den letzten Jahren zurückgegangen ist. Viele der jungen Männer, mit denen wir uns unterhielten, sind auf der Suche nach alternativen Möglichkeiten, ihren Lebensunterhalt zu verdienen, da sie von den rückläufigen Fangquoten kaum noch leben können. Sich in einem der ärmsten Länder der Welt eine alternative Einkommensquelle zu suchen ist jedoch äußerst schwierig, insbesondere für Menschen mit niedrigem Bildungsstand und begrenzter Erfahrung mit anderer Arbeit als der, die ihnen und ihren Vorfahren das Überleben ermöglichte.

Die Leute, mit denen wir sprachen, waren aufgrund von Aufklärungskampagnen der kambodschanischen Regierung und ausländischer Organisationen recht gut über die Ereignisse unterrichtet, die sich auf die Ökologie des Mekong und des Tonle-Sap-Sees auswirken – ganz im Gegensatz zu den meisten anderen, die wir außerhalb der Tonle-Sap-Region interviewt hatten.

Die kambodschanische Regierung ist gerade dabei, weitreichende Gesetze zu verabschieden und in den Gemeinden Projekte zur Entwicklung von Fischerei-Managementstrategien ins Leben zu rufen. Dazu zählen die strengere Überwachung illegaler Abholzung, Fangverbote für größere Fische sowie andere Maßnahmen, die sich positiv auf die Situation auswirken sollen. Eines der Argumente, die wir von den Fischern zu hören bekamen, lautete, dass viele Kambodschaner keinen Sinn darin sehen, hart zu arbeiten, um die Ressourcen des Mekong und des Tonle-Sap-Sees zu erhalten, wenn die Chinesen im Norden ihnen jederzeit »den Hahn zudrehen« und ihre Existenz zerstören können.

Wir unterhielten uns mit dem Fischbestands-Experten Patrick Evans, dem Leiter des Tonle-Sap-Projekts der FAO (Organisation der Vereinten Nationen für Ernährung und Landwirtschaft) in Siem Reap. Seit über sieben Jahren erforscht Patrick die Fischpopulation im Tonle Sap und unterstützt die kambodschanischen Behörden bei der Ausarbeitung und Umsetzung des Fischereimanagements. Patrick sagte uns, dass der Weg zu einem verantwortungsbewussten Umgang mit den Ressourcen des Sees bislang in Kambodscha zwar holprig gewesen sei, in letzter Zeit durch Reglementierung vor Ort aber große Fortschritte erzielt würden und sich die vernünftige Nutzung langsam gegenüber kommerziellem Fischfang im großen Stil und unkontrollierter Abholzung durchsetze. Die Kambodschaner versuchen, ihren Teil beizutragen, indem sie die Ressourcen verantwortungsvoll einteilen. Leider wird das womöglich nicht ausreichen.

Wir erkundigten uns bei Patrick – und bei Experten anderer Institutionen wie der International Crane Foundation und der kambodschanischen Regierung –, ob ihnen im Lauf ihrer langjährigen Arbeit am See jemals chinesische Wissenschaftler begegnet waren, die Untersuchungen seiner Ökologie oder voraussichtlicher Auswirkungen ihrer Dämme durchgeführt hätten. Keiner von ihnen hatte solche Forscher gesehen.

Über die weite Wasserfläche des Tonle Sap fuhren wir zur wohl berühmtesten historischen Stätte im ganzen Mekongtal, nach Angkor. Die Königsstadt mit ihrer Tempelanlage Angkor Wat, einem der weltweit imposantesten Sakralbauten und Weltkulturerbe, wurde zwischen dem achten und dem 13. Jahrhundert in der Blütezeit der Khmer-Zivilisation erbaut und war mit über einer Million Einwohnern eine der größten Städte der Welt. Das ausgedehnte Reich von Angkor, dessen Hauptstadt am Ufer des Tonle-Sap-Sees lag, umfasste große Teile von Thailand, Laos, Vietnam und Birma.

Unzählige Monumente, die dem Buddhismus, dem Hinduismus und der Gottkönig-Verehrung gewidmet sind, stehen in einem weitläufigen Gelände. Meist sind sie noch völlig von tropischen Pflanzen überwuchert, was für eine friedvolle, geheimnisvolle Atmosphäre sorgt. Am nächsten Tag hatten wir das Vergnügen, uns die Tempel und die Landschaft um Siem Reap aus der Luft anzusehen, denn mit der Unterstützung von Cambodian West Coast Helicopter Services konnten wir vom Hubschrauber aus drehen.

An unserem letzten Tag in Siem Reap besuchten wir das Landminenmuseum, wo wir in Person des 33-jährigen Museumsgründers Aki Ra einen bescheidenen, bewundernswerten Menschen kennenlernten. Aki Ra saß im Schneidersitz auf dem Boden einer kleinen Holzhütte, während wir uns mit ihm darüber unterhielten, wie er zum Gründer und Kurator eines Museums geworden war.

»Bevor ich noch selbst meine Schnürsenkel binden konnte, hatten die Roten Khmer mich schon dazu ausgebildet, Menschen zu töten«, sagte er. Als Teenager hielt Aki Ra Gewalt, Mord und Blutvergießen für etwas völlig Normales. Irgendwann wurde er von vietnamesischen Soldaten gefangen genommen, und als er erfuhr, dass die Roten Khmer seine Eltern ermordet hatten, kämpfte er einige Jahre lang für die Gegenseite.

»Erst als in den 1990er-Jahren die Vereinten Nationen nach Kambodscha kamen, wurde mir bewusst, dass es auch Orte auf dieser Welt gibt, wo Gewalt und Töten nicht zum Alltag gehören.« Aki Ra wurde von der UNO angestellt, um beim Auffinden und Entschärfen der Minen zu helfen, die er und andere während des grausamen Konflikts gelegt hatten. Durch seine Kontakte zu Menschen aus dem Ausland und seine Arbeit, mit der er etwas Positives für seine kambodschanischen Landsleute bewirkte, wurde ihm klar, was seine wahre Berufung im Leben war. Von da an sah er sein Ziel darin, möglichst viele der geschätzten sechs Millionen Landminen in Kambodscha zu beseitigen. Selbst nachdem die UNO das Land verließ und die finanzielle Unterstützung zur Beseitigung der Minen ausblieb, fuhr Aki Ra fort, eigenhändig und auf eigene Kosten Minen zu beseitigen.

1990 trug Aki Ra viele der Tausende von Minen, die er aufgespürt und entschärft hatte, unter einem Blechdach zusammen und eröffnete in der Nähe von Angkor Wat das Landminenmuseum, um die Menschen über die Schrecken des Krieges und die noch immer im Boden Kambodschas verbliebenen Landminen aufzuklären. In seinem Museum ist eine Vielzahl verschiedener Arten von Minen ausgestellt, die »Made in«-Schriftzüge aus den Vereinigten Staaten, aus Deutschland, Russland, China und Vietnam zur Schau tragen und die abscheuliche Vielfalt von Technologien zeigen, die Menschen entwickeln, um andere Menschen zu verletzen, zu verstümmeln oder zu töten. Neben Minen mit Fern- oder Zeitauslöser sowie verschiedenen Sonderanfertigungen sind auch die berüchtigten »Bouncing Betties« und »Claymores« ausgestellt. Als wir aus der Tür des Museums in Freie traten, spielten dort ein paar Kinder Fußball. Bei genauerem Hinsehen entdeckten wir, dass es sich nicht um eine ganz normale Partie handelte: Den meisten Kindern fehlten irgendwelche Gliedmaßen. Aki Ra hat 15 Kinder offiziell oder inoffiziell adoptiert und ermöglicht ihnen eine Ausbildung, damit sie nicht vom Betteln leben müssen.

Wir unterhielten uns mit den schüchternen, aber strahlenden Kindern, die mit Krücken oder Prothesen erstaunlich geschickt Fußball spielten. Auf unsere Frage, wie sie über die Landminen in ihrem Land denken, bekamen wir von den Kindern lauter ähnliche Antworten. »Meistens verstümmeln oder töten sie nicht den Feind, sondern Zivilisten«, sagte Non, der kaum älter als zehn Jahre war.

Traurigerweise bringt die derzeitige US-Regierung keinerlei Mitgefühl für die Millionen verstümmelter Zivilisten weltweit auf, hat sie sich doch nicht den 129 Nationen angeschlossen, die das Minenverbotsabkommen der UN inzwischen ratifizierten. Ich fragte mich, ob solche politischen Führer die Schattenseite dieser Zerstörer von Menschenleben, die jedes Jahr millionenfach hergestellt werden und zum Einsatz kommen, erkennen würden, wenn drei Prozent der Bevölkerung ihres eigenen Landes von Minen verstümmelt wären, wie es in Kambodscha der Fall ist. Im Fall der Vereinigten Staaten, die die Hauptbefürworter dafür sind, dass der Gebrauch von Landminen weiterhin erlaubt bleibt, käme das einer Zahl von rund 800000 verstümmelter amerikanischer Zivilisten gleich, die sich stetig erhöhen würde. Wie stünden dann wohl die Chancen, wiedergewählt zu werden?

Es war ermutigend, jemanden wie Aki Ra zu treffen, der genug Charakterstärke besitzt, um das Böse an solcher Gewalt gegenüber

Menschen zu erkennen. Auf seine Weise macht Aki Ra die Fehler der Vergangenheit rückgängig und die Welt zu einem besseren, lebenswerteren Ort. Er ist ein wahrer Held des kambodschanischen Volkes.

Wir kehrten in das geschäftige Treiben von Phnom Penh zurück, wo wir die Nacht verbrachten. Die Stadt wurde Ende der 1970er-Jahre, als für Kambodscha die dunkelste Stunde seiner 2000-jährigen Geschichte begann, von den Roten Khmer vollständig entvölkert. Ein besonders schmerzliches Mahnmal für die Opfer des Regimes der Roten Khmer stellt die Folter- und Hinrichtungsstätte Tuol Sleng dar. Der ehemalige Highschool-Campus, der unter der Bezeichnung »S-21« traurige Berühmtheit erlangte, wurde zu einer Hölle umfunktioniert, in der mehr als 11000 Männer, Frauen und Kinder gefoltert und dann auf den umliegenden Feldern hingerichtet wurden. Als ich die furchtbaren Bilder im Inneren der Folterstätte sah, musste ich mir eingestehen, dass das Böse im Menschen tatsächlich existiert.

Heute ist Phnom Penh eine geschäftige, boomende Stadt und damit ein lebendiges Monument für den Mut der Kambodschaner, die trotz des unvorstellbaren Elends, das sie in den letzten Jahrzehnten erleiden mussten, danach streben, ihr Land wieder aufzubauen und auf friedliche Weise weiterzuentwickeln. Wir besuchten die Khmer-Schule für klassischen Tanz am Stadtrand, an der eine kleine Gruppe engagierter Lehrer die schönen Künste in Kambodscha wieder zum Leben erweckt. Trotz des Leides und der Not in Kambodschas jüngster Geschichte herrscht kein Mangel an bewundernswerten Menschen, die den Wiederaufbau des Landes vorantreiben.

Brian, Hutch und ich nahmen Abschied von unserem Begleiter Chanta, der uns in den vergangenen zwei Wochen ans Herz gewachsen war, setzten uns in unsere Kajaks und fuhren auf dem Fluss zur vietnamesischen Grenze gut 80 Kilometer weiter südlich, nun ohne jede Unterstützung. Als wir uns bei Anwohnern erkundigen wollten, auf welchem der Flussarme wir uns befanden, merkten wir, wie wertvoll Chanta für uns gewesen war. Auf der Karte war zu sehen, dass sich der Mekong südlich von Phnom Penh in mehrere Arme gabelte, und der Auskunft von Fischern zufolge fuhren wir auf der Hauptroute. Dem war allerdings nicht so, und wir paddelten anstelle des Hauptarms im Westen versehentlich den kleineren östlichen Flussarm hinunter. Am Nachmittag erreichten wir die vietnamesische Grenze, konnten sie an der Stelle jedoch nicht überqueren.

Eine Zeit lang sah es so aus, als müssten wir eine sechsstündige Fahrt hin zum richtigen Flussarm antreten, doch nach langwierigen Verhandlungen, die fast ausschließlich in Zeichensprache geführt wurden, willigte ein Bootsmann ein, uns mit seinem Boot durchs Niemandsland zwischen den beiden Ländern zu schmuggeln. Der Khmer rief mit seinem Mobiltelefon einen Militärposten nach dem anderen an, um sicherzugehen, dass die mit Maschinengewehren bewaffneten Grenzposten wussten, wer wir sind. Augenscheinlich waren verirrte Paddler in diesem Gebiet nicht besonders willkommen, und wir wurden mit großem Argwohn von mehreren Wachposten gemustert, die uns befragen wollten, aber kein Wort Englisch sprachen. Unser Unterhändler war die kambodschanischen Riel wert, die seine Dienste gekostet hatten, da er mit seiner freundlichen offenen Art und gelegentlichen Schachteln Zigaretten einen nach dem anderen umstimmte.

Wir wurden durch weitläufige Sumpfgebiete, Schilf, Kanäle und Reisfelder geschleust, vorbei an ein paar Wachposten, deren Ähnlichkeit für eine interessante Konversation sorgte.

»Die Sonne hat anscheinend dein Hirn ausgedörrt, Mann. Wir sind schon wieder an derselben Stelle!«, rief Brian und versuchte damit, die zunehmend hitzige Diskussion mit Hutch über unseren Standort durch ein wenig Humor abzumildern.

»Hör auf, du Spinner, an diesem Wachposten waren wir noch nicht.« Hutch deutete auf eine Ansammlung strohgedeckter Hütten, vor denen schlampig gekleidete, aber schwer bewaffnete Khmer-Soldaten standen.

Als die Sonne sank, machten wir uns langsam Sorgen darüber, wo wir die Nacht verbringen würden, und keiner von uns wusste so recht, wo wir uns befanden. Mir schoss der Gedanke durch den Kopf, was für eine Farce es wäre, wenn wir den ganzen Weg von Tibet bis zur vietnamesischen Grenze zurückgelegt hätten, nur um dann von einem nervösen jungen Grenzposten, der ein verdächtig aussehendes Boot in der Dämmerung vorbeigleiten sah, in die Luft gejagt zu werden. Das Wildwasser mochte hinter uns liegen, aber die Gefahr für Leib und Leben schien noch nicht gebannt.

Der illegale Menschentransport zwischen Vietnam und Kambodscha ist ein gutes Geschäft. Auf dem Landweg werden Frauen und Mädchen transportiert, um die florierende Sexindustrie in Kambodscha zu bedienen, und vietnamesische Boatpeople, die sich die Vorteile der geringeren Bevölkerungsdichte und der höheren Fischfangquoten zunutze machen wollen, die in Kambodscha zu erwarten sind, nehmen die dubiose Route übers Wasser, auf der wir unterwegs waren. Die Zahl der Vietnamesen, die in der jüngeren Vergangenheit auf diese Weise nach Kambodscha eingereist sind, ist erstaunlich groß, und viele der Hausboote, auf die wir in Kambodscha stießen, werden in Wirklichkeit von Vietnamesen bewohnt.

Wie erleichtert waren wir, als sich kurz vor Sonnenuntergang die Sümpfe und Wälder öffneten und der stärker befahrene östliche Arm des Mekong zu sehen war, wo sich der kambodschanisch-vietnamesische Grenzübergang befindet! Nach mehr als viereinhalb Monaten Expedition trennten mich nur noch ein Land und eine Paddelstrecke von etwa 200 Kilometern von der Vollendung der Mekong-Erstbefahrung und von der Verwirklichung meines Traumes.

17
Der neunköpfige Drachen: das Vietnamdelta und dahinter

Kaum waren die Grenzformalitäten der Ausreise aus Kambodscha und der Einreise nach Vietnam erledigt, wurden wir auch schon von einer Gruppe reizender kleiner Mädchen entführt, die uns im Handumdrehen unser Kleingeld aus der Tasche zogen, indem sie uns alles Mögliche von Pepsi-Cola über eine Unterkunft bis hin zu einer Kajak-Unterstellmöglichkeit verkauften.

»Mister, Mister, was brauchen Sie? Pepsi, Zigaretten, Kekse, Schokolade? Kaufen Sie bei mir, kaufen Sie bei mir!«, bat Lee, eine Neunjährige, während sie mir kalte Pepsidosen hinhielt.

»Aber ich habe zuerst mit Ihnen gesprochen, Mister«, rief die kleine Trung durch die Lücke zwischen ihren Schneidezähnen, drängte sich zwischen Lee und mich und zeigte mir ihr Warenangebot.

In der Zeit, in der Hutch, Brian und ich unsere Wünsche artikulierten, hatten die raffinierten kleinen Unternehmerinnen schon 30 Prozent Aufschlag für die Bedienung ausgehandelt. Da sie es geschickt ausnutzten, dass wir ihre Verkaufskniffe nicht schnell genug durchschauten, und einfach entwaffnend waren, konnten wir sie nicht abschütteln.

Nach mehreren Mahlzeiten (in Restaurants, in denen die Mädchen Provision bekamen, weil sie uns hingeführt hatten), zwei Stunden Karussellfahren, einigen Zaubertricks und ein paar Fahrrad-Verfolgungsjagden in der Ortschaft ließen sie uns endlich gehen. Völlig erschöpft fielen wir in der einzigen Pension im Ort ins Bett. Noch nie hatte ausgebeutet werden so viel Spaß gemacht.

Am nächsten Morgen wartete die ganze Meute vor unserer Pension, und Hutch griff bereits in seine Tasche, bevor er sich den

Schlaf aus den Augen gerieben hatte. Im Handumdrehen wurde ich dazu abkommandiert, Scharen von Kindern durch die Kanäle der Ortschaft zu paddeln. Ich hatte so viele lachende, schreiende und hüpfende Kinder in meinem Kajak, dass dieser bald zum U-Boot wurde und einige Male kenterte, bis ich um zehn Uhr vormittags endlich meine letzten Entführer loswurde und in die fließenden Gewässer des Mekong entkommen konnte. Die Kinder liefen winkend am Ufer entlang und riefen uns aus vollem Hals ihre Abschiedsgrüße hinterher.

Wir waren inzwischen in der Region angekommen, die die Vietnamesen »Die neun Drachen« nennen – eine Metapher für die neun Flussarme, durch die die Wasser des Mekong ins Südchinesische Meer fließen. Am nächsten Morgen trafen wir Phuoc von Asian Trails Travel, unseren vietnamesischen Übersetzer, und nachdem wir ihm erklärt hatten, was wir in Vietnam drehen wollten, zogen Brian und Hutch mit Phuoc los, um historische Schauplätze aus dem Vietnamkrieg zu filmen, darunter auch die Schauplätze großer Schlachten. Ich bahnte mir durch ein komplexes Netz schmaler Kanäle den Weg zu der Stadt Chau Doc am Flussufer. Dabei konkurrierte ich mit Booten aller Art um das Vorfahrtsrecht, die zum Teil von Motoren, Stangen oder Paddeln angetrieben, zum Teil aber auch vom Ufer aus gezogen oder von Schwimmern geschoben wurden. Die Anwohner waren stets überrascht, als sie mich in meinem kleinen roten Boot an ihren Dörfern vorbeipaddeln sahen.

Als ich bei einem kleinen ländlichen Restaurant zum Mittagessen anhielt, brachte ich durch meine Anwesenheit offenbar ein ganzes Dorf zum Stillstand, da über 100 Leute kamen, um mit eigenen Augen den vermutlich ersten Ausländer zu sehen, der jemals die Gegend besucht hatte. Ich konnte der Versuchung nicht widerstehen, meinen Zaubertrick mit der Schüssel Wasser zum Besten zu geben.

Da so viele zusahen, lag prickelnde Spannung in der Luft, bevor die unvermeidliche Dusche folgte. Als es schließlich so weit war, entstand ein heilloses Durcheinander. Großmütter, Väter und Kinder nahmen Reißaus zu den Hügeln und blieben erst dann stehen, als sie das dröhnende Lachen der etwas mutigeren Zuschauer hörten. Das Gekicher hielt während meiner ganzen Mittagspause an und sorgte für gute Laune.

Die am Mekong beheimateten Menschen beeindrucken mich immer wieder aufs Neue mit ihrer Fähigkeit, zu vergeben und zu vergessen. Obwohl die USA im Vietnamkrieg die Hauptschuld am Tod Hunderttausender Zivilisten trugen, begegneten mir die Menschen, die ich kennenlernte, bis auf wenige Ausnahmen, mit aufrichtiger Freundlichkeit und Neugier. Im Verlauf unserer Expedition war ich in einer Vielzahl kleiner, abgelegener Ortschaften unangekündigt aufgetaucht und trotzdem immer respektvoll behandelt worden. Die Welt kann sich ein Beispiel nehmen an solch einer Kultur, die es diesen Gesellschaften erlaubt, sich frei von dem glühenden Hass weiterzuentwickeln, den Kriege in der Regel auslösen.

Nirgendwo wird die reiche Fülle des Mekong so deutlich wie auf den geschäftigen schwimmenden Märkten, die fast im gesamten Delta stattfinden, sobald die ersten Strahlen der Morgensonne auf dem Fluss tanzen. Durch große und kleine Kanäle fahren die Menschen vom Land mit allen erdenklichen Nahrungsmitteln, die der Mekong zu bieten hat, zu den Handelstreffpunkten. Die Abteilung mit lebendiger Nahrung, wo Kröten, Aale, Schnecken, Garnelen, Krabben, Fische, Käfer, Heuschrecken, sogenannte *crazy crabs* (kleine Krabben, die sich leerer Muscheln bedienen, um ihren weichen, verwundbaren Hinterleib zu schützen) und andere Spezies angeboten werden, ist immer ein Blickfang, da die Gefangenen energisch kämpfen, um sich von ihren Fesseln aus Kletterpflanzen, Schnüren und Bambus zu befreien.

Mit Geschick und Präzision steuern Frauen aus dem Delta mit konischen Hüten ihre Hartholzboote, ein Paddel in der einen Hand, ihre Waren in der anderen. Blumen, Obst, Gemüse, Reis und Zuckerrohr von den Flussufern bilden Farbkleckse rings um die Abteilung mit lebendiger Nahrung, während die Verkäufer von Getränken und Haushaltswaren in ihren maßlos überladenen Booten den Betrachter daran erinnern, dass er eine Szene aus dem 21. Jahrhundert vor Augen hat. Abgesehen davon sieht es so aus, als liefe das Leben im Delta ähnlich ab wie seit Jahrhunderten.

Am Abend traf ich die anderen in der betriebsamen Stadt Chau Doc am oberen Delta, gut 30 Kilometer südlich der kambodschanischen Grenze. Diese Kleinstadt, die derzeit einen Boom ihrer Aquakultur erlebt, spielt seit Langem eine zentrale Rolle beim Transport von Gütern auf dem Mekong. Römische Münzen aus dem 2. Jahrhundert vor Christus, die flussaufwärts in Angkor gefunden wurden, vermitteln eine Vorstellung von der Reichweite der »antiken« Handelsrouten, die den Mekongvölkern aus aller Welt Güter, Philosophien und Religionen brachten. Die verschiedenen Glaubensrichtungen, die heutzutage in der Region um Chau Doc vertreten sind – man sieht Moscheen, Kirchen, buddhistische, taoistische und hinduistische Heiligtümer –, zeugen von dem vielfältigen kulturellen Erbe.

Auf der Weiterfahrt nach Süden besichtigten wir mehrere Schauplätze des Vietnamkriegs. Mir lag das besonders am Herzen, da mein verstorbener Vater 1969/70 in Vietnam als MG-Schütze der australischen Armee gedient hatte. Dieser Krieg hat bei vielen Soldaten, die im Gefechtseinsatz waren, furchtbare Narben hinterlassen, doch letztlich war es, wie in jedem Krieg, die Zivilbevölkerung, die den schrecklichsten Preis zahlen musste. Wir erkundigten uns bei unseren Gesprächspartnern nach ihrem Engagement im Krieg und fragten sie, weshalb sie die eine oder die andere Seite unterstützt hatten. Eine der Antworten, die wir erhielten, scheint für die gegenwärtigen Ereignisse in der Welt besonders relevant zu sein.

Ein ehemaliger Vietcong-Guerillakämpfer namens Phuoc (ein anderer Phuoc als unser Übersetzer) fasste die Gefühle zahlloser Vietnamesen zusammen, als er sagte: »Ich war nur ein Bauer und interessierte mich deshalb nicht besonders für die Ideologien der beiden Seiten, aber schließlich zog ich in den Krieg, weil Fremde vom anderen Ende der Welt meine Landsleute töteten. Ich wollte einfach nur diejenigen unterstützen, die sich ihnen widersetzten.« Das ist sicherlich ungefähr auch die Antwort, die viele Iraker heutzutage geben würden.

Das Delta, das als Monument für den Mut und die Aufrichtigkeit des vietnamesischen Volkes steht, hat sich dank der unermüdlichen Arbeit seiner Bewohner und dank seiner nährstoffreichen Erde, die immer wieder von der Mutter des Wassers angereichert wird, in eine ertragreiche landwirtschaftliche Region verwandelt. Trotz des ausgiebigen Einsatzes von Entlaubungsmittel im Vietnamkrieg, das riesige Flächen Ackerland zerstört hat, stammt ungefähr die Hälfte der vietnamesischen Reisernte aus dem Delta, und das Land ist der zweitgrößte Reisexporteur der Welt. Wir hielten mehrmals an, um uns mit Reisbauern zu unterhalten und uns von ihnen erklären zu lassen, weshalb sie so reiche Ernten erzielen. Abgesehen vom Pflügen der Felder und dem Schälen des Saatguts, wobei zunehmend anstelle von Büffeln und traditionellen Reismörsern Maschinen zum Einsatz kommen, folgt der Großteil von Anbau und Verarbeitung noch immer althergebrachten Methoden, die über viele Generationen weitergegeben wurden.

In Chau Doc zogen Hutch und Brian mit Phuoc los und ließen mich für ein paar Tage allein weiterpaddeln. Bei Sonnenuntergang machte ich bei einem kleinen Ort im Delta Halt, der nicht auf meiner Karte eingezeichnet war. Ich zog meinen Kajak auf ein Hartholzboot mit aufgebogenem Bug und ging zum Markt. Bald darauf war ich von Schaulustigen umringt. Ich erkundigte mich, ob es im Ort eine Pension gab, doch bevor irgendjemand meine erbärmlichen Versuche verstand, mich auf Vietnamesisch verständlich zu machen, wurde ein schüchternes Mädchen von anderen nach vorn geschoben. »Guten Abend, ich heiße Trung. Wohin fahren Sie?«

Da sich bald herausstellte, dass es keine Pension gab, fragte ich, ob ich im Dorftempel übernachten könnte, damit ich nicht in die Nacht paddeln musste. Trung war anfangs ziemlich zurückhaltend, weil sie es nicht gewohnt war, sich mit einem Fremden zu unterhalten, doch ihre Neugier gewann bald Oberhand, und sie fing an, mir Fragen über das Leben im Westen zu stellen. Ehe ich mich's versah, bugsierte mich eine Schar von Kindern durchs Dorf zum Haus von Trungs Schwester Chee, die mich zusammen mit etlichen Brüdern, Cousins und Cousinen, Onkeln und Tanten herzlich empfing.

Meine Gastgeber bereiteten eine schmackhafte Mahlzeit zu, die aus winzigen Fischen und einem Gericht aus Froschschenkeln mit Reis bestand. Auf einer Karte zeigte ich ihnen, dass ich den Mekong von seiner Quelle an befahren hatte, und erhielt die ersten Glückwünsche in Form von mehreren Daumen-nach-oben-Handzeichen und dem Kommentar: »Nummer eins, du Nummer eins.«

Im Anschluss an das Abendessen und nachdem ich ein paar Mal höflich das Angebot abgelehnt hatte, Trung zu heiraten, führten mich Trung und eine Schar von etwa 20 Kindern in der Dämmerung eine gute Stunde lang durch das Dorf. Ich wurde etlichen Freunden und Verwandten als die Attraktion des Abends vorgestellt, die mich mit einem Lächeln und Essensangeboten begrüßten. Ich war von den Menschen im Delta begeistert, und das Dorf präsentierte sich mir als ein Bild ländlicher Harmonie. Jeder schien jeden zu kennen, und im Großen und Ganzen schienen alle glücklich und zufrieden zu sein. Dieser Eindruck änderte sich bald, als wir zum Haus von Trungs Schwester Chee zurückkehrten und aufgefordert wurden, im örtlichen Polizeirevier zu erscheinen.

Das Betongebäude mit Blechdach befand sich westlich des Dorfes und war mit zwei Polizisten besetzt, die aussahen, als wären sie kaum älter als 18 Jahre. Ich verstand nicht genau, was sie Trung in strengem Tonfall erklärten, und als ihre Verwandten sich einschalten wollten, wurden sie abrupt zum Schweigen gebracht. Mit Hilfe von Trung als Übersetzerin, die ziemlich besorgt war, stellten mir die Polizisten eine Reihe scheinbar sinnloser Fragen, ehe sie mich wissen ließen, dass ich nicht im Dorf bleiben dürfte, sondern mich in eine Ortschaft 20 Kilometer weiter im Landesinneren begeben müsste.

Als ich nach dem Grund dafür fragte, meinte Trung, die beiden glaubten offenbar, sie bekämen womöglich Schwierigkeiten, wenn sie mir erlaubten, im Dorf zu bleiben, da sich dort noch nie zuvor ein Ausländer aufgehalten hatte. Die Polizisten wollten, dass ich das Dorf verließ, wussten jedoch nicht, wie sie mich in die nächste Ortschaft transportieren sollten. Ich bot an, einfach weiterzupaddeln, um Trung und ihrer Familie Schwierigkeiten zu ersparen, doch dieses Angebot wurde abgelehnt.

Die Angelegenheit erwies sich als Sackgasse, und als die Stunden verstrichen, wurde ich langsam sauer. Ich hätte meine Wut gern an den unentschlossenen Polizisten ausgelassen, da die gesamte Unterhaltung aber über Trung lief und ich nicht wollte, dass sie meinetwegen noch mehr Probleme bekam, blieb mir nichts anderes übrig, als die Sache grinsend über mich ergehen zu lassen. Zweieinhalb Stunden später kam ein untersetzter Captain, der Englisch sprach, auf einem Motorrad angefahren. Er stellte sich als der Vorgesetzte vor und wirkte ruhig und höflich. Nachdem ich mit ihm eine Tasse Tee getrunken und ihm erklärt hatte, weshalb ich vor Ort war, wurde ich binnen Minuten in aller Freundschaft entlassen, und wir kehrten in Chees Haus zurück.

Der Zwischenfall erinnerte mich an ähnliche Situationen, die ich in anderen kommunistischen Ländern erlebt hatte. Regierungsangestellte waren oft wie gelähmt gewesen, wenn es darum ging, Initiative zu zeigen, um ein vermeintliches Problem zu lösen.

Am nächsten Morgen verabschiedete ich mich von Trung und ihrer Familie und paddelte weiter zu der Hafenstadt Cantho, dem letzten bedeutenderen Zwischenstopp der Expedition. Unter Portalkränen waren große hochseetaugliche Frachtschiffe aufgereiht, die darauf warteten, dass sie mit Erzeugnissen von Reis über Fisch bis hin zu Obst und Gemüse beladen wurden. Der Flusshafen war der größte, in den ich im Lauf meiner Kajakfahrt gepaddelt war, und ich staunte, wie viel Schiffsverkehr dort herrschte. Der Anblick von Haien, Stachelrochen und anderen Meerestieren rief mir ins Bewusstsein, wie nahe ich dem Südchinesischen Meer inzwischen war. Ich trieb an Industriegebieten und großen Getreidelagern vorbei und dachte dabei an die unglaubliche Vielfalt der Kulturen und Lebensräume, die ich durchquert hatte. Seit ich bei den tibetischen Nomaden mit ihren Jakhaarzelten gewesen war, hatte ich einen weiten Weg zurückgelegt. Ich freute mich darauf, am Ziel anzukommen. 141 Tage waren vergangen, seit ich auf dem Weg zur Quelle nach China geflogen war, und in der Zwischenzeit war viel passiert. Ich war aufgeregt und bereit, die Belohnung einzufordern.

Am 8. September 2004 kam der große Tag. Ich machte mich an diesem Morgen mit dem Kajak auf den Weg, während Brian, Hutch und Phuoc von einem Kapitän, dessen Namen ich nicht mitbekam, in einem 30-sitzigen Schnellboot chauffiert wurden. Wir waren noch 40 Kilometer vom Südchinesischen Meer entfernt. Meine allmorgendliche Paddelsalve war an diesem schönen Tag nicht erforderlich, deshalb ließ ich mich einfach nur in Richtung Meer treiben, während ich mich mit Hutch und Brian, die sich im Schnellboot entspannten, über die Erlebnisse der vergangenen 141 Tage unterhielt. Ich konnte mich wirklich glücklich schätzen, dass ich auf einem großen Teil der Expedition zwei so professionelle und gelassene Begleiter gehabt hatte.

Gegen drei Uhr nachmittags brachten die ersten Wellen Bewegung in unsere Boote, und ich musste mich von dem Schnellboot trennen, um nicht vom Wellengang gegen seinen Rumpf gedrückt zu werden. Die Höhe der Dünung nahm in den nächsten zwei Stunden zu, während die Mutter des Wassers mich lautlos der Verwirklichung meines Traumes entgegentrieb. Ich spürte, wie Begeisterung in mir hochstieg, und wäre am liebsten spornstreichs zum Meer gepaddelt. Da wir jedoch geplant hatten, dass unsere Ankunft mit dem Sonnenuntergang zusammenfiel, hielt ich mich zurück.

Ungefähr um halb sechs am Nachmittag fiel mir auf, dass die mit Palmen und Mangroven bewachsenen Ufer in der Ferne, die mich den ganzen Tag flankiert hatten, langsam verschwanden. Vor mir lagen die unendlichen Weiten des Südchinesischen Meers. Mich durchflutete ein Adrenalinstoß, als die Meeresdünung meinen Kajak anhob und in die Wellentäler sinken ließ. Brian und Hutch hatten ein breites Grinsen im Gesicht und genehmigten sich schon einmal ein paar Heineken, während sie die letzten Minuten vor dem großen Ereignis filmten. Ich wäre am liebsten in die Wellen vorausgepaddelt, aber die beiden baten mich inständig auszuharren, bis die Sonne genau vor uns am Horizont versank. Schließlich bekam ich von Brian das Signal, auf das ich gewartet hatte: »Paddle in den Sonnenuntergang und dreh dich dabei nicht um.« Nie in meinem Leben habe ich so bereitwillig eine Anweisung befolgt.

Das Gefühl, in die Dünung zu paddeln in dem Bewusstsein, dass ich den Mekong bezwungen hatte, überwältigte mich. Als ich mich nach ungefähr fünf Minuten nach den anderen umdrehte, weil ich nachsehen wollte, wo sie blieben, waren sie verschwunden. Wie ich später erfuhr, war ihr Boot etwas zu schnell am Rücken einer Welle hinuntergefahren und mit dem Bug in eine entgegenkommende Wasserwand gesaust. Dabei waren binnen Sekunden Hunderte Liter Wasser ins Boot gelaufen. Brian und Hutch hatten mit allem, was sie finden konnten, wie verrückt das Wasser abschöpfen müssen. Der Kapitän war klugerweise schleunigst in die Flussmündung zurückgefahren, bevor sie sanken. Somit musste ich die Reise meines Lebens genau so beenden, wie ich sie begonnen hatte – allein.

Ich paddelte noch drei Kilometer aufs Meer hinaus, bis ich mich ein gutes Stück hinter der Verbindungslinie zwischen den beiden Landpunkten befand, die das südliche Ende der Flussmündung markieren. Ich hatte mich mehrmals gefragt, was mir durch den Kopf gehen würde, wenn ich mein Ziel erreicht hätte – den Punkt, an dem ich nach 141 Tagen meinen Kajak wenden würde, um gegen die Strömung der Mutter des Wassers zu paddeln. Jetzt war ich an der unsichtbaren Ziellinie angekommen.

Als ich mein Paddel quer vor mich hinlegte, überkam mich ein Gefühl der Ruhe und Zufriedenheit. Diese Empfindung ließ sich weder in Worte noch in Gedanken fassen, und ich wollte sie voll auskosten. Die Dunkelheit brach an, und ich gab mich einer tiefen Harmonie hin. Sie hätte für immer andauern können.

Ich hatte es geschafft!

Epilog

Ich paddelte in die Flussmündung zurück, wo Brian und Hutch mich mit einer Bierdusche, Umarmungen und einem kleinen Tanz hinten auf dem Boot empfingen. Wir waren euphorisch, nachdem wir die Herausforderung bewältigt hatten, und mir stiegen Freudentränen in die Augen, als ich begriff, dass es mir entgegen aller Erwartungen gelungen war, meinen Traum zu verwirklichen.

Einige Wochen später, als sich die Euphorie darüber, dass ich für einen kleinen Eintrag in der Geschichtsschreibung gesorgt und ein persönliches Ziel erreicht hatte, etwas gelegt hatte, dachte ich darüber nach, was tatsächlich erreicht worden war. Was mich persönlich betraf, so hatte ich meinen größten Wunsch in die Tat umgesetzt und eine atemberaubende Wildnis erkundet, die noch kein Mensch zuvor gesehen hatte. Ich habe als erster Mensch überhaupt den gesamten Flusslauf eines der größten Flüsse der Welt erkundet und damit unter Beweis gestellt, was mir verschiedene inspirierende Menschen im Lauf meines Lebens beigebracht haben: Du kannst alles erreichen, wenn du an dich glaubst und dein Äußerstes gibst. Bald kam ich allerdings zu der Erkenntnis, dass solche Erfolge zwar persönlich befriedigend sind, aber letztendlich nicht viel mehr als Trophäen für das eigene Ego darstellen.

Ich hatte immer zwei Beweggründe dafür, mich dieser Herausforderung zu stellen: einerseits mein unstillbares Bedürfnis, den Mekong zu erkunden und durch Erfahrung zu lernen, andererseits den Wunsch, die ganze Welt mit dieser faszinierenden Region bekannt zu machen und auf die Probleme hinzuweisen, denen sie sich gegenübersieht.

Derzeit wird am Mekong in China eines der größten und zerstörerischsten Staudammprojekte in der Geschichte der Menschheit realisiert. Aus reiner Profitgier wird die Mutter des Wassers daran gehindert, das Becken zu versorgen, das sie seit 50 Millionen Jahren nährt, und ihre ökologische Vitalität wird in den kommenden Jahren leiden, wenn eine ganze Reihe weiterer Staudämme in Betrieb genommen werden.

Den höchsten Preis für die billige, von den Staudämmen erzeugte Hydroenergie zahlen die Mekong-Anrainer, die von der Landwirtschaft leben – gleichwohl hat China mehr als 15 Jahre nach Baubeginn der Dämme noch keinen Dollar Entschädigung an die flussabwärts ansässigen Betroffenen bezahlt. Der jüngste Anstieg der globalen Energiepreise hat dafür gesorgt, dass sich die erwartete Gewinnspanne der über zehn Milliarden US-Dollar teuren Staudämme seit Beginn meiner Mekongbefahrung mehr als verdoppelt hat. Somit haben die Verantwortlichen des Staudammprojekts nicht nur die finanziellen Mittel, sondern auch die gesetzliche und moralische Verpflichtung, die Verluste zu kompensieren, die auf die Mekongvölker zukommen. Das Einzige, was momentan fehlt, ist Chinas Wille, die Menschen- und Ressourcenrechte der Betroffenen zu respektieren. Es wird höchste Zeit, dass sich dies ändert!

Die Hälfte meiner Erlöse aus dem Verkauf dieses Buches fließt in die Mekong First Descent Foundation, eine Stiftung, die die Weltöffentlichkeit auf die drohende Zerstörung des natürlichen und kulturellen Reichtums am Mekong aufmerksam machen und um internationale Unterstützung dafür werben soll, dass China zur Achtung der Menschenrechte und Erhaltung der Ressourcen verpflichtet wird.

Wenn Sie mehr darüber erfahren möchten, was zur Rettung des Mekong unternommen wird, informieren Sie sich bitte auf der Website der Stiftung: www.mekongdescentfoundation.org

Weiterführende Literatur

Asian Development Bank, *Greater Mekong Subregion (GMS) Atlas of the Environment*, Asian Development Bank Publications, 2003.

Australian Mekong Resource Centre, Mekong Update and Dialogue Newsletters, 2002–06, auf: www.mekong.es.usyd.edu.au

Chandler, David P., *Brother Number One: A Political Biography of Pol Pot*, Boulder, Colorado 1992.

Chazee, Laurent, *Atlas des ethnies et des sous-ethnies du Laos*, Bangkok 1995.

Gargan, Edward A., *The River's Tale: A Year on the Mekong*, New York 2002.

Garnier, Francis, *The Mekong Exploration Commission Report (1866–1868)*, Bd. 1–3, Bangkok 1996–1998.

Hayden, Sterling, *Wanderer*, New York 1963.

Hilton, James, *Der verlorene Horizont*, München 2003.

Osborne, Milton, »River at Risk: The Mekong and the Water Politics of China and Southeast Asia«, Artikel vom LOWY Institute of Australia, 2005.

Osborne, Milton, »The Paramount Power: China and the Countries of Southeast Asia«, Artikel vom LOWY Institute of Australia, 2006.

Osborne, Milton, *Mekong: Turbulent Past, Uncertain Future*, Sydney 2000.

Osborne, Milton, *River Road to China: The Search for the Source of the Mekong, 1866–73*, New York 1999.

Osborne, Milton, *Southeast Asia: An Introductory History*, Sydney 2004.

Resistance and Reform in Tibet, Bloomington, Ind. 1994.
Robbins, Christopher, *The Ravens: Pilots of the Secret War in Laos*, New York 1987.
Rooney, Dawn F., *Angkor*, 4. Aufl., Hongkong 2006.
Stuart-Fox, Martin, *A History of Laos*, Cambridge 1997.
Stuart-Fox, Martin, *Buddhist Kingdom, Marxist State: The Making of Modern Laos*, Bangkok 1996.
Ung, Loung, *Der weite Weg der Hoffnung*, Frankfurt/M. 2002.
Winn, Pete, *First Descent Expeditions in Western China*, auf: www.shangri-la-river-expeditions.com

REISEN · MENSCHEN · ABENTEUER

NATIONAL GEOGRAPHIC TASCHENBÜCHER
VON FREDERKING & THALER

DIE ERKUNDUNG DER WELT

Dieter Kreutzkamp
Yukon River
Im Kajak allein zum Beringmeer
ISBN 978-3-89405-146-4

Yukon River – der Name weckt Erinnerungen an den Goldrausch und die Romane von Jack London. Über 3.000 Kilometer legt der Autor mit dem Kajak auf diesem reißenden Strom zurück und begegnet Lachsfängern, Flößern und Indianern.

Carmen Rohrbach
Im Reich der Königin von Saba
Auf Karawanenwegen im Jemen
ISBN 978-3-89405-179-2

Nach Erfahrungen auf allen Kontinenten beschließt die Abenteurerin Carmen Rohrbach, sich den Traum ihrer Kindheit zu erfüllen: Allein durch den geheimnisvollen Jemen. Mit viel Intuition und Hintergrundwissen schildert sie das Leben der Menschen, vor allem der Frauen.

Christian E. Hannig
Unter den Schwingen des Condor
Rad-Abenteuer zwischen Anden und Pazifik
ISBN 978-3-89405-133-4

Mit dem Fahrrad ins Abenteuer: Auf seiner Fahrt von Bolivien über die Anden bis nach Lima schließt der Autor Freundschaft mit Indios, gerät in einen Rebellenaufstand und begibt sich auf die geheimnisvollen Spuren der Inka.

So spannend wie die Welt.

NATIONAL GEOGRAPHIC
FREDERKING & THALER
www.frederking-thaler.de

REISEN · MENSCHEN · ABENTEUER

NATIONAL GEOGRAPHIC TASCHENBÜCHER
VON FREDERKING & THALER

NATURGEWALTEN

Hauke Trinks
Leben im Eis
Tagebuch einer Forschungsreise in die Polarnacht
ISBN 978-3-89405-232-4

Könnte es sein, dass das Leben auf der Erde im Eis entstanden ist? Dieser Frage ist der Physiker Hauke Trinks mit seiner Expedition in den Norden Spitzbergens nachgegangen. Ein einjähriges Abenteuer in der Polarnacht, nur in der Gesellschaft zweier Hunde – und zahlreicher Eisbären.

William Stone / Barbara am Ende
Höhlenrausch
Eine spektakuläre Expedition unter der Erde
ISBN 978-3-89405-216-4

Riskante Kletterpartien, gefährliche Tauchgänge ins Ungewisse, wochenlanges Leben unter der Erde – William Stone und sein Team erforschen eine der größten Höhlen der Welt. Die atemberaubende Schilderung einer Expedition der Superlative.

Carla Perrotti
Die Wüstenfrau
An den Grenzen des Lebens
ISBN 978-3-89405-197-6

Warum riskiert eine Frau ihr Leben in der Wüste? Carla Perrotti durchwandert allein die Kalahari und die größte Salzwüste der Erde in Bolivien, als erste Frau begleitet sie eine Tuaregkarawane durch die Ténéré. Unter den überwältigenden Eindrücken der Natur findet sie zu sich selbst.

So spannend wie die Welt.

NATIONAL GEOGRAPHIC
FREDERKING & THALER
www.frederking-thaler.de